Till Bastian
Seelenleben

verstehen lernen

Till Bastian

Seelenleben

Eine Bedienungsanleitung für unsere Psyche

Psychosozial-Verlag

Bibliografische Information der Deutschen Nationalbibliothek
Die Deutsche Nationalbibliothek verzeichnet diese Publikation in der Deutschen
Nationalbibliografie; detaillierte bibliografische Daten sind im Internet über
http://dnb.d-nb.de abrufbar.

Überarbeitete und aktualisierte Neuauflage der 2. Auflage von 2010 (München, Kösel)
© 2016 Psychosozial-Verlag
Walltorstr. 10, D-35390 Gießen
Fon: 06 41 - 96 99 78 - 18; Fax: 06 41 - 96 99 78 - 19
E-Mail: info@psychosozial-verlag.de
www.psychosozial-verlag.de
Umschlagabbildung: Paul Klee, »Monument im Fruchtland« (1929)
Umschlaggestaltung und Innenlayout nach Entwürfen von Hanspeter Ludwig, Wetzlar
www.imaginary-world.de
Satz: metiTEC-Software, me-ti GmbH, Berlin
ISBN 978-3-8379-2593-7

Inhalt

Vergeh dich ruhig,
vergeh dich an dir selbst
und tu dir Gewalt an, meine Seele;
doch später wirst du nicht mehr Zeit haben,
dich zu achten und zu respektieren.

Denn ein Leben nur,
ein einziges hat jeder.

Es ist aber für dich fast abgelaufen
und du hast in ihm
keine Rücksicht auf dich selbst genommen,
sondern hast getan,
als ginge es bei deinem Glück
um die anderen Seelen ...

Diejenigen aber,
die die Regungen der eigenen Seele
nicht aufmerksam verfolgen,
sind zwangsläufig unglücklich.

Marcus Aurelius
Philosoph und römischer Kaiser
(26. April 121–17. März 180)

Wozu überhaupt ein Buch wie dieses?

Am besten beginne ich mit einigen wenigen, möglicherweise aber doch wichtigen Worten über jene Motive, die mich zur Abfassung dieses Textes gedrängt haben:

Meine geistige Heimat liegt eigentlich in der Friedens- und Ökologiebewegung, und für diese spielte spätestens seit der ersten UNO-Umweltkonferenz von Rio de Janeiro 1992 der Begriff der *Nachhaltigkeit* eine große Rolle. Dieses Wort stammt ursprünglich aus der Forstwirtschaft und besagt schlicht und einfach, dass vom »Nutznießer« Mensch nicht mehr Holz verbraucht werden sollte, als wieder nachwachsen kann – was im Prinzip auch für alle anderen Rohstoffe zutrifft. Das Gegenteil einer solchen Nachhaltigkeit wäre der *Raubbau* – und dieser ist besonders deutlich erkennbar an unserem derzeitigen Umgang mit den fossilen Brennstoffen. Die Menschheit verfeuert gegenwärtig in einem einzigen Jahr etwa so viel an Erdöl, Erdgas und Kohle, wie erdgeschichtlich in einer Million Jahren entstanden ist.

Seit 2004 habe ich mich, nach der Wiederaufnahme meiner ärztlichen Tätigkeit, verstärkt der Psychosomatik, also dem komplexen Wechselspiel von Körper und Seele, zugewandt. Und als klinisch tätiger Arzt stieß ich dann rasch wieder auf eben jenen Begriff – auf das Problem der Nachhaltigkeit. Ich musste leider lernen, dass in unserer Gesellschaft zwar durchaus damit begonnen worden ist, den Energieumsatz und den Verbrauch von Rohstoffen nachhaltig zu organisieren. Die Ergebnisse dieser Bemühungen sind zwar keinesfalls rundweg befriedigend (soll heißen: Es bleibt noch viel zu tun), aber es ist auf jeden Fall eine klare Richtung eingeschlagen worden, in die sich weiterzuentwickeln allgemein als wünschenswert gilt – zum Beispiel durch den Einsatz erneuerbarer Energien.

Keinerlei Nachhaltigkeit herrscht indes bei der Nutzung jenes Wertstoffes, den man »Humankapital« nennt, also beim Gebrauch des »Faktors Arbeit«. Brutal, aber nicht unzutreffend ausgedrückt: Das »Menschenmaterial«, die Ware Arbeitskraft, wird derzeit derart erbarmungslos »verbrannt« wie kein anderer Rohstoff. Dieser Raubbau hat durchaus Folgen. Mit schöner Regelmäßigkeit berichten wissenschaftliche Studien aller Art von einem dramatischen Anstieg der seelischen und der zumindest seelisch mitbedingten Erkrankungen. Im Jahr 2007 – so berichtete das Nachrichtenmagazin *Der Spiegel* am 16. Juli 2008 – »verbrachten Patienten mit psychischen Krankheiten erstmals mehr Tage in deutschen Kliniken als Herz-Kreislauf-Kranke«. Damit fand eine Entwicklung ihren vorläufigen Höhepunkt, die sich schon seit etlichen Jahren abgezeichnet hatte: Pro 1.000 Versicherten der Gesetzlichen Krankenversicherung (GKV) wurden im Jahr 1990 noch 380 Krankenhaustage wegen diverser Herz-Kreislauf-Leiden gezählt; 2007 waren es nur noch 224 Tage: ein Rückgang um 41 Prozent. Völlig anders hingegen stellte sich die Entwicklung bei den psychischen Krankheiten dar: Noch 1990 registrierte die GKV pro 1.000 Versicherten »nur« 175 Krankenhaustage wegen *»seelischer Störungen von Krankheitswert«*, wie es im schrecklichen Amtsdeutsch der Reichsversicherungsordnung (RVO) heißt; 2007 hingegen zählten die Statistiker bereits 241 deswegen im Krankenhaus verbrachte Tage pro Kopf, was einem Plus von immerhin 37 Prozent in nicht ganz 20 Jahren entspricht. Durch diesen starken Anstieg seelischer Erkrankungen nahm auch die Gesamtzahl aller Aufnahmen in ein Krankenhaus zu, und zwar im Jahr 2007 auf 179 pro 1.000 Versicherter; 2006 waren es noch 175 gewesen.

Und dieser eindeutige Trend hält seither an. Vier Jahre später, anno 2011, registrierte die Deutsche Rentenversicherung, dass im Kalenderjahr 2010 rund 20 Prozent ihrer stationären Rehabilitationsmaßnahmen wegen seelischer Probleme durchgeführt wurden. Dies bedeutet eine Zunahme um ein Drittel gegenüber dem Jahr 2000. Etwa zeitgleich, ebenfalls im Sommer 2011, hat Deutschlands größte Krankenkasse, die Barmer GEK, bekannt gegeben, dass noch 1990 von 1.000 Versicherten 3,7 wegen psychischer Probleme in einem Krankenhaus behandelt werden mussten – zwei Jahrzehnte später, also 2010, waren es schon 8,5, ein Anstieg um 129 Prozent, also um mehr als das Doppelte.

Ähnliche Zahlen könnte ich hier schier endlos weiter anführen, doch das macht wenig Sinn; die Grundtendenz dürfte hinreichend klar geworden sein. So will ich lieber die *Apotheken-Umschau* vom 27. Juli 2011 zitieren: »Auspowern in stressigen Jobs, private Sorgen: Psychische Störungen wie Depressionen und Burn-out sind zu Volkskrankheiten geworden. Immer mehr Menschen kommen deswegen hierzulande für immer längere Behandlungen ins Krankenhaus.«

Stressige Jobs und private Sorgen – diese beiden Schlagworte reichen allerdings kaum aus, um die Gründe der oben knapp skizzierten Entwicklung hinreichend erfassen zu können. Einige der in meinen Augen sehr wahrscheinlichen Ursachen will ich schon an dieser Stelle vorwegnehmend nennen: *erstens* das immer höhere Tempo aller sozialen Vorgänge, *zweitens* die ständige massive Überflutung mit Reizen aller Art und *drittens* die permanente Notwendigkeit von immer intensiveren, kräftezehrenden Synchronisationsleistungen. Was das im Einzelnen bedeutet, werde ich an anderer Stelle noch im Detail erläutern.

Aber wie ließe sich dieser misslichen Entwicklung begegnen? Wie könnte verhindert werden, dass es noch schlimmer kommt?

Dieser *Vorbeugegedanke* gehört zum uralten Weltwissen der Menschheit, wie sich anhand verschiedener Texte zeigen lässt. Einer davon stammt von dem legendären chinesischen Philosophen Laotse (chinesisch »Laudzi«, was nichts anderes heißt als »Alter Meister«). Besagter Laotse lebte im 6. Jahrhundert vor der Zeitenwende. Sein *Buch der Weisheit und der Tugend (Taoteking)* soll beim Verlassen Chinas entstanden sein. Es enthält 81 Sinnsprüche wie zum Beispiel diesen hier, den vierundsechzigsten:

»Was noch ruhig ist, lässt sich leicht ergreifen

Was noch nicht hervortritt, lässt sich leicht bedenken.

Was noch zart ist, lässt sich leicht zerbrechen.

Was noch klein ist, lässt sich leicht zerstreuen.

MAN MUSS WIRKEN AUF DAS, WAS NOCH NICHT DA IST ...«

Doch zu keiner Zeit der Menschheitsgeschichte wurde dieses »Prinzip Prävention« derart gröblich und zum langfristigen Schaden aller vernachlässigt wie in der Gegenwart unserer technokratischen Industriegesellschaften, die in einer globalisierten Weltwirtschaft rücksichtslos miteinander konkurrieren. Prävention (oder »Prophylaxe«), also die vorbeugende Verhinderung nach dem Motto: »der ungefährlichste Schadstoff ist der, der gar nicht erst produziert wird« findet nur selten Aufmerksamkeit in der Politik, und ebenso wenig, allen Lippenbekenntnissen zum Trotz, im Umweltschutz[1]. Keineswegs besser steht es auf dem Feld

---

1 Für die im Umweltschutz derzeit noch üblichen Interventionen hat sich in der Fachliteratur die Redewendung von den »End-of-the-pipe«-Techniken eingebürgert: Der Ansatzpunkt für das ingenieurhafte Vorgehen liegt nämlich »am Ende des Schlauchs« (englisch: ›pipe‹), nicht an seinem Anfang. So werden massenhaft Filter und Katalysatoren etc. eingebaut (für deren Hersteller oft ein äußerst lukratives Geschäft!), um Schadstoffe zu entfernen, anstatt den Anfall dieser Stoffe schon am Ort ihrer Entstehung zu verhindern oder wenigstens zu verringern (zum Beispiel durch geringere Leistung der meist völlig überdimensionierten Motoren!). Es ist wenig Fantasie nötig, um zu erkennen, wo die Ähnlichkeiten zum Gesundheitssektor bestehen.

der Medizin. Zwar greift auf einigen wenigen Gebieten allmählich der Gedanke um sich, dass die billigste Krankheit diejenige sei, die gar nicht erst entstehe. So zögerlich und inkonsequent das Bemühen um eine wirkungsvolle Krankheitsverhütung auch ist, auf dem Gebiet der Herz- und Kreislauferkrankungen scheint es immerhin – siehe oben – erste Erfolge zu zeigen. In vielerlei Hinsicht indes steht das moderne Gesundheitswesen dem massiven Anwachsen diverser gesundheitsgefährdender Risikofaktoren mit nahezu völliger Hilflosigkeit gegenüber. Dies ist, ich kann es als ein Fazit meiner eigenen Lebens- und Berufserfahrung ohne Wenn und Aber unterstreichen, vor allem bei der eingangs bereits erwähnten, rapiden Zunahme seelischer Lebensschwierigkeiten der Fall. Mit ein wenig Achtsamkeitsübungen hier, ein bisschen Stressmanagement dort und dazu noch, quasi als Garnitur, mit dem überaus populären Ratschlag, sich selber doch öfter etwas Gutes zu tun, wird sich auf Dauer wenig ausrichten lassen. Mehr Muße im Alltag – aber wenn ich morgens meinen Rechner einschalte, finde ich darauf 120 neue E-Mails vor. Mehr Gelassenheit, öfter Nein sagen – aber das Berufsleben fordert von mir jeden Tag zweimal 39 Kilometer Fahrstrecke (was vergleichsweise eher wenig ist), ohne dass ich dazu Nein sagen könnte. Diese wohlfeilen Ratschläge aller Art, mit denen sich Tausende von Buchseiten füllen lassen, doch mit denen sich im Grunde wenig anfangen lässt, dienen meist nur dazu, die allgemeine Hilflosigkeit zu übertünchen. In Wahrheit wächst die Zahl der Risiken für ein »gelingendes« Seelenleben durch den politischen und sozialen Wandel mit jedem Tag schier unaufhaltsam. Alle Versuche, sich mit »positivem Denken« und freundlicher Zuwendung zum »inneren Kind« dagegen wappnen zu wollen, wirken demgegenüber – mit den drastischen Worten der Schriftstellerin und Literaturnobelpreisträgerin Doris Lessing (1919–2013) – wie »Narrenpossen«: »Mit Eimerchen und Schaufel gegen eine Sintflut antreten, sich vor dem Spiegel die Krawatte oder das Make-up richten, während das Haus einstürzt …« (Lessing, 1981 [1974], S. 25).

Zu den besonders schwerwiegenden Risikofaktoren, die das Auftreten seelischer Störungen von Krankheitswert klar begünstigen, gehören ohne Zweifel auch Unwissenheit und Desinteresse. Dies wird vor allem deutlich, wenn wir einen Seitenblick in unsere soziale Umwelt wagen und erwägen, mit welcher Aufmerksamkeit und welchem Engagement wir uns tagtäglich allen möglichen Dingen widmen – uns dabei aber selber hintanstellen und vernachlässigen.

Vielleicht lässt sich das bisher Gesagte an einem konkreten Beispiel besser verdeutlichen. Ein für die Bewohner der Bundesrepublik Deutschland und ihre Daseinsgestaltung außerordentlich wichtiger Gebrauchsgegenstand und »Spaßfaktor«, oft Objekt geradezu kultischer Verehrung, nämlich das Automobil, wird

– wie so viele andere technische Gerätschaften – von seinem Hersteller mit einer umfänglichen Bedienungs- und Wartungsanleitung ausgestattet, die dem Käufer beim Erwerb seines Fahrzeuges ausgehändigt wird. Die Zahl der notwendigen Inspektionen ist darin ebenso geregelt wie die Art der zulässigen Ersatzteile, Schmierstoffe und Pflegemittel. Bei dem von mir zur Zeit der Niederschrift dieser Zeilen gefahrenen VW Polo handelt es sich bei dieser Anleitung um ein stattliches, Respekt einflößendes Druckwerk von insgesamt immerhin 359 Seiten (also deutlich dicker als dieses Buch!), das in die drei Abteilungen »Service«, »Sicherheit« und »Funktionen« gegliedert ist. Wie aber bediene, warte und pflege ich meine Seele?

Was soll denn *diese* alberne Frage, mag die spontane Reaktion mancher Leserinnen und Leser sein, sobald sie den letzten Satz gelesen haben. Was immer die »Seele« sein mag, sie lässt sich doch nicht mit einem Automobil vergleichen!

Vielleicht kann ich mich vor dem Verdacht schützen, mit meinen Einfällen hoffnungslos ins geistige Abseits geraten zu sein, indem ich noch eine zweite Frage anfüge: Welche Faktoren lassen ein Auto funktionstüchtig werden?

Diesem funktionsuntüchtigen Zustand – »Auto kaputt« nennen wir ihn in unserer Umgangssprache – können ganz unterschiedliche, in jedem Fall schädliche Einwirkungen auf das Automobil vorausgegangen sein. Möglicherweise hatte schon das Werk bei der Herstellung eine defekte Kurbelwelle oder ein schadhaftes Radlager eingebaut. Es ist aber ebenso vorstellbar, dass es zu einem Motorschaden gekommen ist, weil ich vergessen habe, den Ölstand zu überprüfen, das entsprechende Warnlämpchen nicht ernst genommen und nicht rechtzeitig Motoröl nachgefüllt habe. Irgendwann reißt dann der Schmierfilm: Kolbenfresser! Außerdem ist es dem Motor nicht gut bekommen, dass ich ihn ständig »überdreht« habe, also viel zu oft zu »hochtourig« gefahren bin. Verfügt das Auto über einen Drehzahlmesser, zeigte dieser bei einer derart schädlichen Fahrweise eine Tourenzahl im »roten Bereich«. Habe ich diese Warnung wirklich immer beachtet?

Ob ein Fehler bei der Produktion, mangelhafte Wartung oder draufgängerische Raserei: Für einen wie auch immer beschädigten Zustand meines PKW wird jedenfalls in nicht wenigen Fällen auch das (mit)verantwortlich sein, was man gemeinhin den eigenen »Fahrstil« oder die eigene »Fahrweise« nennt. Und eben das Äquivalent zu diesem »Fahrverhalten«, also zu der *Gesamtheit aller systeminternen Steuer- und Regelungsvorgänge*, mit denen ich auf das Automobil einwirke beziehungsweise mit diesem in Wechselwirkung trete, genau das ist, was wir gemeinhin (und meist ohne großes Nachdenken) die Seele nennen.

Aber warum stehen wir dieser faszinierenden Vielfalt unseres »Innenlebens« oft so ignorant und desinteressiert gegenüber? Was das Wissen um unsere seelischen Kontroll- und Steuerungsvorgänge betrifft, gleichen viele Mitmenschen einem Autofahrer, der nicht einmal weiß, ob er sein Fahrzeug mit Dieselkraftstoff oder mit Benzin auftanken soll.

Ein Großteil unserer seelischen Regulationsmechanismen vollzieht sich für uns ganz selbstverständlich, ohne dass uns dieser Vollzug bewusst wäre, ohne dass wir lange und intensiv über ihn nachdenken müssen. Ein anderer Teil ist uns aber sehr gegenwärtig, quält und ängstigt uns, kann uns mitunter in äußerst schmerzliche Konflikte stürzen. Offensichtlich besteht hier ein gewisser Spielraum, der uns immer neue Entscheidungen abverlangt. Doch gerade von diesem Entscheidungsdruck fühlen wir uns oft überfordert. Wir sind hilflos, wissen weder aus noch ein und wir schämen uns, kompetente Hilfe einzufordern. Manche Mitmenschen zögern damit so lange, bis ein Schaden entstanden ist, der sich nur schwer oder gar nicht wiedergutmachen lässt. Es gehört zu den eindrucksvollsten Zeugnissen der europäischen Geistesgeschichte, mit welch beredten Worten (vgl. S. 7) bereits vor fast 2000 Jahren der römische Kaiser Marc Aurel vor solchen Schädigungen der Seele gewarnt hat.

Worin aber besteht dieser »beschädigte Zustand« – nicht der unseres Autos, sondern der unserer Seele? Wann könnte es heißen »Seele kaputt«?

Aus leidvollen Erfahrungen in meinem eigenen Leben, aber auch aus jener persönlichen Lebenserfahrung heraus, die ich ein Stück weit mit meinen Patienten habe teilen dürfen, vertrete ich die Meinung, dass »seelische Störungen von Krankheitswert« – man mag sie Neurosen, Persönlichkeitsstörungen, Psychosen oder wie auch immer nennen – in ihrem Kern immer in einer *Einschränkung von Flexibilität*, in einer *Verminderung des inneren und äußeren Spielraums* bestehen. So werden chronisches Misstrauen und notorische Feindseligkeit aller Wahrscheinlichkeit nach die Gestaltung einer befriedigenden Partnerschaft behindern. In ähnlicher Weise können übermäßig ausgebildetes Leistungsstreben und Pflichtgefühl die Kreativität eines Menschen verkümmern lassen. Bei diesen einschränkenden, behindernden Kräften handelt sich in aller Regel um ein *erlerntes seelisches Verhalten* – um ein Verhalten, das gelernt wurde, weil es zu bestimmten Zeiten, zum Beispiel bei der Bewältigung schwer erträglicher Situationen in einer leidvollen Kindheit, bitter notwendig war. Später hingegen »reiten wir auf dem Tiger« und können nicht mehr von ihm herunter steigen – soll heißen: Wir stehen einer veränderten Lebenslage mit eben jenem Arsenal an Bewältigungsmechanismen gegenüber, die wir früher einmal gelernt haben, ohne dies zu wollen oder zu wissen, und die sich jetzt als ebenso untauglich erweisen wie der Vorschlaghammer für die Reparatur eines Uhrwerks. Sich auf eine neuartige Situation einzustellen und zu erkennen, dass jetzt andere Bewältigungsmechanismen nötig werden, dass also gegebenenfalls neu gelernt werden muss, ist nicht leicht, und es fällt gerade Menschen mit einer eingeschränkten Flexibilität des Seelenlebens außerordentlich schwer.

»Wenn man als einziges Handwerkszeug einen Hammer hat, sieht die ganze Welt wie ein Nagel aus«, sagt treffend ein norwegisches Sprichwort. Genau dieser eingeschränkte Blickwinkel führt in jene lebensfeindliche Sackgasse, in die hinein uns der verminderte seelische Spielraum irrezuleiten droht.

Wenn wir im folgenden Text in diesem bisher eher grob umrissenen Sinn von unserer Seele sprechen, so gilt es dabei auch eine uralte Mahnung zu berücksichtigen, den berühmten Satz *Tat twam asi* aus den indischen Veden, die zu den ältesten Texten der Weltliteratur gehören. Wörtlich übersetzt bedeutet er *»Das bist du«*, dies aber im Sinne von *»Dies alles bist du«* oder *»Das All bist du«*.

Unsere Seele ist kein »unsichtbares Ding«, das eine Ausdehnung besitzt und auf das wir von außen einwirken können. Viele Menschen – und psychisch Kranke ganz besonders – benutzen ganz unwillkürlich eine verdinglichte Sprache, wenn sie von ihrem Seelenleben sprechen und sagen in diesem Sinn dann etwa *»Es hat mich wieder gepackt«*, wenn sie meinen, dass sie plötzlich ängstlich oder gar panisch werden. Aber es gibt kein »Etwas«, kein »Es« – sei es nun die Angst oder etwas anderes – das irgendwo »draußen« sitzt und darauf lauert, mich bei geeigneter Gelegenheit zu überfallen und zu peinigen wie der Schnupfen in Christian Morgensterns berühmtem Gedicht *(»Ein Schnupfen hockt auf der Terrasse/Auf dass er sich ein Opfer fasse«[2])*. Nicht »die Angst« oder ein anderes mysteriöses Fremdwesen packt mich, sondern *ich selber ängstige mich*, wenn bestimmte Ereignisse düstere Erinnerungen in mir wecken. *»Tat twam asi«* – *alles, was ich seelisch erlebe, bin ich selbst*. Aber das, was ich bin, muss ich mir oft genug erst mühsam aneignen – es gehört zwar irgendwie zu mir, aber es ist mir fremd geblieben. Das gilt es zu ändern, denn die Aneignung ist der erste Schritt zur Veränderung. Am Anfang dieses Aneignungsprozesses steht der Erwerb von Kenntnissen – von Kenntnissen über mich selbst auf dem Weg der Selbsterfahrung, die durch dieses Buch selbstredend nicht zu vermitteln ist, aber auch von Kenntnissen über das

---

2 Aus diesem Grund gibt es auch keine Krankheiten, die abstrakte, außerhalb des Menschen hausende Wesen wären, wie etwa »der Schnupfen« – unter bestimmten Bedingungen, zum Beispiel nach der Inhalation einer bestimmten Menge von Viren einer bestimmten Art, verhalten sich Menschen in einer dann genauer zu beschreibenden Art, die wir in einem didaktischen Kunstgriff, der Vergleichbarkeit halber, »Schnupfen« (oder Pest oder Pocken) nennen. In Wirklichkeit gibt es aber nur kranke Menschen und keine »Krankheiten«, die unabhängig von den Erkrankten ihr eigenes Dasein fristen.

Seelenleben ganz allgemein, über das Gedächtnis, über die Gefühle, über die Motive meines Handelns und die möglichen Konflikte zwischen ihnen.

Bei meiner täglichen klinischen Arbeit staune ich immer wieder, wie wenig viele Mitmenschen über ihre eigenen Empfindungen mitteilen können. Wenn ich frage, ob sie in einer bestimmten Situation Ärger, Scham oder Trauer erlebt hätten, reagieren sie verlegen und ausweichend, blicken auf den Boden und erwidern leise: »Ja, das weiß ich nicht genau«. Und dann bin ich es, der traurig wird, weil ich mich frage, warum es sein muss, dass ein Sozialwesen, das fähig ist, Flugkörper bis ans Ende des Sonnensystems zu schicken, so unfähig bei der Erforschung der eigenen Innenwelt ist, weil diese so wenig gelehrt, gelernt und geübt wird.

Vielleicht liegt ein Grund für dieses Defizit darin, dass Menschen, die über sich selbst nur wenig wissen, als willige Untertanen leichter zu beherrschen und als gefügige Konsumenten leichter zu manipulieren sind? Über sich selbst – und das heißt auch: über die eigene Seele – besser Bescheid zu wissen, lässt ja auch Alternativen des Fühlens, Denkens und Handelns erkennbar werden. Dieses Wissen schafft mithin Freiraum für neue Möglichkeitsräume des Lebens. Die Erprobung solcher neuen Lebensformen durch die zuvor blindlings gefügigen Untertanen dürfte all jenen, die die Macht in ihren Händen halten und auch behalten wollen, keineswegs willkommen sein. Vielleicht käme ja manch einer am Ende auf die Idee – ich variiere hier ein wunderschönes Gedicht des leider weitgehend vergessenen deutschen Dichters Günter Eich (1907–1972) –, plötzlich »Sand, nicht Öl im Getriebe der Welt« sein zu wollen?

Auf diese Fragen müssen alle Leser und Leserinnen ihre ganz persönliche Antwort finden. Was mich selber betrifft, so bekenne ich freilich frank und frei, dass sich meine »Bedienungsanleitung für eine Seele« auch als ein subversives Buch versteht. Die größten Feinde der Freiheit – so sagte, und das wohl mit Recht, schon vor Jahren die Dichterin Marie von Ebner-Eschenbach (1830–1916) – sind die glücklichen Sklaven. Wobei freilich kaum ein Sklave *auf Dauer* glücklich sein dürfte. Sehen wir es umgekehrt: Selbsterkenntnis der Seele steht, so glaube ich, jeder Macht, insbesondere aber der angemaßten, von ihrem ureigenen Wesen her feindlich gegenüber.

Die auf den ersten Seiten dieses Buches zitierte Sätze des berühmten römischen »Philosophenkaisers« Marc Aurel sind, wie bereits erwähnt, fast zwei Jahrtausende alt. Aber es gibt noch weit ältere Zeugnisse für das Bemühen der Menschen, mit ihrem geheimnisvollen – weil dem Bewusstsein nur zu einem geringen Teil zugänglichen – »Innenleben«, also mit ihrer Seele, zu Rande zu kommen. Diese Bemühungen stellen Teile des kulturellen Gedächtnisses dar, das uns in Form von

Mythen, religiösen Texten, Kunst und Literatur überliefert ist – ein Schatz, von dessen Reichtum wir selten genug Gebrauch machen, was sehr bedauerlich ist. Gerade in der Gegenwart mit ihrem allgegenwärtigen Terror der Ökonomie sind die Kunst und andere kulturelle Formen kultureller Selbstbesinnung in Reservate abgedrängt worden, die vom Alltagsleben säuberlich abgetrennt sind, und sie werden dort bei feiertäglichen Ausflügen bestaunt wie seltsame Tiere im Zoo. Mit dem wirklichen Leben haben sie, so scheint es, nichts mehr zu schaffen.

Das vorliegende Buch möchte sich allerdings von den Schwindelunternehmen dieser Art fernhalten. Obschon mein Text für sich in Anspruch nimmt, auf solider wissenschaftlicher Grundlage verfasst worden zu sein, habe ich mit ihm dennoch kein wissenschaftliches Fachbuch vorlegen wollen. Wo es mir wichtig schien, in etwas größerem Umfang theoretische Kenntnisse zu vermitteln, handelt es sich in der Regel um Sachgebiete, die in der Öffentlichkeit noch nicht jene Beachtung gefunden haben, die sie eigentlich verdient hätten: etwa die Theorie der Mentalisierung (siehe Kapitel 4) und das Salutogenese-Konzept (siehe Kapitel 5). Für diejenigen, die sich tiefer in die theoretischen Dimensionen des Themas einarbeiten wollen, sei an dieser Stelle auf den ergänzenden Text »*Systemtheorie des Seelenlebens*« hingewiesen, der so manchen Sachverhalt ausführlich erläutert und verdeutlicht. Diese »Bedienungsanleitung«, die Leserin und Leser jetzt in den Händen halten, fühlt sich in erster Linie jenen ähnlich gearteten Anleitungen verwandt, die Menschen seit Hunderten von Jahren immer wieder neu niedergeschrieben haben – eben jenen Mythen, Märchen und Epen, die versuchen, für die verwirrende Irrfahrt unseres Lebens Ziel und Richtung zu finden. Sie soll eben eine Anleitung sein, eine praktische Handreichung für die Wechselfälle des Lebens, das uns oft verwirrt und oft überfordert.

Der amerikanische Lehrer, Philosoph und Dichter Henry David Thoreau (1817–1862), dem wir auf diesen Seiten noch öfters begegnen werden, hat 1854 sein Buch *Walden oder Hüttenleben im Walde* veröffentlicht, in dem er die beiden Jahre beschreibt, die er in einer selbst gebauten Blockhütte am Walden-Teich in Concord (heute ein Vorort der Millionenstadt Boston) zugebracht hat. Das Ziel seines Experiments ist eine »Reise ins Ich« gewesen, deren Sinn Thoreau in der Schlussbetrachtung dieses Buches deutlich unterstreicht:

> »Was bedeutet mir Afrika, was der Wilde Westen? Ist nicht unsere Innenwelt noch ein weißer Fleck auf der Karte? [...] Sei ein Kolumbus und entdecke neue Welten in dir selbst, erschließe neue Wege, nicht des Handelns, sondern des Denkens. Jeder ist Herr über ein Gebiet, neben dem sich das Zarenreich wie ein Duodezstaat ausnimmt. [...] Wer alle Sprachen lernen und sich in aller Herren Ländern einbür-

gern will, wer weiter kommen will als je ein Reisender zuvor, wer es fertigbringen will, dass sich die Sphinx in den Abgrund stürzt, der braucht nur die alte Lehre zu beherzigen: *Erkenne dich selbst!*« (Thoreau, 1972 [1854], S. 449ff.)

Auch jene Leserinnen und Leser, die sich mir anvertrauen, um mit dem Lesen dieses Buches ein geistiges Abenteuer zu meistern, sollten sich dabei als Reisende im Sinne Thoreaus fühlen. Wie so viele Dichter und Denker vor mir möchte auch ich meinen Lesern im Verlauf dieser Reise zeigen, welche enge Verbindungen zwischen der äußeren Natur – unserer Mitwelt – und unserer inneren Natur – der Seele – bestehen, und wie reichhaltig, bunt und vielfältig diese Verbindungen sind. In diesem Sinne stimme ich voll und ganz mit jenen Zielen überein, die der Schriftsteller und Nobelpreisträger Hermann Hesse (1877–1962) – ein großer Bewunderer Henry David Thoreaus – genau 50 Jahre nach dessen *Walden* in seinem ersten eigenen Roman *Peter Camenzind* formuliert hat. Wie es der große Psychologe Hesse so wunderbar in Worte gefasst hat, möchte nämlich auch ich die Menschen lehren,

> »in der brüderlichen Liebe zur Natur Quellen der Freude und Ströme des Lebens zu finden. Ich wollte die Kunst des Schauens, des Wandern und Genießens, die Lust am Gegenwärtigen predigen. Gebirge, Meere und grüne Inseln wollte ich in einer verlockend-mächtigen Sprache zu euch reden lassen und wollte euch zwingen, zu sehen, was für ein maßlos vielfältiges treibendes Leben außerhalb eurer Städte und Häuser täglich blüht und überquillt. Ich wollte erreichen, daß ihr euch schämt, von ausländischen Kriegen, von Mode, Klatsch, Literatur und Künsten mehr zu wissen als vom Frühling, der vor euren Städten sein unbändiges Treiben entfaltet, und als vom Strom, der unter euren Brücken hinfließt, und von den Wäldern und herrlichen Wiesen, durch welche eure Eisenbahn rennt« (Hesse, 1972 [1904], S. 110).

Ganz in Hesses Sinn möchte ich meinen Lesern zeigen, welch maßlos vielfältiges treibendes Leben in ihrer eigenen Seele blüht und quillt – und wie sie besseren Gebrauch davon machen können. Durch ein besser verstandenes »Seelenleben« wird – davon bin ich fest überzeugt – auch ein besseres Leben möglich.

Da das »Seelenleben« ein vielfach vernetztes Ganzes darstellt, ist es unvermeidlich, dass auch meine Darstellung von verschiedenen Ausgangspunkten aus immer wieder dieselben Themen, gewissermaßen die Schnittstellen der seelischen Abläufe, berühren muss. Ich hoffe, meine Leser werden mir solche Wiederholungen nicht verübeln, sondern als Gelegenheiten für intensiveres Lernen durch »intermittierende Verstärkung« zu nutzen wissen.

Und auch dies sei noch gesagt: Mein Text wendet sich in erster Linie an die seelischen »Normalverbraucher«: An Menschen, die von den Wechselfällen des Schicksals beglückt und geplagt werden, wie es das Leben nun einmal so mit sich bringt. Für Menschen mit Extremerfahrungen, zum Beispiel massiven Traumatisierungen und für solche, die derzeitig an einer gravierenden Erkrankung leiden, etwa an schwerer depressiver Herabgestimmtheit, wird dieses Handbuch aller Wahrscheinlichkeit nach unzureichend sein. In einer solchen Situation dürfte es ohnehin problematisch sein, der seelischen Krise mit der Lektüre eines Fachbuches begegnen zu wollen. Besser wäre es, sich um eine ganz unmittelbare Form der Hilfe zu bemühen.

Till Bastian

Nachbemerkung

Die erste Fassung dieses Buches ist im Winter 2009/10 entstanden, 2010 sind die erste und die zweite Auflage erschienen. Eine gründliche Überarbeitung, Ergänzung und Erweiterung des Textes ist dann im Winter 2015/16 erfolgt. Ich freue mich, dass das Buch mithin im Herbst 2016 schon in einer neu gestalteten dritten Auflage erscheint – offenbar besteht an einer »Bedienungsanleitung« solcher Art ein großer, vermutlich sogar immer noch wachsender Bedarf!

Der Alltag und unser »seelischer Apparat«

Fast alle Autobesitzer wissen, in wie vielen Zylindern ihres Motors der Kraftstoff verbrannt wird, ob die Motorkraft auf die Vorder- oder auf die Hinterachse des Automobils (oder, wie im Falle eines Allradantriebs, auf beide Achsen) übertragen wird und ob dies mithilfe eines Vier- oder Fünf-Gang-Getriebes oder mittels einer Getriebe-Automatik geschieht. Aber wie wenig wissen wir über die Antriebskräfte in unserem Seelenleben, über die Art, wie diese zu größeren Einheiten, zu Motiven, zusammengeschaltet werden und wie diese mit unseren Gefühlen (oder Affekten bzw. Emotionen) in Wechselwirkung stehen. Und wieso ist unser Seelenleben so erstaunlich alltagstauglich? So viele Fragen mit denen wir uns, zu unserem eigenen Schaden, viel zu selten befassen.

Mein Auto rollt auf der A7 in gemächlichem Tempo Richtung Norden. Der Verkehr ist recht übersichtlich, und so hänge ich geruhsam meinen Gedanken nach – einem lockeren Gewebe von Einfällen, Erinnerungen und Assoziationen, die um das vor mir liegende Wochenende kreisen. Plötzlich kommt mir eine Patientin in den Sinn – eine Frau, die vor etwa einem Vierteljahr aus der Klinik, in der ich arbeite, entlassen worden ist, ohne dass ich seither wieder etwas von ihr gehört hätte. Seltsam – warum muss ich gerade jetzt an sie denken? Einen äußeren Anlass dafür kann ich nicht erkennen, und so grüble ich eine ganze Weile ergebnislos über diesen Einfall nach. Mittlerweile bin ich fast auf gleicher Höhe mit einem Lastwagenzug auf der rechten Fahrspur, der sich langsam die lange Steigung emporquält. Beim Überholen betrachte ich das Firmenlogo, das auf der Hecktür des Anhängers prangt: »Spedition Württemberger« lese ich da. Bei diesem Anblick fühle ich plötzliches Erstaunen, ja ich erschrecke sogar ein wenig. Evelin Württemberger heißt nämlich jene Patientin, an die ich vor wenigen Augenblicken ohne erkennbaren Anlass hatte denken müssen. Jetzt liegt die Erklärung auf der Hand: Offenkundig hatte mein Gehirn, angeregt von der optischen Wahrnehmung jener Schrift auf dem Heck des Lastwagens, die es allem Anschein nach schon lange vor dem Lesen und dem bewussten Begreifen ihrer Bedeutung registriert hatte, eine Schaltverbindung zwischen meiner aktuellen Wahrnehmung und meinem Erinnerungsspeicher hergestellt und in meinem Gedächtnis die Datei »Erinnerungen an Evelin Württemberger« geöffnet. Und all dies geschah völlig »automatisch«, ohne dass ich auch nur einen einzigen bewussten Gedanken an meine Wahrnehmung des vor mir fahrenden LKW und an seine Aufschrift auf der Hecktür und an meine Erinnerungen an irgendwelche Patientinnen, geschweige denn an die jene Erinnerungen und Einfälle regulierenden Vorgänge verschwendet hätte.

Wer gelernt hat, sich selbst zu beobachten – und eine solche geduldige Selbstbeobachtung bietet uns auch heute noch, wo wir sehr viel Zeit an Maschinen verschwenden, eine Fülle äußerst lohnender Lernerfahrungen –, wird freilich viele solcher Ereignisse kennen, bei denen eine »Weisheit des Unbewussten« sein Leben gesteuert hat – und zwar erstaunlich oft in eine positive Richtung.

Einfache Beispiele dafür sind leicht zu finden. Ganz elementar ist etwa dieses Experiment: Halten Sie dieses Buch im für Ihre Sehkraft geeigneten Abstand vor die Augen und bewegen Sie dann den Kopf auf und ab oder im Kreis. Sie werden den Text trotzdem lesen können, denn die Augenmuskeln gleichen die Bewegungen des Kopfes aus. Sie stabilisieren die Blickachse, und zwar »unwillkürlich«, also ohne dass Sie sich dazu »bewusst entschließen« müssten. Ähnliche Beispiele lassen sich ohne Mühe entdecken, und zwar in großer Zahl.

Und dabei geht es nicht nur um körperliche Regulationen der zuvor skizzierten Art, die man womöglich als »primitiv« einschätzen mag. Das möge folgendes Beispiel verdeutlichen: Bei einer Vernissage stehen wir neben der Ehefrau des Schulleiters X, die uns, wie auch ihr Gatte, von Herzen unsympathisch ist und uns mit endlosen Erzählungen über ihre letzte Urlaubsreise nervt – eine Zumutung, die wir äußerlich geduldig, innerlich jedoch angespannt und feindselig ertragen. Plötzlich zittert unsere rechte Hand, und der Inhalt des Rotweinglases ergießt sich über das Kleid der geschätzten Dame. »Mein Gott, wie peinlich«, stammeln wir dann, »entschuldigen Sie bitte. Das tut mir aber furchtbar leid ...«

Tut uns dieses Missgeschick auch *wirklich* leid? Nie wird sich zweifelsfrei erhellen lassen, wie groß der Anteil des Zufalls und wie groß der Beitrag einer unbewussten Absicht beim Verschütten des Glases gewesen sein mag. Tiefenpsychologen sprechen in solchen Fällen treffend von einer »Malheur-Aggressivität«.

Sigmund Freud (1856–1939), zweifellos einer der wichtigsten und wirkungsvollsten Denker des 20. Jahrhunderts, hat die Erkenntnis, dass der Mensch nicht

der »Herr im Haus« des eigenen Seelenlebens ist[3], mit zwei anderen »großen Kränkungen« der Menschheit verglichen: erstens mit der Entdeckung des
Kopernikus, dass unsere Erde keineswegs den Mittelpunkt des Sonnensystems
einnimmt und zweitens mit dem Nachweis Darwins, dass der Mensch bei der Entstehung der Arten keinerlei Sonderstellung im Tierreich innehat. Dem mag nun
sein, wie es wolle – unserem intuitiven Selbstverständnis ist der Reichtum unserer
Seele jedenfalls nicht unmittelbar zugänglich. Überhaupt geht es dem »Seelenleben« heutzutage nicht viel besser als unserem Alltagsleben: Wir arbeiten zu
jeder Jahreszeit im Schein der Neonröhren, die Klimaanlage sorgt im Sommer
wie im Winter für eine konstante Raumtemperatur und an fast allen Orten auf
dieser Welt können wir mit unserer Kreditkarte bezahlen, Cola trinken und deutsche Fernsehsender empfangen. Das Internet steht uns ohnehin nahezu überall
zur Verfügung. Wir sind gleichsam eingewoben in einen Kokon weitgehend aus-
tauschbarer, einheitlicher Alltagserfahrungen. Und auch unser Seelenleben ist in
diesem Sinn »äquilibriert«. Damit ist gemeint: Es ist auf die Gleichförmigkeit
eines berechenbaren Alltags ohne große, überraschende Veränderungen zuge-
schnitten. Die Welt muss gleichförmig zugerichtet werden, um kalkulierbar zu
sein! Wenn wir dann aber die Schwingungsfähigkeit unserer Seele irgendwann in
ihren extremen Formen erleben, befremdet uns das oder es ängstigt uns sogar: Es
passt eben nicht zu jenem »Mainstream«, in dem wir tagaus, tagein schwimmen
müssen.

Freilich wünschen wir uns oft – das kann ich Tag für Tag im Gespräch
mit meinen Patienten beobachten – eine gesteigerte Sensibilität und ein ver-
feinertes Empfinden. Aber im Grunde sind wir dabei nicht ganz ehrlich. Wir
möchten nämlich mehr »gute Gefühle« haben und ein gesteigertes *Glücksemp-
finden* erreichen. Dass wir, falls wir sensibler werden, dann auch für *Leid und
Schmerz* empfindsamer sind – dieser »Neuerwerb« ist uns möglicherweise nicht
sonderlich willkommen. Wir möchten sozusagen nur die positive Hälfte der
Empfindsamkeit. Aber diese »bessere Hälfte« ist nicht ohne ihr Gegenstück zu
haben. Sensibilität ist unteilbar. Ganz in diesem Sinn schrieb Johann Wolfgang

---

3 Das wussten vor ihm freilich schon viele andere – nur haben sie dieses Wissen nicht
so konsequent auf die Erforschung des Seelenlebens und, vor allem, auf die Behand-
lung seelischer Krankheiten angewendet. Der Frankfurter Philosoph Arthur Schopenhauer
(1788–1860) beispielsweise hat schon rund 50 Jahre vor Freud geschrieben: »Der Mensch
verbirgt die Motive seines Thuns oft vor allen anderen, bisweilen sogar vor sich selbst,
nämlich da, wo er sich scheut zu erkennen, was eigentlich es ist, das ihn bewegt ...« (Schopenhauer, 1988 [1860], S. 399). Dieser Satz, niedergeschrieben etliche Jahre vor Freuds
Geburt, trifft in der Tat ins Schwarze!

von Goethe (1748–1832) als junger Mann am 17. Juli 1777 an die Gräfin Auguste von Stolberg:

> »Alles gaben Götter, die unendlichen,
> Ihren Lieblingen ganz,
> Alle Freuden, die unendlichen,
> alle Schmerzen, die unendlichen, ganz.«

Diese Gedanken haben uns einige Schritte auf einen Nebenweg geführt, den wir aus aktuellem Anlass beschritten haben. Kehren wir jetzt wieder zur Mannigfaltigkeit unseres Seelenlebens zurück. Diese Vielfalt der Seele zu erkunden und ihre Tiefen auszuloten ist ein mühsames, oft ein erschreckendes Geschäft. Ich will in diesem Kapitel sozusagen eine Faustskizze des Geländes zeichnen, auf dem wir uns auf unserer gemeinsamen Forschungsreise bewegen wollen.

Dabei beginne ich mit dem, was verschiedene Philosophen – vor allem solche, die sich biologischem Denken verpflichtet fühlen und die mithilfe dieses Denkens ein Konzept entwickelt haben, das sie »evolutionäre Erkenntnistheorie« nennen – gerne als den »Weltbildapparat« bezeichnen. Es handelt sich dabei um das Ensemble all jener Steuerungs- und Regelungsfertigkeiten, über die das Individuum von Geburt an verfügt, um die äußere Realität, also seine Um- und Mitwelt, möglichst erfolgreich zu bearbeiten und zu bewältigen.

Dieser Sachverhalt – das Vorhandensein eines umfänglichen Arsenals an angeborenen Dispositionen, die gemeinsam jenen »Weltbildapparat« bilden – lässt sich auch folgendermaßen beschreiben:

> ➤ Wie alle anderen Lebewesen ist auch der Mensch mit einem Satz angeborener Fähigkeiten ausgestattet Er kommt nicht als »tabula rasa«, als »unbeschriebenes Blatt«, auf die Welt, sondern ausgestattet mit einem »seelischen Werkzeugkasten«.
> ➤ Diese angeborenen Fähigkeiten sind aber nicht vom Himmel gefallen, sondern Produkt einer langen Entwicklung – der biologischen Evolution.
> ➤ Worüber das Individuum schon am Beginn seines Lebens verfügt, ist also in der Geschichte seiner Gattung allmählich entstanden, weil es für ihr Überleben von Vorteil war.

Auch wenn wir uns als ein ganz spezielles und einzigartiges Exemplar der Gattung Mensch, das wir nun einmal sind, bisweilen so fühlen mögen – wir sind nicht in das Leben »hineingeworfen« worden, sondern als Spezies *Homo sapiens* erstaunlich gut an unser Dasein auf dem Planeten Erde und seine besonderen

Bedingungen angepasst. So entspricht die Empfindlichkeit der Netzhaut unserer Augen gerade dem »optischen Fenster« der Erdatmosphäre, also der Wellenlänge jener Bestandteile des Sonnenlichtes, die von der Atmosphäre nicht weggefiltert, sondern durchgelassen werden. Dies ist natürlich kein Zufall und ebenso wenig – jedenfalls in meinen Augen – das Werk eines genialen göttlichen Konstrukteurs, sondern wie andere derartige Passungen und Feinabstimmungen eine Errungenschaft der Evolution des Lebens.

Während 99 von 100 Generationen der menschlichen Geschichte lebte *Homo sapiens* in der Steinzeit. Deshalb ist davon auszugehen, dass auch unser uns in seinem Dasein wie in seinem So-Sein gar nicht bewusster, partiell unzugänglicher »Weltbildapparat« vor allem auf die Lebensbedingungen in den Tagen der allmählichen Menschwerdung ausgerichtet ist, weil er von den Anforderungen der Evolution entsprechend *ausgerichtet worden* ist. Die Vertreter der bereits erwähnten »Evolutionären Erkenntnistheorie« – so etwa Gerhard Vollmer (geb. 1943), dessen Schriften ich zur vertiefenden Lektüre sehr empfehle – werden denn auch nicht müde zu betonen, dass dieser »Weltbildapparat« sich evolutionär an einen »Mesokosmos«, also an einen »Kosmos der mittleren Dimensionen« angepasst hat: an kurze Zeitspannen, langsames Veränderungstempo, überschaubare Räume, kleine soziale Gruppen. »Für diese Dimensionen sind unsere Wahrnehmungs- und Erfahrungsstrukturen tauglich. An ihnen wurden sie erprobt und ausgelesen, daran haben sie sich bewährt« (Vollmer, 1986b, S. 139).

In Schwierigkeiten geraten wir dann, wenn unsere Umwelt Eigentümlichkeiten aufweist, die quasi »jenseits des Mesokosmos« liegen. Und das ist spätestens seit dem Beginn des Industriezeitalters und der von ihm bewirkten schleichenden ökologischen Katastrophe immer öfter der Fall.

Dieses Thema wäre ein eigenes Buch wert. Im Rahmen des vorliegenden Textes hingegen muss ich mich freilich damit begnügen, die wichtigsten Fakten kurz zusammenzufassen:

➤ In der Welt des 20. und 21. Jahrhunderts drohen uns Umweltgefahren, die wir mit unseren Sinnesorganen nicht fassen können. Elektrischen Strom, Magnetfelder und Radioaktivität, um nur diese drei Beispiele zu nennen, können wir weder sehen noch hören, weder schmecken noch riechen.

➤ Die räumlichen und zeitlichen Dimensionen, die uns durch Wissenschaft und Technik zugänglich geworden sind, liegen jenseits der Größenordnungen, auf die wir »geeicht« sind. Weder die Lichtjahre, die andere Galaxien von der unseren entfernt sind, noch die 25.000 Jahre Halbwertszeit des radioaktiven Plutoniums 239 (das eben deshalb für zehn Halbwertszeiten,

also für eine Viertelmillion Jahre, sicher verwahrt werden muss), bedeuten
für uns emotional »sehr viel«.

➤ Die Risiken unserer modernen Lebenswelt werden meist durch Wahr-
scheinlichkeitsberechnungen ermittelt. Gegenüber diesen sind wir aber
»seelenblind«, wie das Alltagsleben uns jeden Tag beweist. Der Raucher
ist überzeugt, dass gerade ihn der Krebstod verschonen wird und freitags
stehen die Lottospieler in den Annahmestellen Schlange, um den »Jack-
pot« zu knacken, obwohl das Risiko am helllichten Tag vom Blitz getroffen
zu werden weit größer ist als die Chance auf einen »Hauptgewinn«.

➤ Als Rudeltier ist der Mensch an das Zusammenleben mit anderen angepasst.
Er braucht die Gemeinschaft mit anderen um gesund zu bleiben – ein Thema, das im dritten Kapitel ausführlich erörtert werden wird. Die moderne
Gesellschaft isoliert die Menschen voneinander, treibt sie in die Vereinzelung und ersetzt zwischenmenschliche Kontakte durch den Umgang mit
Maschinen. Kleingruppen werden durch unpersönliche Kollektive (Groß-
raumbüro!) ersetzt.

Diese Liste ließe sich ohne große Mühe noch weiter verlängern. Aber sie dürfte
schon in dieser grob gezeichneten Kurzform ausreichen, um deutlich werden zu
lassen, dass der modernen Industriegesellschaft ein erhebliches *Potential zur Beeinträchtigung und Beschädigung unseres Seelenlebens* innewohnt. Dieses Potential
hat zu einem eindeutigen Anstieg seelischer Störungen beigetragen.

Aus dieser Perspektive liegt es nahe, den Menschen mit einem Huhn zu vergleichen, das sich sinnvoller Weise ins Gras duckt, wenn am Himmel über ihm
ein Raubvogel auftaucht, aber das selbe Verhalten auch dann zeigt, wenn es eine
Fliege an der Decke des Stalles entdeckt. Der Aufenthalt von Hühnervögeln in
geschlossenen Räumen ist aus evolutionärer Sicht nun einmal nicht vorhersehbar
gewesen.

Man muss sich allerdings vor einer einseitigen Interpretation der Befunde
hüten. Es handelt sich bei der Überforderung des modernen Menschen nicht
allein um dessen kognitive Unzulänglichkeit angesichts einer neuartigen Lebenslage. Insofern ist es auch irreführend von einem »Steinzeitgehirn« zu sprechen,
das mit den Gegenwartsproblemen nicht zurecht kommen könne. Unser »Weltbildapparat« besteht ja nicht allein aus dem durch Sinnesorgane und Gehirn
repräsentierten Erkenntnisleistungen, er wird auch durch Affekte geprägt und
gesteuert. Auch Gefühle sind archaische Anpassungsleistungen – der »Mesokosmos« wird eben nicht nur kognitiv bewältigt, sondern ist auch *affektiv getönt*. Und
hinzu kommt ja auch noch die Fülle der individuellen Lernleistungen – unsere

gesamte Lebenserfahrung, durch die der gattungsgeschichtliche »Weltbildapparat« erst zu jenem komplexen und komplizierten individuellen »psychischen Apparat« heranreift, mit dessen Hilfe wir unser Leben recht und schlecht bewältigen und für den in diesem Buch eine »Bedienungsanleitung« beschrieben werden soll.

Wichtig ist immerhin, sich schon jetzt, am Anfang dieses Leitfadens darüber klar zu werden, dass – und wie sehr! – der Gegenwartsmensch seelisch überfordert ist. Freilich wollen wir nicht bei einem allgemeinen Unbehagen über diesen misslichen Zustand stehen bleiben, sondern die »kritischen Punkte« im Wechselspiel zwischen den Erfordernissen der Umwelt und den Bewältigungsmechanismen unserer Seele möglichst genau kennenlernen. Einer der wichtigsten »kritischen Punkte«, die ständige Beschleunigung unseres Alltagslebens, wird im nächsten Kapitel untersucht.

Die so verstandene »Seelenkunde«, wie sie in diesem Buch erläutert wird, ist letztlich eine *ökologisch orientierte* Wissenschaft – denn Ökologie ist, mit den Worten des großen deutschen Biologen und Darwinisten Ernst Haeckel (1834–1919), »die gesamte Wissenschaft von den Beziehungen des Organismus zur Außenwelt« (Haeckel, 1866, S. 235).

Selbsterkenntnis ohne ökologische Kenntnisse ist heute schlicht und einfach nicht mehr möglich. Wer mit der eigenen Seele besser umgehen, wer sein Seelenleben besser warten und bedienen will, wird sich mit dem Verhältnis der eigenen Existenz zu seiner Um- und Mitwelt vertraut machen müssen.

Zu dem Ensemble von Fähigkeiten, mit dessen Hilfe unsere Seele die Herausforderungen des Daseins zu bewältigen versucht, gehört auch das Gedächtnis. Um den gegenwärtigen Wissenstand kurz zu rekapitulieren: Ins *Kurzzeitgedächtnis* wird bereits ausgewählte Information aufgenommen und dort für Sekunden bis Minuten gespeichert. Dann folgt – eventuell – die Aufnahme ins *Langzeitgedächtnis* mit Speicherung möglicherweise bis zum Lebensende.

An diesem Langzeitgedächtnis werden unterschieden:

➤ das deklarative *(explizite)* Gedächtnis
➤ das nicht-deklarative *(implizite)* Gedächtnis

Das *explizite Gedächtnis* gilt als flexibel und kommunizierbar. Seine Inhalte sind mitteil- und erklärbar. Außerdem ist es uns zu großen Teilen bewusst oder tendenziell bewusstseinsfähig. Dabei unterscheidet man das *episodisch-autobiografische* und das *semantische Gedächtnis* voneinander. Episodisch-autobiografisches Erinnern verkörpert sich in einem Satz wie »Im Jahr 2000 bin ich in Rom gewesen«, semantisches hingegen in der Aussage »Rom ist die Hauptstadt Italiens«.

Schließlich muss ich selbst nicht dort gewesen sein, um diese These formulieren zu können.

Das *implizite Gedächtnis* hingegen wird als unflexibel, kaum kommunizierbar und weitgehend unbewusst beschrieben. Es umfasst verschiedene Subsysteme, von denen in unserem Zusammenhang vor allem das *prozedurale* Gedächtnis wichtig ist, also das *Können* (z. B. die Fähigkeit des Fahrradfahrens). Diesem prozeduralen Gedächtnis sind vermutlich auch viele sogenannte »intuitive Fähigkeiten« zuzuordnen, so etwa das »Materialgefühl« des Handwerkers oder der »klinische Blick« des Arztes.

Welche unvorhersehbaren Überraschungen unser Gedächtnis uns im Alltagsleben zu bereiten vermag habe ich am Anfang dieses Kapitels bereits angedeutet. Bisweilen sind die Folgen solcher zunächst unbewusst ablaufenden Verknüpfungen hochdramatisch, und dabei wiederum spielen oft mit starken Affekten verknüpfte Inhalte des prozeduralen Gedächtnisses eine Rolle – etwa, wenn ein bestimmter Geruch auf eine Erinnerungsfährte führt, die zur Wieder-Bewusstwerdung eines schweren Traumas hinleitet. Das könnte zum Beispiel ein sexueller Missbrauch sein, der dem Opfer von einst wieder gegenwärtig wird, wenn es jenes Parfüm riecht, das einst sein Peiniger benutzt hat. Oft ist ein solches Trauma jahrelang verdrängt worden, aber stets gegenwärtig geblieben.[4] Man hat zur Kennzeichnung solcher Inhalte, die gleichzeitig vorhanden und doch nicht (bewusst) gegenwärtig sind, den treffenden Begriff der »Krypta im Ich« geprägt.

Für Frau Z., eine durchtrainierte Sportlerin, schien der klinikeigene Hochseilgarten keine große Herausforderung zu sein – »das schaffe ich doch mit links«, meinte sie frohgemut. Auf dem Drahtseil in fünf Metern Höhe (und natürlich vorschriftsmäßig gesichert) erlebte sie dann zu ihrem eigenen Entsetzen einen totalen vegetativen Zusammenbruch. Rasch wurde klar, warum: Die Situation hatte ihr prozedurales Gedächtnis aktiviert und sie an eine über Jahrzehnte verdrängte Episode aus dem Grundschulalter erinnert: als ihr Vater, ein tyrannischer Hausmeister, der Mutter und Kinder häufig brutal misshandelte, aus dem Fenster im ersten Stock eine Leiter ins Nachbarhaus hinüberschob, dessen Bewohner den Schlüssel vergessen und ihn um Hilfe gebeten hatten, und die vielleicht siebenjährige Tochter anherrschte, sie solle, da sie die leichteste sei, jetzt dort hinüber ins andere Haus klettern: »Wenn du's nicht tust, schlag' ich dich tot ...«

---

4 Eben diese Verhältnisse motivieren mich zu der – an späterer Stelle genauer erläuterten – Warnung, unserem Seelenleben keine Eindeutigkeit abzuverlangen: es ist und bleibt mehrdimensional, »doppelbödig«, ja oft genug auch in sich selbst konflikthaft!

Solche und ähnliche Ereignisse, die im Alltag des Psychotherapeuten nicht selten sind, machen immer wieder auf beeindruckende und oft auf bedrückende Weise eines deutlich: Unser Gehirn und das ihm innewohnende Seelenleben unterscheiden sich schon dadurch vom Computer, dass sie nicht über eine Löschtaste verfügen. Alle Dateien bleiben erhalten, auch wenn sie in der einen oder anderen Form überschrieben worden sind. Es kann freilich sein, dass sie für uns lange unzugänglich bleiben. Unter bestimmten Umständen werden sie eben doch plötzlich geöffnet! Sigmund Freud hatte Recht, als er in seiner Schrift über *Das Unbehagen in der Kultur* der Überzeugung Ausdruck gab, »daß im Seelenleben nichts, was einmal gebildet wurde, untergehen kann, daß alles irgendwie erhalten bleibt und unter geeigneten Umständen, z. B. durch eine so weit reichende Regression wieder zum Vorschein gebracht werden kann« (Freud, 1930, S. 69).

Freilich ist das, was »irgendwie erhalten bleibt«, also im impliziten/prozeduralen Gedächtnis gespeichert worden ist, unserem Wachbewusstsein in aller Regel nicht zugänglich – und ich möchte ergänzen: zum Glück. Wie quälend es sein kann, wenn das Gehirn *nicht* in der Lage ist, das Erinnern zu beschränken und zu begrenzen, wurde im Spiegel-Bericht »Endlosschleife im Kopf« (Der Spiegel 2008, 47) über die 42-jährige Amerikanerin Jill Price deutlich. Ihr episodisches Gedächtnis funktioniert so gut, dass sie sich lückenlos an den Ablauf jedes beliebigen Tages seit dem 5. Februar 1980 erinnern kann – eine offenbar äußerst leidvolle, belastende Existenzweise. Vergessen zu können ist offensichtlich eine Gnade, die das Leben erst lebenswert macht. Umgekehrt kann eine ständige bewusste Präsenz der Vergangenheit uns das Dasein kräftig vergällen. Die Fähigkeit des Menschen, sich quasi im Modell durch Raum und Zeit zu bewegen, das »antizipierende Denken«, das Sigmund Freud »inneres Probehandeln« und Konrad Lorenz »Hantieren im Vorstellungsraum« genannt hat, ist offenbar eine zwiespältige Errungenschaft – alles Gute hat eben seinen Preis!

Bevor wir die mit diesen Problemen verbundenen Fragen erörtern, ist es allerdings unabdingbar, zu klären was wir meinen, wenn wir von »bewusst« und »unbewusst« reden.

Betrachten wir zunächst unseren *Atemdrang*. Jeder Mensch vollführt in seinem Leben viele Millionen Atemzüge – doch die wenigsten davon erlebt er bewusst. Diese wenigen Ausnahmen mögen der Aufforderung durch Dritte (»Tief durchatmen«, sagt der Arzt zu seinem Patienten), sportlichem Training, Krankheiten oder Zuständen plötzlicher Atemnot geschuldet sein. Aber auch dann, wenn uns der Atemvorgang unter solchen oder ähnlichen Umständen ausnahmsweise einmal bewusst wird – seine willentliche Kontrolle ist uns nur in sehr begrenztem

Umfang möglich. Je länger wir ihn zu unterdrücken versuchen, desto deutlicher und schmerzhafter drängt er sich in unser bewusstes Erleben und »übertönt« schließlich alles andere darin. Das ist ja auch sehr sinnvoll, denn als Faustregel stimmt der alte Merkspruch auch heute noch: »Drei Minuten ohne Sauerstoff, drei Tage ohne Wasser, drei Monate ohne Nahrung – dann ist es mit dem Leben vorbei.« Wir können somit festhalten:

➢ Der Atemantrieb steigert seine von uns wahrgenommene Intensität von der Stufe Null (die Notwendigkeit, »Luft zu holen«, ist uns im Alltag gar nicht bewusst) bis hin zur maximalen Dringlichkeit, die jede Willensanstrengung niederzwingt (weshalb es auch nicht möglich ist, Selbsttötung durch Anhalten der Atmung zu verüben), und zwar beim nicht besonders trainierten Menschen in weniger mehr als einer Minute.

➢ Obschon der Atem*drang* mit steigender »Luftnot« zunehmend und immer dringlicher bewusst wird, bleibt die *Regulation* der Atmung unserem Bewusstsein vollständig entzogen – denn was wir erleben, ist der Mangel an Sauerstoff, aber *gerade nicht* dieser Mangel, sondern die Anreicherung des Blutes mit Kohlendioxyd regelt den Atemantrieb.

➢ Unseren Atemdrang erleben wir als unmittelbar zwingend, der willkürlichen Kontrolle entzogen und nicht mit anderen Antrieben vernetzt oder verbunden. Er läuft isoliert neben allen anderen Antrieben her und triumphiert notfalls mühelos über diese, was evolutionär natürlich durch die unmittelbar lebensbedrohliche Wirkung des Sauerstoffmangels gut erklärbar ist.

Ich habe das Beispiel des Atemdrangs herangezogen, um zeigen zu können, dass die Dimension »bewusst« und »unbewusst« getrennt von einer anderen betrachtet werden sollte, nämlich dem Bezugssystem von »Lust« versus »Unlust«. Mit dieser Lust/Unlust-Dimension ist die Polarität »bewusst«/»unbewusst« in der Tradition der Freud'schen Tiefenpsychologie leider sehr oft verkoppelt worden, was die wirkliche Sachlage allerdings arg verunklart hat.[5] Faktisch hat die biologische Evolution für das Funktionieren des Organismus eine ganze Reihe von Regulationsmechanismen bereitgestellt, die jedenfalls im Normalfall der bewussten Selbstwahrnehmung weitgehend entzogen bleiben. Es ist die uns Menschen eigentümliche kulturelle Evolution, die soziale Werte festsetzt und in der

---

5 · Noch vor rund 35 Jahren hieß es in einem damals weit verbreiteten Lehrbuch, nämlich in der *Einführung in die Neurosenlehre und Psychosomatische Medizin* von Hofmann und Holzapfel kurz und bündig: »Das Motiv, welches wir nicht kennen, welches uns unbewusst ist, macht uns auch keine Unlust. Unbewusste Motive sind immer solche, die potentiell unlustmachend sind« (Hofmann & Hochapfel, 1979, S. 53).

Folge auch für alle Angehörigen einer Gemeinschaft als mehr oder weniger verbindlich voraussetzt. Dies ist möglich, weil die Kulturentwicklung durch die *Enkulturation* des Individuums (auch *Sozialisation* genannt) vor allem für die Verinnerlichung solcher Werte sorgt, weshalb derartige Wertvorstellungen uns keineswegs immer bewusst sein müssen. So wird die organismische Entwicklungsstufe des Menschen durch die ausschließlich ihm eigene Kultur überformt, was zu schweren seelischen Konflikten führen kann – etwa dann, wenn ein biologisch an sich zunächst wertneutraler Antrieb, zum Beispiel der Sexualtrieb, als unverträglich mit den jeweiligen kulturellen Wert- und Moralvorstellungen erlebt wird.

Das Bewusstsein, dessen Qualität wir noch näher zu erläutern haben, bietet aus evolutionärer Perspektive trotz der vorerst bloß angedeuteten Konflikte, die wir uns mit ihm einhandeln können, einen doppelten Vorteil. Da ist erstens die in hohem Maße gesteigerte Flexibilität gegenüber der Starrheit automatisiert ablaufender homöostatischer Systeme. Zweitens ist da – auf einer hoch entwickelten Stufe, wie sie bei der Spezies *Homo sapiens* offensichtlich erreicht worden ist – die Verwendung von Gedächtnis einerseits und von Antizipation (der geistigen Fähigkeit, die äußere Realität intern zu »simulieren«) andererseits. Zusammengenommen eröffnet sich so die Chance zum »Gedankenexperiment«, zum »inneren Probehandeln«, zum »Hantieren im Vorstellungsraum« und somit zur Erfassung und Gestaltung der Außenwelt wie sie keinem anderen Tier gegeben ist. Die Gefahr der Umweltzerstörung durch die ebenfalls typisch menschliche Maßlosigkeit gehört augenscheinlich zu den Folgekosten dieser Entwicklung.

Ich habe oben eine genauere Bestimmung der zunächst recht unbefangen benutzten Begriffe versprochen. Was aber ist nun mit der Qualität »bewusst« eigentlich gemeint? Gibt es »das Bewusstsein« überhaupt?

Wir alle kennen Prozesse, die wir ohne weiteres als »bewusst« qualifizieren würden – unsere Wünsche, Empfindungen, Erinnerungen, und Schmerzen. Aber wir haben schon Beispiele dafür gehört, dass uns Gedächtnisinhalte keineswegs immer bewusst sind. Auch was die Motive unseres Handelns betrifft, können wir uns offenkundig täuschen. Unsere wirklichen Motive mögen uns nicht bewusst sein oder uns erst im Nachhinein schmerzlich bewusst werden. Wie auch immer, es scheint sinnvoll zu sein, wenn wir darauf beharren, dass »Bewusstheit« kein »Ding«, keine Substanz, sondern eine *Eigenschaft* ist – eine bestimmte Qualität unseres Körpers oder unseres Seelenlebens kann uns bewusst sein oder eben nicht. Wichtig ist, dass Bewusstseinszustände sich auch auf Gegenstände beziehen können, die nicht real sind – so kann ich mir wünschen, dass ich einem Yeti begegne, obwohl ich davon überzeugt bin, dass es ihn gar nicht gibt.

Mit dem Magdeburger Philosophen Michael Pauen (geb. 1956) möchte ich bei der Klärung dieser Perspektive mentale Zustände von bewussten unterscheiden und als mental »alle diejenigen Prozesse bezeichnen, die zumindest potenziell bewusst werden können. Dieser Begriff ist also umfassender: Alle Bewusstseinszustände sind mentale Zustände, aber nicht alle mentalen Zustände sind bewusst« (Pauen, 2005, S. 25). Wenden wir diese Unterscheidung auf das eingangs zitierte Beispiel an: Mental, also im Zusammenwirken von Sinnesorganen und Gehirn, hatte ich die Aufschrift »Spedition Württemberger« am Heck des auf der A7 vor mir dahinrollenden LKW schon entdeckt, als mir das noch gar nicht bewusst geworden war und kurz darauf mit dem Namen einer früheren Patientin in Verbindung gebracht.

Und noch eine Besonderheit können wir aus dem bisher Gesagten ableiten (wobei ich wiederum Michael Pauen folgen möchte): Bei allen bewussten Zuständen fällt auf,

> »dass sie sich von vermutlich allen anderen Ereignissen, Eigenschaften oder Objekten dadurch unterscheiden, dass sie in einer privilegierten Weise aus der Perspektive der ersten Person zugänglich sind. Von einem ›Privileg‹ kann hier insofern gesprochen werden, als jede Person zu ihren eigenen bewussten Zuständen und *nur* zu diesen Zuständen einen Zugang hat, der für keinen anderen in Frage kommt. Ich spüre meine Schmerzen und erlebe meine Freude in einer Weise, wie dies niemand anderem möglich ist. Im Gegensatz dazu stehen äußere, physische Ereignisse wie der Fall einer Kugel, das Zerbrechen einer Glasscheibe oder das Auftreten einer Spur in einer Nebelkammer einer nicht begrenzten Zahl von Beobachtern in prinzipiell der gleichen Weise offen« (ebd., S. 23).

Aus dieser Perspektive erübrigt sich übrigens auch der Streit über die von einigen modernen Philosophen – insbesondere Susan Blackmore aus Großbritannien und Thomas Metzinger aus Deutschland – mit Vehemenz vorgetragene These das »ICH« sei bloß eine Illusion. Denn auch Illusionen sind ja etwas Reales – so etwa jene gemeinhin »Fata Morgana« genannte Luftspiegelung, die man eben deshalb, weil es diese Spiegelung in der Luft tatsächlich gibt, auch fotografieren kann. Was es in der Tat *nicht* gibt ist das Wasser, das wir infolge der Luftspiegelung zu sehen glauben. Analog dazu legt unser Selbsterleben uns nahe, dass es eine einheitliche Instanz gibt, die unser Handeln plant, ordnet und dabei immer »Herr der Lage« ist. Diese zentrale Instanz gibt es allerdings ebenso wenig wie das besagte Wasser in der Wüste. Unser Seelenleben ist kompliziert, in sich konflikthaft und führt uns oft in die Irre. Etwa dann, wenn wir uns über unsere Beweggründe täuschen. Das ändert freilich nichts daran, dass es jene *subjektive Perspektive* auf unser Seelenleben wirklich gibt, also die Art und Weise, wie wir unser Innenleben erfahren und erleben. Dieses Erleben ist auch dann, wenn es partiell auf Illusionen beruht, als Erlebnis real – so, wie ja auch der »Phantomschmerz« meines Patienten leider sehr real ist, obwohl das ihn schmerzende Bein schon vor Jahren amputiert worden ist.

Wenn wir diese privilegiert subjektive, bewusste Qualität unseres Erlebens stets als *eine Eigenschaft* fassen, vermeiden wir auch die Gefahr der falschen Gegenständlichkeit, wie sie die sprachliche Substantivierung (»das Bewusstsein« oder »der Geist«) nahelegt. Es handelt sich um einen Denkfehler, der weite der abendländischen Kulturgeschichte geprägt hat. Vor diesem hatte übrigens schon vor fast 120 Jahren der Wiener Arzt Joseph Breuer in seinem Part der gemeinsam mit dem 14 Jahre jüngeren Sigmund Freud veröffentlichten ›Hysteriestudien‹ gewarnt:

»Allzu leicht fällt man in die Denkgewohnheit, hinter einem Substantiv eine Substanz anzunehmen, unter ›Bewußtsein‹, ›conscience‹ allmählich ein Ding zu verstehen; und wenn man sich gewöhnt hat, metaphorische Lokalbezeichnungen zu verwenden, wie ›Unterbewußtsein‹, so bildet sich mit der Zeit wirklich eine Vorstellung aus, in der die Metapher vergessen ist und mit der man leicht manipuliert wie mit einer realen. Dann ist die Mythologie fertig« (Breuer & Freud, 1895, S. 199).

Ich habe oben bereits angedeutet, dass die Verfügbarkeit über ein sehr differenziert, großenteils unbewusst arbeitendes und in verschiedene Teilsysteme gegliedertes Gedächtnis uns Menschen etwas ermöglicht, was im Tierreich einzigartig ist: die Vorwegnahme (die Antizipation) der Zukunft, das innere Entwerfen möglicher Situationen und Zustände. Kurzum: die seelische Simulation der äußeren Realität, aber auch *der Alternativen zu dieser Realität.*

»Es gehört zu den eindrucksvollsten und von Tierkennern immer wieder bestätigten Schwächen vormenschlicher Daseinsbewältigung, wie wenig selbst die Vertreter intelligentester Tierarten zu vorausschauender Planung in der Lage sind«, schreibt der Verhaltensforscher und Motivationspsychologe Norbert Bischof (geb. 1930). Aber gewissermaßen mit mahnend erhobenem Zeigefinger fügt er noch an:

»Wir Menschen tun dergleichen ständig [...]. Aber alles Gute hat seinen Preis. Neben ihren Vorteilen bringen die neuen Errungenschaften auch noch eine Reihe folgenschwerer Begleiterscheinungen mit sich, die die Natur offenbar in Kauf genommen hat, da sie nicht die Lebenstüchtigkeit der neuen Spezies in Mitleidenschaft ziehen, wohl aber das persönliche Wohlbefinden« (Bischof, 1995, S. 540).

Und in der Tat: Zwar hat die Fähigkeit zum antizipierenden Denken, zum inneren Probehandeln, es ermöglicht, dass Homo sapiens, gestützt auf Wissenschaft und Technik, sich im wahrsten Wortsinne die ganze Erde untertan gemacht hat (allerdings um den Preis schwerer ökologischer Schäden und zum Nachteil vieler anderer rücksichtslos ausgerotteter oder jedenfalls schwer bedrängter Tier- und Pflanzenarten). Aber *Homo sapiens*, der Mensch, der so »weise« (lateinisch: »sapiens«), wie er sich selber nennt, aber vielleicht doch nicht ist, scheint sich dabei keineswegs rundum glücklich zu fühlen. Nun könnte man mit Sigmund Freud mutmaßen, die Absicht, dass der Mensch glücklich sei, sei im Plan der Schöpfung nun einmal nicht enthalten. Diese Vermutung sollte uns jedoch nicht davon abhalten, die Schwierigkeiten, die dem Glück entgegenstehen und die Quellen unserer Rastlosigkeit und Unruhe, doch noch etwas genauer zu betrachten; sind sie doch in unserem »seelischen Apparat« tief verankert.

Als sicher darf gelten, dass es sich bei der Fähigkeit zum antizipierenden Denken (das mir unter anderem eine innere Vorstellung von künftigen Bedürfnislagen erlaubt: heute Abend, wenn ich von meiner Bergtour nach Hause komme, werde ich Durst haben; also lege ich *schon heute morgen* eine Flasche Bier in den Kühlschrank) um eine äußerst zwiespältige Errungenschaft handelt. Denn sie belastet uns erstens mit einer Vergangenheit, die nie vergeht, die wir stets mit uns herumschleppen und die zum Anlass ständigen Grübelns, Scham, Schuldgefühlen und Selbstvorwürfen werden kann. Dies insbesondere in der modernen Industriegesellschaft, in der der Lebensweg des Menschen lang ist und er immer mehr Wegegabelungen passiert, an denen er sich entscheiden muss, wie es weitergeht. Jede Entscheidung *für* einen bestimmten Lebensweg ist auch eine Entscheidung *gegen* einen anderen. So blicken wir mit wachsendem Alter auf eine immer größere Fülle von *ungelebtem Leben* zurück. Ein Psychotherapeut weiß nur zu gut, wie sehr diese »unbewältigte Vergangenheit« uns die Gegenwart zur Hölle machen kann. Hätte ich nur meine Jugendliebe geheiratet – es wäre doch alles ganz anders gekommen. Hätte ich nicht um einer Karriere willen, aus der am Ende gar nichts wurde, auf Kinder verzichtet – ich wäre heute der glücklichste Mensch auf der Welt. Und so weiter und so fort ... Außerdem führt unsere Unfähigkeit die Vergangenheit gänzlich abzuschütteln zu einer wenig sympathischen, aber leider unbestreitbaren Neigung des Menschen, nämlich zu seinem *Hang zu Rache und Vergeltung*, der sich bei den anderen Tieren nirgendwo finden lässt.

Es lässt sich grundsätzlich vermuten, dass es eben jene Antizipationsfähigkeit ist, die nicht nur zu einer beispiellosen Beherrschung der Welt, sondern auch zum ständigen Streit der Menschen untereinander geführt hat – bis hin zu Kreuzzügen und Konzentrationslagern. Der als Science-Fiction-Autor weltberühmte Schriftsteller Isaac Asimov (1919–1992), der im »Hauptberuf« ein renommierter Professor der Biochemie gewesen ist, hat diesen Punkt einmal ausführlich beleuchtet – unser antizipierendes Denken, so Asimov,

»bringt uns nämlich zu der Erkenntnis, daß es so etwas wie den Kampf ums Überleben überhaupt gibt. Uns geht es nicht mehr um die bloße Nahrung, nicht mehr um das bloße tägliche Brot, nicht mehr um das bloße Überleben: Wir entwickeln vielmehr Taktiken, mit denen wir uns eine bessere Zukunft als anderen sichern wollen. Bei anderen Spezies dauert der Streit um die Beute so lange, bis einer von beiden obsiegt und den Happen verschlingt. Der andere wird dann enttäuscht von dannen ziehen und sich etwas anderes suchen. Wenn das Futter verzehrt ist, hört der Streit auf. Die intelligenten Menschen können sich jedoch aufgrund ihrer Fähigkeit der Voraussicht ausmalen, daß zuwenig Nahrung auf Dauer zum Verhungern führen muß. Sie können sich darüber hinaus die Wahrscheinlichkeit des eigenen Verhungerns jederzeit ausrechnen. Entsprechend heftig und langanhaltend sind ihre Auseinandersetzungen um genügend Nahrung, und sie enden oft mit schweren Verletzungen oder gar mit dem Tod. Und selbst, wenn der eigentliche Kampf um die Nahrung zu Ende ist, wenn der Unterlegene ernste Verletzungen davongetragen und der Sieger das Essen längst verzehrt hat, kann die Auseinandersetzung immer wieder aufs neue aufflackern. Die Menschen sind intelligent genug, um Niederlagen in Erinnerung zu behalten [...]. Es gibt wahrscheinlich neben den Menschen keine weitere Spezies, die aus Rache tötet (oder zum Schutz vor Rache, denn tote Menschen können nichts mehr erzählen und auch keine Fallen mehr stellen)[6]: Dies liegt nicht etwa daran, daß Menschen schlechter als Tiere wären, sondern vielmehr daran, daß sie intelligenter sind als jene und sich lange und genau genug erinnern können, um überhaupt zur Rache fähig zu sein. Darüber hinaus gibt es für die anderen Spezies im wesentlichen nur drei Gründe für irgendwelche Auseinan-

---

6 Dem stimmt auch der Biologe Norbert Bischof zu: »Man wird berechtigte Zweifel hegen dürfen, ob bei aggressiven Auseinandersetzungen im Tierreich jemals ein Motiv wirksam wird, das im vollen Wortsinn als »Rache« bezeichnet zu werden verdient ... Und so dürfte das Prinzip der Retaliation, quitt erst zu sein, wenn man »Auge um Auge, Zahn um Zahn« gefordert und erhalten hat, zu jenen basalen Phänomenen menschlichen Rechtsempfinden gehören, die im vormenschlichen Bereich keine Parallele haben« (Bischof, 1989, S. 559f.).

dersetzungen, nämlich Nahrung, Fortpflanzung und Nachwuchs. Dem Menschen scheint dagegen aufgrund seiner Fähigkeit der Vorausschau und Erinnerung nahezu jedes Objekt eine Auseinandersetzung wert« (Asimov, 1981, S. 231f.).

Damit sind wir schon beim nächsten Punkt angelangt. Neben einem Gedächtnis, das nahezu nicht verloren werden kann, erweist sich nämlich auch die Fähigkeit zur Vorausschau als zwiespältiges Vermögen (nicht umsonst empfehlen uns die Mystiker aller Schulen seit über 2.500 Jahren eine stärkere Hinwendung an das Leben im »Hier und Jetzt«!). Wir wissen, dass wir sterben müssen. Wir wissen nicht, was nach dem Tod auf uns wartet (vielleicht nichts?). Wir leben in ständiger Sorge, dass uns schon vor dem Tod dies oder jenes zustoßen könne.

In einem mechanischen Uhrwerk nennt man jenes Teil, das alles in Bewegung hält, die »Unruhe«. Ganz ähnlich scheint auch in unseren seelischen Apparat, als Preis für seine unstrittigen Fähigkeiten, die alle anderen Tiere weit übertreffen, eine innere »Unruhe« eingebaut zu sein, die dafür sorgt, dass wir unser Leben gestalten, uns darin aber nicht tatenlos wohl und behaglich fühlen. Wie wir damit sinnvoll umgehen können, ist eine Frage, die wie ein roter Faden den vorliegenden Text durchzieht.

Es mag auch angebracht sein, nun unseren einleitenden Überblick zu beenden. Zur Warnung vor allzu viel Grübelei seien einige Zeilen von Heinrich Heine (1797–1856) an das Ende dieses Kapitels gestellt. In einem Gedicht Heines aus seinem Zyklus *Die Nordsee* wird ein junger Mann geschildert, der »das Haupt voll Zweifel«, an der Küste steht und die Wellen befragt:

> »›Sagt mir, was bedeutet der Mensch? Woher ist er kommen?
> Wo geht er hin? Wer wohnt dort droben auf goldenen Sternen?‹
> Es murmeln die Wogen ihr ewges Gemurmel,
> Es wehet der Wind, es fliehen die Wolken,
> Es blinken die Sterne, gleichgültig und kalt,
> und ein Narr wartet auf Antwort.«

Theoretische Übersicht

Wir wollen versuchen, uns am Ende dieses einleitenden Kapitels einen Überblick über den »seelischen Apparat« und seine Komponenten (oder »Subsysteme«) zu verschaffen, mit denen wir im Alltag so bemerkenswert flexibel hantieren, ohne uns dessen en détail bewusst zu sein. Da gibt es zunächst die von der Stammesgeschichte für das Individuum bereitgestellten Dispositionen, mit denen jedes Neugeborene bei seiner Geburt bereits ausgestattet ist. Dieser »Weltbildapparat«, zu dem auch die Struktur unseres Gedächtnisses, die Fähigkeit zum Spracherwerb, das antizipierende Denken und eine Vielzahl verschiedener, motivierender Antriebe (deren stärkster der Atemdrang ist) gehören, bildet gleichsam die Hardware und das Betriebssystem, in dessen Speichermedien die verschiedenen Dateien der individuellen, während des »Lebenslaufs« gelernten, Lebenserfahrungen eingespeist werden. Beides zusammen bildet dann den entwickelten »seelischen Apparat«, der uns zur Bewältigung des Alltagslebens zur Verfügung steht. Die Erforschung seiner Feinstruktur können wir getrost den Hirnforschern und anderen Wissenschaftlern überlassen. Uns interessieren seine Funktionen, denn aus ihnen besteht das »Seelenleben«. Es ist wichtig, sich zumindest einen groben Überblick über die Vielfalt dieser Funktionen zu verschaffen, mit deren Hilfe wir die Herausforderungen des Daseins mehr oder weniger erfolgreich meistern.

Hier lassen sich unterscheiden:

➢ Die *kognitiven Funktionen*, also die Sinnesorgane und ihnen nachgeschalteten Verarbeitungssysteme. Sie vermitteln uns immer ein bereits »gefiltertes«, also bearbeitetes Bild der Außenwelt. Jede Wahrnehmung (Kognition) ist also immer schon Interpretation.

➢ Die *motivierenden Funktionen*, also die Antriebe, die uns zu einem bestimmten Verhalten drängen, und an denen sich – in Anlehnung an den US-Psychoanalytiker Joseph D. Lichtenberg (geb. 1925) – mindestens fünf Subsysteme unterscheiden lassen: das Bedürfnis nach der Regulation körperlicher Zustände und Vorgänge (Atmung, Temperaturregulation, Flüssigkeitszufuhr, Schlaf, Nahrungsversorgung – und wahrscheinlich auch ein Quantum an motorischer Grundaktivität), das Bedürfnis nach sexueller Erregung und orgiastischem Erleben, das Bedürfnis nach Bindung und Geborgenheit; das Bedürfnis nach Erkundung und Spiel das Bedürfnis nach Anerkennung, Selbstbehauptung und Durchsetzung und das Bedürfnis nach Abgrenzung und Rückzug.

➢ Die *affektiven Funktionen*, also die Gefühle, die unser Leben »tönen« und ihm eine entsprechende »Grundstimmung« verleihen. Sie sind zum Teil mit den oben erwähnten Antriebssystemen eng verkoppelt. Mit Rainer Krause (geb. 1942), dem deutschen »Affektpapst«, unterscheide ich sieben »Grundaffekte«,: Neugier (inklusive Überraschung und Interesse), Freude, Trauer, Ekel, Angst (inklusive Furcht) Wut (inklusive Ärger und Zorn) und Scham. Zu beachten ist, dass Affekte sich sozusagen verselbstständigen und zu dauerhaften Lebenseinstellungen »gerinnen« können, also die Wut (die dem Antriebsystem »Anerkennung, Selbstbehauptung und Durchsetzung« im Sinne Lichtenbergs zugeordnet ist) zur chronischen Feindseligkeit, die das ganze Leben vergiften kann und einen wesentlichen Risikofaktor für die Entstehung einer koronaren Herzkrankheit darstellt.

➤ Die *bewertenden Funktionen*, also das verinnerlichte System kultureller und familiärer Leitbilder und Wertvorstellungen – das, was Sigmund Freud das »Über-Ich« genannt hat. Auch dieses System ist nicht einheitlich, sondern besteht aus mindestens zwei Subsystemen – aus dem Gewissen (den internalisierten Normen und Moralvorstellungen) und dem Selbst-Ideal, also dem Wunschbild, wie ich selber werden und sein möchte – zum Beispiel ein berühmter Wissenschaftler. Gewissen und Selbst-Ideal können miteinander in Konflikt geraten, etwa wenn mein Wunsch, als Mediziner international Karriere zu machen, mich zu ethisch fragwürdigen Experimenten an meinen Patienten verleitet (mehr zu diesem Thema später im Kapitel »Der Sinn«).

➤ Die *bewältigenden Funktionen*, also jene »Lebensbalancen« – dieser Terminus stammt von Karl Menninger (1893–1990) –, die von den Tiefenpsychologen mit dem eher unglücklichen Begriff der »Abwehrmechanismen« und von den Verhaltenstherapeuten als »Coping-Strategien« bezeichnet werden. Die Wortwahl mag uns hier einerlei sein; es geht in jedem Fall um Verhaltensmuster (wobei »Verhalten« keine äußere Aktivität bedeuten muss), mit denen Konflikte »ausbalanciert« oder »bewältigt« werden sollen, wie sie zwischen den verschiedenen Komponenten des »seelischen Apparates« im Alltag immer wieder auftreten, also etwa Konflikte zwischen Antrieben (zum Beispiel sexuellen Neigungen) und den diese Antriebe negativ bewertenden Moralvorstellungen. Die »Bewältigung« des Konfliktes ist allerdings oft suboptimal, das heißt, sie führt möglicherweise zu einem »faulen Kompromiss« etwa der zuerst von Sigmund Freud und Joseph Breuer beschrieben »Neurose« oder einer anderen seelischen Störung von Krankheitswert, die mit einer Flexibilitätsminderung des »seelischen Apparates« einhergeht.

Praktische Nutzanwendung

Das Wort »Theorie« leitet sich von dem altgriechischen Verbum für »schauen« und »staunen« ab. Ein theoretischer Überblick über unseren »seelischen

Apparat« sollte uns Anlass geben, im Lebensalltag immer wieder ehrfürchtig zu staunen, wenn wir die Leistungen dieses Apparates »live« miterleben. Wir sind nicht »in die Welt geworfen«, wie es die existentialistischen Philosophen (Jean-Paul Sartre, Albert Camus und andere) behauptet haben – es ist vielmehr verblüffend und eben auch bestaunenswert, wie gut wir in diese Welt passen, auf die uns Hunderttausende von Jahren der Menschheitsgeschichte erfolgreich »geeicht« haben.

Beeindruckend sind vor allem die in der überwiegenden Mehrzahl der Fälle völlig reibungslos ablaufenden unbewussten Leistungen unseres Seelenlebens. Oft tun wir gut daran, uns diesen Fähigkeiten anzuvertrauen – etwa so, wie Luke Skywalker im ersten Film der »Star Wars«-Serie, der das Navigationsgerät seines Raumfahrzeuges abschaltet und sich mit Erfolg der eigenen Intuition überlässt.

Wir sollten uns das Staunen über uns selbst viel öfter gönnen und wir sollten uns auch Zeit nehmen, in uns hinein zu horchen und mit uns selber zurate zu gehen. Jeden Tag fünf Minuten – nur sitzen, nichts tun, und über sich selber nachdenken: Warum bin ich vorhin so ungeduldig gewesen? Warum habe ich mich sofort gemeldet, als der Chef fragte, wer diese neue (und offenbar unangenehme) Aufgabe übernehmen möchte? Dieses Nachsinnen wird uns rasch zeigen, wo es »nicht rund läuft« in unserem seelischen Apparat. Wir könnten ja mal mit einem Freund darüber sprechen, wie er uns erlebt in solchen Situationen (möglicherweise ganz anders, auch das wäre interessant). Ach, einen Freund, mit dem wir so vertraut sind, dass wir ihm *das* sagen würden, gibt es gar nicht? Dann sollten wir uns über unsere Einsamkeit Gedanken machen.

Wichtig ist, dass wir es uns zubilligen, widersprüchliche Wesen zu sein, reich an inneren Konflikten, die wir konstruktiv zu bewältigen versuchen, aber nicht verleugnen sollen. Eindeutigkeit ist in dieser Welt nicht zu haben. Das Leben selbst, auch unser Seelenleben, ist eine zwiespältige, ambivalente Veranstaltung, und gerade in den intensivsten Momenten unseres Daseins erleben wir uns nicht selten als »hin- und hergerissen«. Der Versuch, Eindeutigkeit zu erzwingen, macht oft genug alles nur noch schlimmer.

Es kann überdies nichts schaden, den eigenen »seelischen Apparat« ein wenig zu trainieren. Wird mein Gedächtnis schlechter? Wie wäre es, jeden Monat ein neues Gedicht auswendig zu lernen (das ist *meine* Methode – natürlich gibt es noch viele andere)? Erlebe ich mich als zu ungeduldig? Vielleicht wäre es gut, in einem Kurs der Volkshochschule oder andernorts das Autogene Training oder ein anderes Entspannungsverfahren zu lernen? Ja, Entspannung könnte wohl wirklich hilfreich sein – dazu mehr im nächsten Kapitel.

Zwiegespräche mit der eigenen Seele bildeten über Jahrhunderte einen wichtigen Bestandteil der abendländischen Kulturgeschichte – auch, wenn die veröffentlichten Fassungen, vom Philosophenkaiser Marc Aurel bis zum Kirchenvater Aurelius Augustinus, Bischof von Hippo, vom Mathematiker Blaise Pascal bis zum Revolutionär Jean-Jaques Rousseau, natürlich »gereinigte«, auf öffentliche Wirkung bedachte Versionen darstellen. Heute, in Zeiten, in denen wir einen ingenieurhaften Umgang mit uns pflegen, zum »Gesundheits-TÜV« gehen, uns »durchchecken« lassen und in Urlaub fahren, »um den Akku aufzuladen«, wirken solche Versuche der Selbstbesinnung hoffnungslos antiquiert. Aber es wäre ein verhängnisvoller Irrtum, den Erfahrungsschatz der Menschheit im Umgang mit sich selbst zu ignorieren.

Oder hatte der gewiss recht exzentrische Philosoph Friedrich Nietzsche (1844–1900) so Unrecht nicht, als er – vor über 100 Jahren – empört konstatierte:

>»Man schämt sich jetzt schon der Ruhe; das lange Nachsinnen macht beinahe Gewissensbisse. Man denkt mit der Uhr in der Hand, wie man zu Mittag isst, das Auge auf das Börsenblatt gerichtet, – man lebt wie einer, der fortwährend etwas versäumen könnte ...« (zit. nach Gödde, 1989, S. 83).

Aber damit ist schon unser nächstes Thema angesprochen.

Das Tempo

>»Mit der Industrialisierung tritt Mobilität als
Selbstbestimmungsmöglichkeit des Menschen
in Erscheinung.«
>
> *Brockhaus-Enzyklopädie (1995)*

>»Es gibt Wichtigeres im Leben, als ständig des-
sen Geschwindigkeit zu erhöhen.«
>
> *Mahatma Gandhi*

Es ist in der Einleitung schon zur Sprache gekommen: Alle, die ein Automobil
steuern, wissen, dass es dem Motor nicht bekommt, wenn wir die Tourenzahl
des Motors ständig in den »roten Bereich« des Drehzahlmessers steigen lassen
– wenn wir also »zu hochtourig« fahren. Unserer Seele jedoch muten wir fortwährend zu, in jenem »roten Bereich« arbeiten zu müssen – schlimmer noch:
Wir sind oft noch stolz auf diese vermeintliche Leistungsfähigkeit. Die fatalen
Folgen offenbaren sich meist erst nach geraumer Zeit – hätten sich aber im Sinne
des oben zitierten Lao-tse-Prinzips (»Man muss wirken auf das, was noch nicht
da ist«) vermutlich vermeiden lassen, wenn wir im Umgang mit uns selber etwas
umsichtiger zu Werke gegangen wären.

Auch, wenn wir es nicht bemerken – unsere Tage dauern immer länger. Denn der
Drehimpuls der Erde nimmt allmählich ab, und damit auch die Geschwindigkeit, mit der unser Heimatplanet um seine eigene schräge Achse rotiert. Deshalb
muss die Physikalisch-Technische Bundesanstalt in Braunschweig, deren Atomuhr für die Zeitmessung in Deutschland maßgeblich ist[7], den 86.400 Sekunden
eines Tages immer wieder »Extra-Sekunden« hinzufügen – so geschehen zuletzt
am 1. Juli des Jahres 2015 um 1 Uhr 59:59.
Der irdische Tag war also etwa anderthalb bis zwei Stunden kürzer, als vor
anderthalb bis zwei Millionen Jahren aus unseren affenähnlichen Vorfahren die

---

7 Zeitmaß ist die Frequenz einer Spektrallinie, und zwar der des Hyperfein-Übergangs
des Cäsium-133-Atoms. Eine Atomsekunde der Braunschweiger Atomuhr, die laut »Bun-
deszeitgesetz« als Standard gilt, entspricht 9.192.631.770 Schwingungen des Lichts der
genannten Spektrallinie.

ersten Menschen entstanden sind. Wie haben die Menschen damals ihre kürzeren Tage verbracht? Aus der ethnologischen Forschung an den damals noch bestehenden Jäger- und Sammlerkulturen des 19. und 20. Jahrhunderts geht, auch wenn man einzelnen Forschungsergebnissen kritisch gegenübersteht, eines zweifelsfrei hervor: Diese Gemeinwesen waren klein an Zahl, aber reich an Muße und Miteinander. Den meisten solcher Stammeskulturen reichten etwa zwei bis drei Stunden am Tag zur Sicherung der eigenen Existenz völlig aus. Der Rest stand für Muße zur Verfügung, zum Erzählen endloser Geschichten, für Spiele, Gruppenrituale, Musik und Tanz. Der Imperativ »Im Schweiße deines Angesichts sollst du dein Brot essen!« wurde erst dann lebensprägend, als Getreide angebaut und daraus jenes mühsam erarbeitete Brot gebacken werden konnte – also mit dem Übergang von der Jagd- und Sammelkultur zur sesshaften Agrargesellschaft vor etwa 10.000 Jahren.

Nach Untersuchungen bei den Kung-San in der afrikanischen Kalahari, die von anderen Forschern bei anderen Stämmen mehrfach bestätigt worden sind, verbringen die Erwachsenen durchschnittlich 2,4 Wochentage mit Sammeln und Jagen, wobei etwa 60 Prozent der Nahrungskalorien (im Durchschnitt etwa 2.355 Kalorien pro Kopf und Tag) durch die Sammeltätigkeit der Frauen herbeigeschafft werden, zwischen zehn und 30 Pfund Nüsse, Beeren, Früchte, Gemüse und Wurzeln pro Tag, wobei täglich zwischen drei und achtzehn Kilometern zurückgelegt werden. Die Männer jagen nur etwa jeden dritten und vierten Tag. »Diese Jäger und Sammler leben keineswegs ständig an der Hungergrenze, sondern haben im Gegenteil, gemessen an ihrem guten Gesundheitszustand und ihrem elastischen Zeitbudget, einen hohen Lebensstandard«, meint der Historiker Wolfgang Reinhard (geb. 1956). Und er schlussfolgert zu Recht: »Kein Wunder, dass unsere Vorfahren es lange mit dieser Lebensweise ausgehalten haben und der Grund zur Veränderung ziemlich unklar bleibt« (Reinhard, 2004, S. 144).

Erst mit Ackerbau und Viehzucht und der daraus entstandenen Ackerbaugesellschaft, die von der in der Regel höchst ungerechten Verteilung ihres Produktes abhängt, kam also der Zwang zu andauernder Arbeit in die Welt. Um einen der originellsten Denker des 20. Jahrhunderts, den Anthropologen Ernest Gellner (1925–1995), zu zitieren:

>»Hegel hatte die Weltgeschichte als einen Prozess skizziert, der von einem Staat, in dem *einer* frei ist, über einen Zustand, in dem *einige* Freiheit haben, schließlich zu einem Kulminationspunkt führt, an dem *alle* Freiheit genießen. Wir könnten heute, weniger pathetisch, dieses Schema durch ein anderes ersetzen, bei dem ur-

sprünglich alle dem Müßiggang frönen, und dann nur noch einige wenige und schließlich, unter der Herrschaft des Arbeitsethos, niemand mehr« (Gellner, 1993 [1988], S. 36f.).

Aber warum regiert das Motto »Zeit ist Geld« die moderne Welt, warum ist Mobilität um ihrer selbst willen zum nicht mehr hinterfragten Leitmotiv einer Epoche geworden und warum »hat« niemand mehr Zeit, obwohl wir ständig neue Mühen auf uns nehmen, um auf die eine oder andere Weise vermeintlich »Zeit zu sparen«?

Das moderne Arbeitsethos entstand in der frühen Neuzeit und wird häufig mit der Ausbreitung des Protestantismus in Verbindung gebracht. Der Physiker Benjamin Franklin (1706–1790) lieferte ihm mit seinem Satz »Time is money« nur ein nachträgliches, zu dieser Zeit schon längst praktiziertes Leitmotiv. Etwas älter ist das Motto »Wisdom is power« des britischen Lordkanzlers Francis Bacon (1561–1626): »An die Stelle des Glückes der Betrachtung tritt die Sache des Glückes der Menschheit und die Macht zu allen Werken« hieß es in seinem *Novum Organon* (Bacon, 1962 [1620], S. 31).

Ob diese »Macht zu allen Werken« nach rund vierhundert Jahren Industriegesellschaft und allgemein verpflichtendem Arbeitsethos der Menschheit wirklich zum Vorteil gereicht, ist keineswegs ausgemacht – dem Rest der Welt sicher nicht, wie Artensterben und globaler Klimawandel eindrücklich bezeugen. Und was die menschliche Seele anbetrifft, so darf die Frage nach Nutzen und Schaden getrost offen bleiben. Damit wird allerdings eine andere Frage, die Frage nach der »Eigenzeit« unseres seelischen Apparates aufgeworfen.

Davon, dass sich die Drehung der Erde teilweise kontinuierlich, teilweise abrupt verlangsamt, merken wir in unserem Alltag augenscheinlich nichts. Diese »kosmische Entschleunigung« spielt keine Rolle in unserem Leben. Sie liegt außerhalb des oben geschilderten »Mesokosmos«, und sie ist unserem »Weltbildapparat« schlicht und einfach nicht zugänglich.

Unsere Alltagswahrnehmung ist vielmehr eine gänzlich andere und sie ist von ständiger Beschleunigung geprägt. Was zählt heute noch eine Stunde? Die Zeit ist »aus den Fugen« (»out of joint«, wie es bei Shakespeare wörtlich heißt). Sie rast dahin, alles ringsum scheint sich schier unaufhaltsam zu beschleunigen. In vielerlei Hinsicht ist uns dies schon ganz selbstverständlich geworden. Seltsam eigentlich: Obwohl uns ständig irgendwelche Errungenschaften angepriesen werden, mit denen wir angeblich »Zeit sparen« können, gibt es offenbar nirgendwo ein »Zeitkonto«, ein Depot, in dem die vermeintlich gesparte Zeit sich ansammeln oder gar verzinsen würde, um uns dann in gewachsenem Maß zur Verfügung zu stehen. Es gilt weit eher das Gegenteil: Obwohl jeder fortwährend Zeit zu »sparen« versucht, »hat« sie schlussendlich kaum noch jemand. Hektik und Eile halten unser Leben fester im Griff als je zuvor und führen oft zu verzweifelten Bemühungen mit der Flüchtigkeit dieses Lebens, das uns unter den Händen zu zerrinnen scheint, besser fertig zu werden.

Dieser sonderbare Zwiespalt hat schon den Dichter Rainer Maria Rilke (1875–1926) erstaunt:

> »Wunderliches Wort: Die Zeit vertreiben!
> Sie zu *halten*, wäre das Problem.
> Denn, wen ängstigt's nicht, wo ist ein Bleiben,
> Wo ein endlich *Sein* in alledem?«

Wie bereits geschildert, kam es erst vor rund zehntausend Jahren im Verlauf eines nach dem australischen Historiker Vere Gordon Childe (1892–1957) als »neolithische Revolution« bezeichneten, wahrhaft »weltbewegenden« Veränderungsprozesses zur »Sesshaftwerdung«, also zur Gründung von dauerhaften Siedlungen und zur Hinwendung zu Ackerbau und Viehzucht.

Mit der darauffolgenden »industriellen« Revolution entstand einige Jahrtausende später eine andere, neue Welt, insbesondere durch die Erfindung des »Motors« (wörtlich: des »Bewegers«) und zwar zunächst in Gestalt der Dampfmaschine, später als Benzin- und Elektromotor: eine Welt neuer Mobilität, die den Warenaustausch, den Personenverkehr und den Fluss von Informationen beständig beschleunigt hat. Mobilität wird im vorliegenden Buch umfassend, nämlich als der Versuch verstanden, immer mehr Verhaltensoptionen in immer kleinere Zeitintervalle hineinzupressen. Als subjektives Gefühlskorrelat geht sie mit dem Gefühl der Eile und der beständigen Angst, etwas zu versäumen, einher. Den oft geradezu süchtigen Trend zum »Immer mehr!« des Erlebens hat der Soziologe Gerhard Schulze (geb. 1944) ausführlich beschrieben:

> »Erlebnisorientierung ist die unmittelbarste Form der Suche nach Glück. Als Handlungstypus entgegengesetzt ist das Handlungsmuster der aufgeschobenen Befriedigung, kennzeichnend etwa für das Sparen, das langfristige Liebeswerben, den zähen politischen Kampf, für vorbeugendes Verhalten aller Art, für hartes Training, für ein arbeitsreiches Leben, für Entsagung und Askese. Bei Handlungen dieses Typs wird die Glückshoffnung in eine ferne Zukunft projiziert, beim erlebnisorientierten Handeln richtet sich der Anspruch ohne Zeitverzögerung auf die aktuelle Handlungssituation. Man investiert Geld, Zeit, Aktivität und erwartet fast im sel-

ben Moment den Gegenwert. Mit dem Projekt, etwas zu erleben, stellt sich der Mensch allerdings eine Aufgabe, an der er leicht scheitern kann, und dies um so mehr, je intensiver er sich diesem Projekt widmet und je mehr er damit den Sinn seines Lebens überhaupt verbindet« (Schulze, 1992, S. 14).

Aus einem solchen, in der Art eines selbstverstärkenden Mechanismus beständig weiter anwachsenden »Erlebnishunger« entsteht folgerichtig die einerseits verführerische, andererseits extrem gefährliche Ideologie vom *Leben als letzte Gelegenheit* – so der treffende Titel eines äußerst lesenswerten Buches der Erziehungswissenschaftlerin Marianne Gronemeyer (geb. 1941). Die fortwährende Beschleunigung sämtlicher Lebensvorgänge, die wir allenthalben erleben, erweist sich mithin auch als ein Versuch, so viel Zukunft wie nur irgendwie möglich in die Gegenwart hineinzuzerren, um auf diese Weise immer mehr Verhaltensoptionen noch zu Zeiten des eigenen Lebens realisieren zu können – damit das,

> »was in den Gedankenexperimenten einer Epoche am Horizont heraufzieht, noch zu Lebzeiten der ihr Angehörenden Wirklichkeit wird. Mit wachsender Geschwindigkeit wird alles Erdenkliche realisiert. Wenn jeder Überhang an zukünftiger Möglichkeit durch Verwirklichung getilgt wäre, dann fände die Versäumnisangst, die mißtrauisch und mißgünstig in die Zukunft späht, keine Nahrung. Daraus ergibt sich die für unser Zeitalter so charakteristische Besessenheit, das technisch Mögliche auf keinen Fall ungetan zu lassen, koste es, was es wolle« (Gronemeyer, 1993, S. 139).

Die hässliche Kehrseite der Medaille wird freilich immer deutlicher sichtbar. Trotz – oder eigentlich wegen – all dieser Versuche, beständig Zeit zu »sparen« oder gar zu »gewinnen«, sind unsere Terminkalender immer praller gefüllt, steht uns immer weniger Zeit für Muße und Entspannung zur Verfügung, nehmen Hetze, Hektik und Stress immer weiter zu (»Stress« wird hier im umgangssprachlichen Sinne verstanden; eigentlich ist *Distress* = schädlicher Dauer-Stress gemeint). Die zum Teil bizarren Erscheinungsformen dieses Dilemmas können hier nicht ausführlich geschildert werden. Wir alle kennen sie aus dem eigenen Alltagsleben nur zu genau. Es sei hier nur am Rande erwähnt, dass in den USA jeder zehnte Autofahrer hinter dem Steuerrad auch sein Mittagessen verzehrt und dass man sich als stressgeplagter Manager mit einem Wohnmobil von zu Hause abholen lassen kann, um schon auf dem Weg zur Arbeit eine psychotherapeutische Sitzung zu absolvieren. Die dürfte man unter solchen Lebensbedingungen allerdings auch bitter nötig haben.

Das wirkende und gestaltende Prinzip bei der Entwicklung und Weiterentwicklung der Wachstums- und Konsumgesellschaft war, wie wir schon angedeutet haben, der *Motor*: zunächst in Gestalt der Dampfmaschine, dann als Verbrennungs- und später als Elektromotor. Die durch ihn bewirkten Wandlungen, vor allem die ungeheuer beschleunigte Mobilität, sind in den vorigen Abschnitten in einer groben Skizze umrissen worden.

Selbstverständlich spielen Motoren aller Art auch in der modernen Kommunikationsgesellschaft immer noch eine entscheidende Rolle. Ihre Bedeutung ist aber ergänzt und überlagert von der Wirkung neuer Geräte und Apparate, von denen das 19. und das 20. Jahrhundert (zumindest in seinen ersten sechs Jahrzehnten) noch keine Kenntnis hatten. Um dies zu verdeutlichen, bitte ich die Leserinnen und Leser, sich in der Fantasie in den Frühstücksraum eines von vielen Urlaubern besuchten Ferienhotels irgendwo im Süden zu versetzen. Zunächst mag es scheinen, als gehe es dort gar nicht so viel anders zu als beispielsweise in den Jahren 1950 oder 1980. Die Menschen sitzen an ihren Tischen, die Kellnerin bringt ihnen Kaffee und Orangensaft, sie essen ihre Brötchen, vielleicht auch Rührei oder Obstsalat. Doch halt, da gibt es etwas, das recht sonderbar wirkt: Viele dieser Hotelgäste scheinen sich nur wenig um ihr Frühstück und kaum oder gar nicht um die anderen Menschen an ihrem Tisch zu kümmern. Sie haben ihren Blick fest auf kleine Geräte gerichtet, die sie in der Hand halten oder vor sich auf der Tischplatte platziert haben: Smartphones, Notebooks, Tablets.

Der moderne Mensch ist *motorisiert* und dank dieser Motorisierung hochmobil. Das ist ihm schier selbstverständlich geworden, auch dann, wenn er die ökologischen Folgen der Massenmotorisierung und der Massenmobilität immer deutlicher zu spüren beginnt. Der moderne Mensch ist aber auch *vernetzt*. Diese Vernetzung bestimmt in immer höherem Maß sein Alltagsleben.

Um uns das besser verdeutlichen zu können, wollen wir noch einmal die frühstückenden Gäste in unserem Fantasiehotel beobachten, die ihre Blicke so intensiv und lange auf die Bildschirme ihrer technischen Hilfsmittel richten. Vielleicht lesen sie online die heimische Tageszeitung, vielleicht sehen sie die im Büro aufgelaufenen E-Mails durch, vielleicht studieren sie den Wetterbericht oder die Sportnachrichten. Möglicherweise überprüfen sie auch die Facebook-Seite eines/einer früheren Geliebten. Nebenher frühstücken sie noch, sitzen am selben Tisch wie ihr derzeitiger Freund oder ihre aktuelle Geliebte, mit der sie freilich, auf den Bildschirm konzentriert, nur die allernötigsten Sätze wechseln.

Der Reichtum an Möglichkeiten, den die moderne Technologie eröffnet, gleicht einem ständigen »Tanz auf mehreren Hochzeiten«. Ob das Mehr an gleichzeitig ausgeübten Tätigkeiten auch ein Mehr an Befriedigung bedeutet, mag dahingestellt bleiben. Die Mehrbelastung unserer Sinnesorgane und unseres Nervensystems indes steht außer Frage. Andere schädliche Folgen auch, wie die wachsende Zahl verunfallter Fußgänger, die den Blick wie gebannt auf den Bildschirm ihres Mobiltelefons gerichtet hatten, statt auf den Straßenverkehr zu achten. Was steckt hinter diesem Zuwachs an Möglichkeiten, aber eben auch an Belastungen? Das Hauptmerkmal der Motorisierung war die *Beschleunigung* sozialer Abläufe. Deren Folge ist wiederum eine ganz neue Form der Mobilität. Die moderne Kommunikationstechnologie hingegen (deren Auswirkungen häufig, aber ungenau als »Digitalisierung« bezeichnet werden) führt vor allem zur *Verdichtung* dieser Abläufe. Immer mehr Tätigkeiten werden jetzt simultan erledigt (lateinisch: »simul«), weshalb der Zeitforscher Karlheinz Geißler (geb. 1944), der diese Verdichtung mehrfach und ausführlich beschrieben hat, die modernen Menschen als *Simultanten* bezeichnet. Eine – ökonomisch motivierte – Strategie der Vergleichzeitigung sei es, meint Geißler (2005), »auf die wir neuerdings, speziell in den letzten 20 Jahren, unsere Wachstumshoffnungen verlagern«. Und warum? Wir seien, so Geißler,

> »am Ende der Steigerungsmöglichkeiten von Schnelligkeit angekommen. In den letzten Jahrzehnten sind es die Informationen, die zu den wichtigsten Wirtschaftsgütern wurden. Sie transportieren wir inzwischen elektronisch, das heißt mit Lichtgeschwindigkeit. Schneller geht es nicht mehr. Damit steht unser auf Wachstum ausgerichtetes Wirtschaftssystem vor einem großen Problem; es steht vor der Frage: Wie lässt sich das Wachstum steigern, obgleich wir nicht mehr schneller werden können?« (Geißler, 2005, S. 231)

Die Lösung, so der Autor – und seiner Diagnose ist sicher zuzustimmen – liegt in der Gleichzeitigkeit, in der Zeitverdichtung.

> »Wir machen also immer mehr zur gleichen Zeit. Damit werden wir gewissermaßen auch schneller, aber auf eine andere Art und Weise als früher. Und diese neue Gleichzeitigkeit verändert unsere Lebenskultur grundlegend. All jene Zeiten, die ehemals als unwirtschaftlich galten, werden heute tendenziell ökonomisch besetzt und verdichtet. Das betrifft besonders die Nachtzeiten. In diesen kann man seit einigen Jahren am Automaten Geld besorgen, und es sieht so aus, als könnten wir künftig, dank flexibler Ladenschlusszeiten, dieses auch rund um die Uhr wieder fleißig ausgeben. Das Fernsehen macht es vor. Es hat längst den Sendeschluss abgeschafft, und das Internet ist völlig zeitlos. Es kennt weder Tag noch Nacht, kennt

keine Pause, keinen Feiertag und keine Woche. Der Kosmos und die Natur spielen im Internet keine Rolle mehr. Unsere Gesellschaft ist dabei, alle Zeiten rund um die Uhr, ob hell oder dunkel, der Ökonomie zu öffnen, also wirtschaftlich zu nutzen« (ebd., S. 231).

Ob die Umerziehung des *Homo sapiens* zu einem hochmobilen, ständig kommunikationsbereiten »*Homo simultans*« ihm auf Dauer zum Vorteil gereichen wird, bleibt allerdings fraglich. Sowohl die Tempovergrößerung durch ständige Beschleunigung, als auch die permanente Zeitverdichtung durch Vergleichzeitigung haben nämlich einen entscheidenden Nachteil: Sie gehen stets mit einem *Verlust an Intensität* einher.

Ich bin indes – vielleicht sollte ich das an dieser Stelle betonen – weit davon entfernt, jene Fülle von Möglichkeiten, die die moderne Kommunikationstechnologie uns Gegenwartsmenschen bietet, abzulehnen und geringzuschätzen. Aber wer alleine die Vorteile jener Art und Weise rühmt, in der sich der Mensch von heute mit seiner Mitwelt vernetzt hat, der möge sich einmal wenigstens kurz darauf besinnen, dass ein Netz ja auch ein Werkzeug ist, mit dessen Hilfe andere Lebewesen gefangen und gefesselt werden!

Der oben versuchte Definition von Mobilität und meinen Ausführungen zu Vernetzung und Verdichtung entsprechend geht es mir in diesem Kapitel nicht nur um das »höhere Tempo« infolge der fortwährenden Beschleunigung aller technischen und/oder sozialen Abläufe, sondern auch um die »Bündelung« der auf uns lastenden Anforderungen und der ihnen immanenten Zeitstruktur zu einem hochkomplexen Gefüge. Es sind ja immer mehr soziale Ereignisketten, in die das Individuum eingegliedert wird und an denen es sich notgedrungen (und oft gleichzeitig) zu beteiligen hat, wenn es in einer immer unübersichtlicheren Welt nicht sozialen Schiffbruch erleiden will – vom Elternsprechtag in der Schule bis zum Lohnsteuerjahresausgleich, vom Kundendienst am Kraftfahrzeug bis hin zur Krebsvorsorgeuntersuchung, vom Bemühen zur rechtzeitigen Buchung des Pauschal-Urlaubes im Internet bis zum Versuch, einen Techniker zu finden, der die Geschirrspülmaschine repariert. All diese Vorgänge erfordern, da sie geplant, aufeinander abgestimmt und »getimt« werden müssen, ein immer höheres Maß an zwar nicht körperlich, aber psychovegetativ kräftezehrenden *Synchronisationsleistungen* (die in den noch existierenden Familien, nebenbei bemerkt, überwiegend von den Frauen bewältigt werden). Nicht ohne Grund ist der Satz »Das kriegen wir schon geregelt« zu einer allgegenwärtigen Redensart geworden, die sich freilich nicht selten als ein leeres Versprechen erweist.

Heute wissen wir allerdings aus einer Fülle von Experimenten, dass ein gleichzeitiges Bewältigen mehrerer Aufgaben ohne Qualitätsverlust auf Dauer eben doch nicht möglich ist. Auch die angeblich bessere Befähigung des weiblichen Gehirns zu derartigem »Multitasking« hat sich als Mythos erwiesen.

Wie bei allen »Stressoren« gilt, dass unser Organismus und seine Organe, auch das Zentralnervensystem, zwar mit Spitzenbelastungen recht gut fertig werden, sofern diese eine bestimmte Größenordnung nicht überschreiten. Dauerbelastungen hingegen werden viel schlechter »verkraftet«, insbesondere dann, wenn es an den nötigen Regenerationsphasen, den Erholungspausen, mangelt. Auf diese sind wir nämlich dringend angewiesen, und je älter wir werden, in desto größerem Umfang. Die moderne Lebensweise mit ihrem beständigen Druck durch das beschleunigte Tempo und die wachsende Mehrfachbelastung unterläuft aber die Chancen zur leiblich-seelischen Erholung. Denn auch die arbeitsfreie Zeit dient in immer geringerem Maße der Muße; längst ist auch die »Freizeit« zu einem schwierigen Geschäft geworden, in dessen Verlauf wir eine riesige Fülle der schon erwähnten Synchronisationsleistungen zu erbringen haben und dennoch immer wieder von der Angst geplagt werden, das Beste zu versäumen, nicht dazuzugehören, von den wichtigsten Genüssen ausgeschlossen zu sein. Je wichtiger es zu sein scheint, mitzumachen, »dabei« sein zu können, desto größer die Angst, zu den Außenseitern gehören zu müssen und – gegebenenfalls – die Scham, vermeintlich oder tatsächlich ein Ausgeschlossener zu sein. Das Tempo des gegenwärtigen Lebens ist also vor allem deshalb so mörderisch, weil es an den nötigen Ruhepausen fehlt – sei es, dass sie uns von unserer Umgebung, zum Beispiel von unserer beruflichen Tätigkeit, nur in unzureichendem Maße zugestanden werden, sei es, dass wir selber glauben, sie uns nicht gönnen zu sollen oder zu dürfen.

Das Wort »Pause« stammt von altgriechischen Verbum »pauein«, was soviel heißt wie »aufhören machen«. Mit der Pause ist ein Wechsel vom Passiv zum Aktiv verbunden: Während wir den Fluss der Zeit und den Gegenwartsmoment passiv erleben, wird dieser Ablauf von uns möglicherweise durch die Setzung einer Pause aktiv unterbrochen.

Darin liegt bereits ein *erster*, entscheidender Vorteil, den wir aus einer Kultur der Pause ziehen können: Wir machen uns damit wieder zu Herren unserer Zeit. Denn wir sind ja umgeben von Zeitdieben, die uns Zeit stehlen, und die vermeintliche Zeitersparnis erweist sich immer wieder als Schwindelunternehmen. Durch die bewusst als Kontrapunkt in den mehr oder weniger hektischen Alltag gesetzte Pause werden wir wieder zum Souverän, der nach eigenem Gutdünken über seine Zeit verfügt. Ich rate allen Gegenwartsmenschen, sich mindestens eine Viertelstunde solcher »Eigenzeit« pro Tag zu gönnen – Zeit, über die ich für mich und nur für mich verfüge und in der ich dann auch nicht für andere verfügbar bin (also Mobil- und Festnetz-Telefone ausschalte). Wie diese freie Zeit dann gefüllt wird, ist eine Frage der persönlichen Vorliebe. Entspannungsübungen wie Autogenes Training, Progressive Relaxation und viele andere bieten sich an. Es gibt aber auch eine Überfülle anderer Möglichkeiten – ausschlaggebend sollte immer das subjektive Gefühl der Passung, der *Stimmigkeit* sein. Und am Wichtigsten ist, dass wir in einer solchen Pause die Zeit nicht »nutzen« oder »verwerten«, sondern, *dass wir ihr gestatten, dass sie auf uns wirkt.*

Zweitens: In einer bewusst in die Alltagshektik eingebetteten Pause, die der Muße und Entspannung dient, wird uns das im ersten Teil theoretisch erläuterte *Zeitgetriebe*, das ineinander verwobene Miteinander von reversibler, zyklischer und irreversibler, gerichteter Zeit praktisch bewusst und unmittelbar spürbar. Die Weisung vieler östlicher Meditationstechniken, zu Beginn des Meditierens die eigenen Atemzüge zu zählen, macht das in sinnfälliger Weise klar. Das Atmen ist ein rhythmischer, zyklischer Vorgang, aber ein Atemzug folgt auf den anderen, bis irgendwann im Leben der allerletzte an der Reihe ist – wir Mediziner sprechen dann von der »finalen Schnappatmung« im Sterbeprozess. Die Zeit wird uns, wenn wir in der Pause innehalten und auf sie achten, sie auf uns wirken lassen, als komplexer Prozess deutlich, kreisend und gerichtet zugleich. Die Hingabe an das Jetzt, an die Gegenwart, lässt uns Veränderungen bemerken, über die wir sonst hektisch-achtlos hinwegsehen – den Gesang der Vögel, die Veränderung des Lichts, das Spiel der Wolken, das Vorrücken des Mondes ... Wenn wir weniger oder am besten gar nichts tun, werden wir nicht ärmer, sondern reicher! Man könnte sich hier an jene Verse erinnern, die der bereits zitierte Dichter Rainer Maria Rilke fortschrittskritisch den Stahlgewittern der technokratischen Moderne entgegengeschrieben hat:

> »Wir, Gewaltsamen, wir leben länger.
> Aber wann, in welchem aller Leben,
> Sind wir endlich offen und Empfänger?«

Drittens: Nur durch Muße und Stille werden menschliche Reifung und Persönlichkeitsentwicklung in einem nicht rein technokratisch verstandenen Sinn überhaupt möglich. Es ist gewiss kein Zufall, dass gerade zwei ungeheuer produktive Persönlichkeiten des 20. Jahrhunderts, die ein beeindruckend vielschichtiges Lebenswert hinterlassen haben, nämlich Bertrand Russell (1872–1970) und der fünf Jahre jüngere Hermann Hesse (1877–1962) jeweils Aufsätze geschrieben haben, in dem sie die Muße und die Stille feiern: Hesse *Die Kunst des Müßiggangs* (1904) und Russell *Lob des Müßiggangs* (1935). Russell hat, man höre und staune, schon vor 80 Jahren festgestellt: »Wenn der normale Lohnempfänger vier Stunden täglich arbeitete, hätte jedermann genug zum Leben und es gäbe keine Arbeitslosigkeit« (Russell, 1971a [1935], S. 174). Und Hesse erwähnt als Charakteristikum des Künstlerlebens die nur scheinbar leeren Mußepausen, »deren äußerer Anblick von jeher Verachtung oder Mitleid der Banausen geweckt hat«. Der Künstler wird, meint Hesse, oft zu solchen Pausen geradezu genötigt:

> »Es ist etwas in ihm tätig, was er am liebsten heute noch in ein sichtbares, schönes Werk verwandelte, aber es will noch nicht, es ist noch nicht reif, es trägt seine einzig mögliche, schönste Lösung noch als Rätsel in sich. Also bleibt nichts übrig als warten« (Hesse, 1973, S. 10).

Er selber, meint Hesse, habe es gelernt, dieses Warten ins Produktive zu wenden. Es entstehe dann ein »Zuschauergefühl«, das – so der jugendliche Dichter:

> »mich befähigte, nach kurzer Zeit auch ohne Lektüre stundenlang in Ruhe zu verharren und meine Aufmerksamkeit mit scheinbar geringen Gegenständen zu beschäftigen (Gesetze des Mückenfluges, Rhythmik der Sonnenstäubchen, Melodik der Lichtwellen usw.). Daraus entsprang ein wachsendes Erstaunen über die Vielheit des Geschehens und ein beruhigendes, völliges Vergessen meiner selbst, womit die Basis eines heilsamen, niemals langweilenden *far niente* gewonnen war« (ebd., S. 13).

Mit anderen Worten: Das zarte Gewebe, in das wir eingebunden sind, tritt uns wie ein Spinnennetz im Sonnenlicht um so deutlicher vor das innere Auge, desto länger und je intensiver wir es zu erspüren versuchen. Wir können wieder lernen, auf unsere innere Stimme zu hören, die ein verlässlicher Kompass für Wertentscheidungen ist als die eindimensionale, instrumentelle Vernunft der Marktgesellschaft, der zufolge Zeit Geld ist und jeder Mann seinen Preis hat.

Viertens und letztens: Die Pause schult unseren *Möglichkeitssinn*, und bei diesem möchte ich abschließend noch etwas länger verweilen, weil er mir das Fundament für die Entwicklung einer kreativen Persönlichkeit zu sein scheint. Der von Bertrand Russell tatkräftig geförderte Philosoph Ludwig Wittgenstein (1889–1951) hat uns belehrt, die Welt sei »alles, was der Fall ist« Den einige Zeit später im selben Haus in der Rasumofsky-Gasse 34/11 im III. Wiener Bezirk wohnenden, neun Jahre älteren Schriftsteller Robert Musil (1880–1942) jedoch trieb eine andere Vision um, nämlich die, dass die Welt auch all das ist, *was der Fall sein könnte.* Ulrich, der Protagonist der Handlung in Musils unvollendetem Hauptwerk *Der Mann ohne Eigenschaften* ist das, was der Verfasser einen »Möglichkeitsmenschen« nennt:

> »Solche Möglichkeitsmenschen leben, wie man sagt, in einem feineren Gespinst, in einem Gespinst von Dunst, Einbildung, Träumerei und Konjunktiven; Kinder, die diesen Hang haben, treibt man ihn nachdrücklich aus und nennt solche Menschen vor ihnen Phantasten, Träumer, Schwächlinge und Besserwisser oder Krittler« (Musil, 2013 [1930/1933], S. 20).

Für Musil ist der Möglichkeitssinn aber nicht reiner Selbstzweck oder beliebig nutzbares Spielzeug, sondern in erster Linie wichtiges Werkzeug zur Erreichung jenes »anderen Zustands«, von dem im Buch immer wieder die Rede ist. Ulrich, der »Mann ohne Eigenschaften«, hat ihn näherungsweise erlebt, als er als junger Leutnant, unglücklich verliebt in die Frau eines Vorgesetzten, sich eine Pause gönnt. Auf einer kleinen Insel in den damals habsburgischen Gewässern der Adria sucht und findet er Zuflucht.

> »Die Sonne hob ihn morgens aus dem Schlaf, und wenn die Fischer auf dem Wasser, die Weiber und Kinder bei den Häusern waren, so schienen er und ein die Büsche und Steinrücken zwischen den beiden kleinen Ortschaften der Insel abweidender Esel die einzigen höheren Lebewesen zu sein, die es auf diesem abenteuerlich vorgeschobenen Stück Erde gab. Er tat es seinem Gefährten gleich und stieg auf einen der Steinriegel oder er legte sich am Inselrand zwischen die Gesellschaft von Meer, Fels und Himmel. Das ist nicht anmaßend gesagt, denn der Größenunterschied verlor sich, so wie sich übrigens auch der Unterschied zwischen Geist, tierischer und toter Natur in solchem Beisammensein verlor und jede Art Unterschied zwischen den Dingen geringer wurde. Um das ganz nüchtern auszudrücken, diese Unterschiede werden sich wohl weder verloren noch verringert haben, aber die Bedeutung fiel von ihnen ab« (ebd., S. 121).

meint Musil, um diesen Gedanken wenige Zeilen später noch zu präzisieren:

> »Denn alle Fragen und Vorkommnisse des Lebens nahmen eine unvergleichliche Milde, Weichheit und Ruhe an und zugleich eine veränderte Bedeutung. Lief da zum Beispiel ein Käfer an der Hand des Denkenden vorbei, so war das nicht ein

Näherkommen, Vorbeigehn und Entfernen, und es war nicht Käfer und Mensch, sondern es war ein unbeschreiblich das Herz rührendes Geschehen, ja nicht einmal ein Geschehen, sondern, obgleich es geschah, ein Zustand. Und mit Hilfe solcher stillen Erfahrungen erhielt alles, was sonst das gewöhnliche Leben ausmacht, eine umstürzende Bedeutung, wo immer Ulrich damit zu tun bekam« (ebd., S. 122).

Sagen wir es abschließend mit eigenen Worten: Die Pause schafft uns eine Bühne, auf welcher der zitierte Möglichkeitssinn zu spielen beginnt, und damit öffnet sie uns die Türe zu anderen Welten – Welten hinter der Alltagsrealität, reicher und anregender als diese. Es liegt an uns, ob wir uns Zugang zu ihnen verschaffen wollen oder nicht.

Doch nun zurück zu unserem »seelischen Apparat«, der sich durch individuelle Lernerfahrung aus einem als gattungsgeschichtliche »Mitgift« schon bei der Geburt vorhandenen »Weltbildapparat« heran- und herausbildet und der, so lange wir leben, ständigen Veränderungen und Neuanpassungen unterworfen ist. Dieser Apparat ist nicht nur hochkomplex, weil in ihm viele Komponenten zusammenwirken (und das keineswegs immer widerspruchsfrei). Er ist auch außerordentlich elastisch und somit anpassungs- und lernfähig. Die den Phänomenen der beständigen Beschleunigung einerseits, durch die fortwährend intensivierte Vielfachbeanspruchung andererseits innewohnende Gefahr liegt allem Anschein nach nicht so sehr in der akuten Überforderung durch spezifische Erfordernisse. Wenn die uns mögliche Funktion den Anforderungen nicht genügt, schalten Körper und Seele gewissermaßen ab (»Jetzt komme ich nicht mehr mit«). Ein »bleibender Schaden« ist eben deshalb nicht zu befürchten. Eine »Überbeanspruchung« des Gehirns droht ebenso wenig, wie man durch das Lesen eines Buches bei unzureichender Beleuchtung Gefahr läuft, sich »die Augen zu verderben«, wie eine in meinen Kindertagen sehr beliebte elterliche Drohung lautete, die aber zum Glück jeder medizinischen Berechtigung entbehrt.

Die langfristige Gefahr, die in den immer höheren Anforderungen liegt, die wachsendes Tempo und gesteigerte Intensität unserem Gehirn und unserer Seele stellen, besteht vor allem in einer *Verkümmerung* der bei fortwährender einseitiger Belastung *eben nicht* beanspruchten und damit nicht (mehr) trainierten, eventuell dauerhaft unterforderten Funktionen. Schon seit Jahren klagen Kinderärzte darüber, dass bei Kindern im Vorschulalter einfache motorische Fähigkeiten, wie mit geschlossenen Augen rückwärts zu gehen, auf einem Balken die Balance zu halten etc., nur noch in immer schwächerem Maße vorhanden sind. Dies ist zweifellos eine Folge des längeren Aufenthaltes in der Wohnung und vor dem

Bildschirm (»elektronischer Babysitter«) und des seltener gewordenen Spielens »draußen« und mit anderen. Ähnlich »unterläuft« der (zweifellos praktische und oft »zeitsparende«) Gebrauch von elektronischen Navigationssystemen im Auto die Fähigkeit, sich mit der Hilfe seines prozeduralen Gedächtnisses und räumlichen Vorstellungsvermögens in einer fremden Stadt orientieren zu können. Auch die Nutzung von »Walking-Stöcken« vermindert die unwillkürliche Trittsicherheit beim Bewegen in schwierigem Gelände und so fort. Wir gleichen, so könnte man bildhaft formulieren, einem Rollstuhlfahrer, dessen Muskulatur an beiden Oberarmen recht kräftig ausgebildet ist, da er mit ihr die Räder seines Gefährtes in Bewegung hält. Andere Muskeln indes, insbesondere die der unteren Extremität, sind atrophisch, also nur kümmerlich ausgebildet. Was bei einem Menschen mit körperlicher Behinderung durch eine angeborene oder unfallbedingte Lähmung verursacht sein mag, wäre auch bei einem Menschen der Fall, der sich quasi »freiwillig« dazu entschlösse, auf Dauer einen Rollstuhl statt der Beine zur Fortbewegung zu benutzen. Die entsprechende Muskulatur würde sich, da sie nicht mehr trainiert wird, über kurz oder lang erheblich verschmächtigen.

Ganz ähnlich drohen durch jene höchst einseitige Dauer-Belastung, die unserer modernen Lebensführung zu »verdanken« ist, die nur selten trainierten seelischen Kompetenzen zu verkümmern, also gleichsam atrophisch zu werden. Hinweise, wie wir dieser Gefahr rechtzeitig begegnen können – möglichst schon, bevor die roten Warnlämpchen am Armaturenbrett aufleuchten – verlangen wir mit Recht von einer »Bedienungsanleitung für eine Seele«, wie sie mit dem vorliegenden Buch versucht wird. Was wir bräuchten und wozu wir angeleitet werden sollten wäre also eine Art von planmäßiger »Seelengymnastik«, um dem erwähnten »Trainingsrückstand« durch einen gezielten kompensatorischen »Muskelaufbau« entgegenzuwirken.

Als eine derartige »Seelengymnastik« wäre zunächst die oben erwähnte Fähigkeit zur »Entspannung« zu nennen, die jetzt, ihrer grundsätzlichen Bedeutung wegen, noch etwas ausführlicher erörtert werden soll. Entspannung ist ja ohnehin in aller Munde. Dutzende von Ratgebern auf Buch oder CD können bezeugen, wie erholungsbedürftig der Mensch der Moderne geworden ist und dass er in dieser Bedürftigkeit ein lohnenswertes Objekt zielstrebiger Vermarktung darstellt. Von der Klangschale bis zum Schokoladenbad – die Zahl der angebotenen, mitunter recht skurrilen, Techniken ist mittlerweile Legion. Wie alle technischen Hilfsmittel sollen sie uns, wie man hören und lesen kann, in erster Linie *schnell* und *ohne Mühe* zum Erfolg verhelfen: »Entspannung leicht gemacht!« Aber diese »Entspannung light« zielt, wie so viele andere Modeerscheinungen, auf den passiven Konsumenten, der, wenn sich der gewünschte Erfolg nicht sofort einstellen will, begierig – fast schon süchtig – nach dem nächsten Hilfsmittel greift.

Ein solches Verhalten lässt zwar die Ladenkassen klingeln; wirkliche Entspannung ist jedoch so *nicht* zu haben. Sie ist ohne Mühe und Anstrengung *überhaupt nicht* zu haben! Sie will erlernt sein wie Klavierspielen oder Badminton. Sie erfordert von uns Zeitaufwand und die Mühsal des regelmäßigen Übens.

Zweierlei tut dabei not: *Erstens* braucht der sich entspannende Mensch jene bereits erwähnte, in ständiger Wiederkehr nur für ihn selber reservierte Zeitspanne – zehn bis 15 Minuten pro Tag (möglichst zu selben Stunde), in denen er wirklich mit sich alleine ist, in denen er nicht ans Telefon geht und auch nicht an die Türe, wenn es klingelt. Schon dieses »Wiedergewinnen des Augenblicks«, das Verfügen über »Eigenzeit«, über Zeit einzig und allein zum persönlichen Gebrauch *nur für sich* kann eine entspannende Wirkung haben. Weil aber unsere Fähigkeit zur Hingabe an den gegenwärtigen Moment verkümmert ist, wird für die Entspannungsübung *zweitens* noch etwas anderes erforderlich – nämlich die Übung selbst: die Ausrichtung und Zentrierung der Aufmerksamkeit auf etwas, das genügend Kraft besitzt, uns von den vielfältigen Quellen der Unruhe und Hektik abzulenken, die in unserem Alltag allgegenwärtig sind.

Aus welchem der traditionellen Entspannungsverfahren diese von uns praktizierten Übungen stammen, ob sie von uns schöpferisch umgewandelt oder neu miteinander kombiniert werden – das ist letzten Endes gleichgültig. Entscheidend ist das persönliche Gefühl der »Passung«, der »Stimmigkeit«, also das Erlebnis, das » für mich Richtige« gefunden zu haben (was möglicherweise nicht schon beim ersten Versuch gelingt). Es gibt aktive und passive Verfahren, solche, die auf die Imagination bauen (»Phantasiereisen«) und andere, bei denen der Bezug zum eigenen Körper im Vordergrund steht (»Progressive Muskelrelaxation«). Ich muss also ausprobieren, um spüren zu können, was zu mir »passt«. Dazu gehört auch der eine oder andere »Fehlversuch« Nur das, was mir dieses Gefühl der »Passung« vermittelt, werde ich auch regelmäßig trainieren.

Die auf solche Art trainierte Entspannung ist etwas völlig anderes als der Wunsch nach kindlicher Verwöhnung oder Flucht vor der bedrängenden Realität. Sie ist eine grundlegende Fähigkeit zur gesünderen Gestaltung des eigenen Lebens, dessen innerer Rhythmus dann auch bewusster erlebt werden kann: nämlich als eingebettet in die reiche Fülle alles Lebendigen um uns herum und in die Vielfalt unserer unbelebten natürlichen Mitwelt.

Der Rat, den Härten des modernen Lebens mit einer gut trainierten Fähigkeit zur regelmäßigen Entspannung zu begegnen, mag angebracht scheinen, ist aber nicht sonderlich neu. Was hat unsere Bedienungsanleitung darüber hinaus noch zu bieten?

Zunächst einmal die folgende Erkenntnis: Mit Entspannung allein, selbst wenn diese als gut eingeübte Fähigkeit zum Widerstand gegen ein menschenverschleißendes Alltagsleben in eine gelassenere Grundhaltung mündet, ist es freilich nicht getan.

Allerdings liefert uns das Training der Entspannungsfähigkeit – das uns natürlich keinen Schlüssel zur Lösung sämtlicher Weltprobleme in die Hand gibt, sondern ein wichtiges *Hilfsmittel* für ein besseres Leben ist und bleibt – trotz seiner begrenzten Bedeutung eben doch einen entscheidenden Fingerzeig: Es ist ja eine radikale Hinwendung zur Gegenwart, zum Hier und Jetzt, also in eine Richtung, die uns Menschen einzuschlagen schwerfällt. Schon der französische Mathematiker und Philosoph Blaise Pascal (1623–1662) hat das in seinen acht Jahre nach dem Tod des Verfassers veröffentlichten *Gedanken* mit beredeten Worten beklagt:

> »Wir halten uns niemals an die Gegenwart. Wir nehmen die Zukunft vorweg, als käme sie zu langsam, als müssten wir ihren Lauf beschleunigen; oder wir rufen die Vergangenheit zurück, um sie anzuhalten, als entschwände sie zu rasch. [...] Wir denken fast gar nicht an die Gegenwart, und wenn wir daran denken, so nur, damit wir daraus die Einsicht gewinnen, um über die Zukunft zu verfügen. So leben wir nie, sondern wir hoffen zu leben,; und während wir uns immer dazu bereiten, glücklich zu sein, ist es unvermeidlich, dass wir es niemals sind« (Pascal, 2011 [1669], S. 112).[8]

Es geht, wenn wir das Problem des »Umgangs mit der Gegenwart« (oder, wie heute viele lieber sagen: mit dem »Hier und Jetzt«) genauer betrachten, nicht mehr allein (und nicht einmal in der Hauptsache) um das mörderische Tempo und die beständige Beschleunigung der technokratischen Gegenwartsgesellschaft. Es geht um nichts anderes als um die Zeitstruktur des menschlichen Daseins und des »seelischen Apparates, der dieses Dasein bewältigt. Ich hatte oben den Psychologen und Verhaltensforscher Norbert Bischof als kompetenten Zeugen für die menschliche Fähigkeit zitiert, mittels Antizipationsvermögen ein »Modell-

---

8 Diese Erkenntnis des großen französischen Philosophen war anno 1670 freilich auch nicht ganz neu. Schon rund 2000 Jahre zuvor hatte es in der »Epikuräischen Spruchsammlung« geheißen: »Du aber bist nicht Herr des morgigen Tages und verschiebst immerzu das Erfreuende. Das Leben geht mit Aufschieben dahin, und jeder von uns stirbt, ohne Muße gefunden zu haben.«

Ich« simulativ durch die Zeit zu bewegen. Diese Fähigkeit ermöglicht es uns beispielsweise künftige Bedürfnislagen und Probleme vorherzusehen. Sie ermöglicht uns eine im Tierreich neue Art der Weltgestaltung, ja der Weltbeherrschung. Glücklich macht sie uns jedoch nicht unbedingt. Zwar hat sie der Spezies Mensch zahlreiche neue (freilich auch äußerst zwiespältige) Daseins-Möglichkeiten eröffnet. Zum Glück des Einzelmenschen trägt sie aber noch lange nicht bei, eher im Gegenteil. Jedenfalls ist sie ein wesentlicher Faktor bei der Entstehung der inneren Unruhe und Weltangst, die für uns Menschen so charakteristisch ist.

Bischof selbst meinte dazu in einem etwas komplizierten, aber zutreffenden Satz: »Die Ausgesetztheit des Menschen in einem unwirtlichen Raum-Zeit-Kontinuum als konstitutionelle Akklimatisation hat seinen prometheischen Drang erzeugt« (Bischof, 1995, S. 552).[9]

Wir Menschen fühlen uns offenkundig mit unserer virtuellen Beweglichkeit in einer antizipierbaren Zeit nicht recht wohl. Wir flüchten aus der Gegenwart in die Zukunft oder in die Vergangenheit. Wir grübeln und ängstigen uns, plagen uns mit Sorgen aller Art herum. Dies rührt vor allem daher, dass wir um die Vergänglichkeit aller Dinge wissen, auch um die Endlichkeit des eigenen Lebens – um unsere Sterblichkeit. Den rechten Umgang mit der ständigen Möglichkeit des eigenen Todes zu finden war seit jeher ein Anliegen aller Philosophen (»Übe sterben!« soll Plato auf die Frage nach der Aufgabe der Philosophie geantwortet haben). Dass eine allgemein zufriedenstellende, von jedem Menschen gleichermaßen als »gültig« erachtete Antwort über Jahrtausende hinweg nicht gefunden werden konnte, nimmt dem Ringen mit dieser Frage nichts von seiner Aktualität. Erst das 20. Jahrhundert hat die Frage nach Tod und Vergänglichkeit von der Tagesordnung abgesetzt, ein Jahrhundert freilich, das der Menschheit ein bis dato nicht bekanntes Maß an Vernichtung gebracht hat und deshalb zu Recht als »Todesjahrhundert« bezeichnet worden ist – so etwa vom damaligen israelischen Staatspräsidenten Ezer Weizman in seiner im Januar 1996 in hebräischer Sprache gehaltenen Rede im Deutschen Bundestag.

---

9 Auch zu diesem Satz möchte ich eine »Zweitmeinung« zitieren. »Mühevoll ringt sich das Leben zu immer höheren Stufen empor« heißt es vierzig Jahre vor Bischof bei Ludwig von Bertalanffy (1901–1972), dem Begründer der »Systemtheorie«, »für jeden Schritt zugleich zahlend. Es geht zu Stufen feinerer Differenzierung und Zentralisierung über und erkauft dies durch Verlust der ursprünglichen Regulationsfähigkeit. Es erfindet ein hochentwickeltes Nervensystem und damit zugleich den Schmerz. Es setzt den urtümlichen Teilen dieses Nervensystems ein Hirn mit Tagesbewußtsein auf, das durch seine Symbolwelt Voraussicht und Beherrschung der Zukunft gewährt, und muß dafür die dem Tier fehlende Angst vor dem kommenden eintauschen, vielleicht diese Entwicklung mit Selbstvernichtung bezahlen« (Bertalanffy, 1949, S. 106).

Und dennoch hat gerade dieses Jahrhundert gewissermaßen – so ein junger evangelischer Geistlicher, der spätere Friedensnobelpreisträger Albert Schweitzer (1875–1965) in einer Predigt vom 17. November 1907

>ein geheimes Dekret erlassen, daß jedermann seinem Nebenmenschen gegenüber fortwährend so tue, als ob die Möglichkeit, daß dieser sterben könne, gar nicht in Betracht käme. Und keines der Gesetze über den Umgang wird so peinlich beobachtet wie dieses. Die letzte Liebe, die die Menschen einem erzeigen, der schon mit dem Tode gezeichnet ist, besteht darin, daß sie tun, als ob die Krankheit selbstverständlich nicht gefährlich werden könne. Und wenn der andere schon selbst fühlt, wie ernst seine Lage ist, will er gewöhnlich doch noch immer gerne das Gegenteil hören< (Schweitzer, 1984 [1907], S. 113f.).

Die Geisteshaltung, die einen sensiblen Menschen überkommt, der seine seelischen Fähigkeiten nutzt, um sich angemessen mit der Vergänglichkeit aller Dinge und mit der eigenen Sterblichkeit auseinanderzusetzen, ist die der *Melancholie*: eine von den Intellektuellen Europas jahrzehntelang, besonders in der Epoche der »Romantik« mit viel Geschick kultivierte, oft auch stilisierte Verfassung der Persönlichkeit.[10] Die hektische Spaß- und Erlebnisgesellschaft der Moderne hat mit dem Gedanken an den Tod auch die Melancholie verboten – sie gilt quasi als Störenfried und Spaßverderber. Indes kehrt, wie Sigmund Freud treffend lehrte, das Verdrängte »unerledigt« wieder – mit der melancholischen Geisteshaltung wurde auch ein wirksames Mittel zur vorbeugenden Verhinderung von Depressionen in die Verbannung gedrängt. Es wundert nicht, dass dieser periodische »Winterschlaf der Seele« in geradezu epidemieartiger Weise eine Gesellschaft heimsucht, die ständig auf der Suche nach neuen »Superstars« ist, ein »Event« nach dem anderen inszeniert und in der allgegenwärtigen Werbung gezielt den Anschein erweckt, das Leben wie ein einziges großes Fest zu feiern. Behinderung, Krankheit und Tod haben auf diesem Fest keinen Platz – aber wie wir aus der berühmten Novelle »Die Maske des Roten Todes« von Edgar Allan Poe (1809–1849) wissen, verstehen sie es eben doch, sich hinterrücks Einlass zu verschaffen und terrorisieren alsbald jene, die in ihrer Naivität nur »ihren Spaß haben« wollen. Wie viel klüger wäre es doch, von vornherein und absichtsvoll, das antizipierende Vermögen unseres seelischen Apparates dazu zu nutzen, uns auch die eigene Sterblichkeit zu *vergegenwärtigen.*

---

10 Ich habe mich dieser Seelenverfassung in meinem Text *Melancholie als Chance* (München, 2015) ausführlich gewidmet, der leider nur als E-Book erhältlich ist.

Eben durch dieses nicht-verdrängende Verhältnis zum eigenem Tod können wir jene Gefahr vermeiden, die der greise Philosoph Immanuel Kant in dem Satz zusammenfasste: »Aber schade ist's doch, daß man sterben muß, wenn man gerade begriffen hat, wie man leben möchte« – weil wir uns schon beizeiten die Frage stellen, »ob es ein Leben *vor dem Tode* gibt« (Kant, 1974b [1796], S. 511), ein Leben, das diesen Namen verdient und mehr ist als bloßes Dasein und Dabei-Sein im Kampf aller gegen alle.

Theoretische Übersicht

Fassen wir am Ende dieses Kapitels – das wir mit dem Thema »Beschleunigung« begonnen haben, um alsdann zum Thema der Zeit und schließlich zur Endlichkeit schlechthin überzuleiten – noch einmal zusammen, was wir über die Fähigkeit des seelischen Apparates zur Zeitrepräsentation und, vor allem, zur *Selbstrepräsentation* in der virtuellen Zeit wissen.

Diese Fähigkeit, die Norbert Bischof als »kopernikanische Wende« in der Evolution des Lebens bezeichnet hat, lässt uns Menschen in einer Weise fragen und forschen, die die Möglichkeiten aller anderen Tiere weit überschreitet und die wir durchaus als Wurzel der uns Menschen eigenen Neigung zur »Transzendenz« bezeichnen können. Wie wird es mit dieser Welt weitergehen? Wird sich unsere Stellung in ihr verändern? Welche Bedürfnisse und Gefühle wird das bei mir hervorrufen? Welche Konflikte werden mein Leben morgen bestimmen? Werde ich ihnen gewachsen sein?

Dies bedeutet eine gewaltige Weiterentwicklung im »Antriebsmanagement«, bei dem die Antriebe in ihrer Dringlichkeit »entthront« werden und sich der Vorstellungswelt zu fügen haben. Eben deshalb sind dem Menschen Hungerstreik und Zölibat möglich, der Märtyrertod, aber auch die Planung von Kreuzzügen und Konzentrationslagern; es ist ihm möglich, dass die Gegenwart nur noch als Mittel zum Zweck verstanden wird, das zur Herbeiführung einer vermeintlich besseren Zukunft dient.

Dieses neuartige Antriebsmanagement durch virtuelles Probehandeln, durch das »Hantieren im Vorstellungsraum«, bei dem ständig verschiedene Möglichkeiten und Eventualitäten durchgespielt werden können, hat aber neben all seinen Vorzügen auch einen großen Nachteil. Es konfrontiert den, der da mit der Vielfalt der Optionen hantiert, auch mit einer Fülle neuer angstauslösender Reize. Denn das im Vorstellungsraum geöffnete Raum-Zeit-Kontinuum ist gefüllt mit Ungewissheit und somit auch möglicher Bedrohung. »Dieser Effekt erfährt eine unheimliche Vertiefung dort, wo im Nebel der Zukunft das eigene Sterbenmüssen als unausweichliches Schicksal ahnbar wird« (Bischof, 1995, S. 551).

Es ist die Evolution des Lebens selbst, die uns Menschen durch das Danaergeschenk der Zeitrepräsentation, der zyklischen Zeit, dem *Kreislauf des Werdens und Vergehens*, entfremdet hat, die jeder Form von Leben als Systemeigenschaft eingebaut ist[11], beginnend mit dem »Zitronensäurezyklus«, in dem durch die Verbrennung von Zucker zu Kohlendioxid und Wasser Energie gewonnen wird. »Der Lebensprozeß besteht in einer Verflechtung von strukturerhaltenden Kreisprozessen und irreversiblen strukturverändernden Wachstums- und Alterungsprozessen. Altern und Sterben ist Teil des Lebens, Leben und Tod bilden eine Einheit«, schreibt der Naturwissenschaftler Friedrich Cramer (1923–2003) (Cramer, 1993, S. 253). »Im Kulturprozeß, der weithin von Todesangst vorangetrieben wird, ist oft versucht worden, diesen unlösbaren Zusammenhang zu verdrängen« (ebd.). Die Entzweiung zwischen der organischen (zyklischen) Lebenszeit und der (gerichteten) Zeit des Sterbens, die uns im antizipierenden Denken qualvoll bewusst wird, ist eine Grundbedingung unseres menschlichen Lebens und unwiderruflich. Allerdings hat die Technokratiegesellschaft der Moderne diesen Konflikt zum Schaden unseres »Seelenlebens« aufs Äußerste zugespitzt. Wir können uns dieser Tendenz zwar nicht grundsätzlich, aber doch zumindest ein Stück weit verweigern – und uns dabei auf Kulturtraditionen besinnen, mit denen die Menschheit seit Jahrtausenden versucht, ihre innere Zerrissenheit zu lindern und zu mildern. Dazu gehört auch die Vielfalt der Entspannungsverfahren, in denen freilich ohne die Mühe und den Zeitaufwand des regelmäßigen Übens kein Fortschritt erzielt werden kann.

Auch eine noch so erfolgreich trainierte Fähigkeit zur Entspannung kann freilich das oben beschriebene Dilemma nicht »auflösen« – und alle anderen Strategien des Lebens ebenso wenig. »Die Lösung ist: es gibt keine Lösung« – wie es der Psychotherapeut Sheldon B. Kopp (1929–1999) in seinem berühm-

---

11 Der große Lebenskünstler Hermann Hesse hat bei der Gartenarbeit über diese Entfremdung, diese »Selbstentzweiung« im menschlichen Leben nachgedacht: »In meinem kleinen Garten säe ich voller Frühlingserwartung Bohnen und Salat, Reseden und Kressen, und dünge sie mit den Resten ihrer Vorgänger, denke an diese zurück und an die kommenden Pflanzengeschlechter voraus. Wie jedermann nehme ich diesen wohlgeordneten Kreislauf hin als eine selbstverständliche und im Grunde innig schöne Sache; und nur zuweilen kommt mir im Säen und Ernten für Augenblicke in den Sinn, wie merkwürdig es doch ist, daß von allen Geschöpfen dieser Erde nur allein wir Menschen an diesem Lauf der Dinge etwas auszusetzen haben und mit der Unsterblichkeit aller Dinge nicht zufrieden sind, sondern für uns eine persönliche, eigene, besondere haben wollen« (Hesse, 1977b [1908], S. 54).

ten und immer noch lesenswerten Buch *Triffst du Buddha unterwegs* ... (1976 [1972]) so überaus treffend zusammengefasst hat. Wir können uns allerdings gegenüber der Zwiespältigkeit unseres Daseins sehr verschiedenartig verhalten: verdrängend, verleugnend und zornig hadernd – oder eben in akzeptierender Demut und Bescheidenheit.

In jedem Fall werden wir unsere konflikthafte Seele besser bedienen und warten können, wenn wir ihre »Doppelgängernatur« erkennen und anerkennen. Unsere Seele ist gewissermaßen ein Fahrzeug mit Hybridantrieb – von dem ja auch niemand verlangen würde, es müsse sich nun endlich entscheiden, ob es den Benzin- oder den Elektromotor benutzt. Die Spannung zwischen den beiden Polen unserer Existenz wird erträglicher, wenn wir sie als Konstruktionsprinzip hinnehmen lernen. Immerhin verdanken wir dieser eigentümlichen Konstruktion eine Menge – warum also ständig darüber jammern, dass sie auch Nachteile, dass sie auch Schattenseiten hat?

Praktische Nutzanwendung

Das chinesische Sprichwort »Auch die weiteste Reise beginnt mit dem ersten Schritt«, kann nichts dafür, dass es schon fast zu Tode zitiert worden ist. Auch der übermäßige Gebrauch tut dem Wahrheitsgehalt keinen Abbruch. Der erste Schritt, den ich dringlich empfehle, ist sich der Zeit so zu stellen, wie sie vor jeder »Verwertung« und »Nutzung« nun einmal ist. Indem wir mit dem berühmten »interesselosen Wohlgefallen«, auf das Immanuel Kant in anderem Zusammenhang gebaut hat, auf uns selber achten, werden wir gewahr, wie die »Zeit da draußen« mit unserer höchstpersönlichen »Binnenzeit« zusammenhängt: durch unsere Atemzüge, durch den Schlag unseres Herzens.

Es ist wichtig und wertvoll, sich im Leben wieder »leere Räume«, wieder »Eigenzeiten« zu verschaffen – sie fallen uns nicht in den Schoß, wir müssen sie uns nehmen! Und wir sollten sie nicht mit Erwartungen überfrachten, was in diesen Zeiten des Unterbruchs Großartiges passieren könnte – das wirklich Großartige ist eben dies: dass gar nichts passiert. Allerdings werden Sie, wenn Sie die nötige Geduld und das erforderliche Durchhaltevermögen aufbringen, feststellen können, wie sich diese leeren Zeiträume quasi naturwüchsig füllen: mit Geräuschen, die wir schon lange nicht mehr wahrgenommen haben, mit Beobachtungen, für die uns schon allzu lange die Zeit gefehlt hat, zum Beispiel für das Staunen über den wunderbaren Tanz der Staubteilchen im schräg ins Zimmer fallenden Sonnenlicht. Einiges zu diesem Thema habe ich ja schon weiter oben in meiner Erörterung der schöpferischen Pausen und ihres Nutzens für unser Seelenleben ausgeführt.

Ein wichtiger Aspekt bei der wie auch immer realisierten Hingabe an eine verwertungsfreie Zeit, deren Eigentümlichkeit darin besteht, dass sie einzig und allein mir selber zugehört, besteht in der neuartigen Positionsbestimmung: in der Zurückweisung der Forderung nach ständiger Erreichbarkeit, nach permanentem Kommunizieren, im Sich-Widersetzen gegen die Verfügungsgewalt anderer über mein Leben.

Wer sich in diesem Sinne widersetzt und lernt, »leere Zeit« zu genießen, wird dabei viele neue Erfahrungen sammeln können – zum Beispiel die, wie sich die eigenen Sinnesorgane schärfen. Mit welch feinem Gehör, mit welch scharfem Gesichtssinn hat uns die Natur doch ausgestattet. Ist es wirklich klug, diesen Reichtum an Fähigkeiten nur für stundenlanges Starren auf einen Bildschirm zu investieren? Vielleicht steigt in uns die Lust auf, die »leeren Zeiten« mit Musik zu füllen – keine schlechte Entscheidung, bloß sollten wir es nicht zu eilig haben damit, denn die Grundlage der Musik ist die Stille, und auch sie kann man genießen lernen. Wie überhaupt die Schulung und Schärfung der Sinnesorgane eine Vorbedingung des intensiveren Genusses ist. Aber wenn Sie erst einmal gelernt haben, die Stille nicht nur zu ertragen, sondern auch als Bereicherung zu empfinden: dann hören Sie sich in einem solchen stillen Moment den zweiten Satz des Streichquintetts in C-Dur von Franz Schubert an. Ich wette um einen hohen Betrag, dass Sie nicht emotional unerschüttert bleiben werden!

Vielleicht lässt sich durch diese wachsende Lust an »leeren« (und das heißt ja vor allem: von Anforderungen der Mitwelt befreiten) Zeitspannen eine sich allmählich verstärkende »Kultur der Pause« ins Leben rufen, eine Kunst der sozialen Interpunktion, der Absetzung des einen Ablaufs vom anderen, was auch eine Stärkung unserer so oft überforderten Regenerationsfähigkeit zur Folge hätte.

Der französische Ethnologe Arnold van Gennep (1873–1957), dessen Profession man seinerzeit noch als »Völkerkunde« bezeichnet hat, veröffentlichte vor über einhundertzehn Jahren (1902) sein berühmtes Buch über die *rites de passage*, die Übergangsrituale. An seine Forschungen anknüpfend, ist es heute wissenschaftliches Gemeingut, dass traditionsgeleitete Gesellschaften ihre innere Struktur durch sozial festgelegte Grenzen zwischen Räumen und Zeiten befestigen. Ein Beispiel dafür ist die »Initiation« des »mannbar gewordenen« Jugendlichen.

All dies ist in unserem gegenwärtigen Gemeinwesen weitgehend »planiert« worden – auch allgemein verpflichtende Daten wie etwa das Weihnachtsfest sind im wesentlichen nur noch ein Zeitpunkt des Konsums und münden nicht selten in erhebliche soziale Spannungen, bewirken also genau das, was sie einst verhüten sollten. Dass es ein tief verwurzeltes Bedürfnis nach solchen Riten und Ritualen gibt, wird immer wieder deutlich; es hat sich zum Beispiel beim »Milenniums«- Spektakel des Jahres 2000 in aller Intensität offenbart. Für diese Inszenierungen gilt, was der Philosoph Arthur Schopenhauer über das »metaphysische Bedürfnis« und die Religionen geschrieben hat – sie schienen weniger die Befriedigung dieses Bedürfnisses, als vielmehr dessen Missbrauch zu sein.

Also müssen wir auch hier Selbstvorsorge treffen und uns eigenverantwortlich darum kümmern, im Sinne der uns wichtigen Kunst des »sozialen Interpunktierens« wieder für Rhythmen und Rituale im eigenen Leben zu sorgen – etwa das gemeinsame Kartenspiel am ersten Mittwoch im Monat, die regelmäßige Wanderschaft, die jährliche Fastenzeit. Zur Interpunktion des Daseins gehört die »schöpferische Pause« in ihrer Vielgestaltigkeit. Ebenso gehört es zu ihr, natürliche Rhythmen wie die Jahreszeiten möglichst bewusst zu erleben, der Tendenz zur »Äquilibrierung des Lebens« entgegenzutreten, auch Mangelzustände – etwa Hunger und Durst – wachen Sinnes zu erfahren und nicht sofort »auszubügeln«, wie es uns die Werbung nahelegt (»... wenn der kleine Hunger kommt«!). Die Nivellierung des Lebens zu einem beständigen Gleichmaß konstanter Temperatur und mäßiger Gefühle ist der sicherste Weg zur Verödung und Verkümmerung mitten im Leben. Unser »Weltbildapparat« ist auf den zyklischen Verlauf von Systole und Diastole, von Anspannung und befriedigender Erschlaffung geeicht, ebenso unser natürlicher Gefühlshaushalt. All dies wird durch die Verfügbarkeit rascher Befriedigung ebenso unterlaufen wie das Sättigungsgefühl durch das überall zugängliche »Fast Food«, welches das Leben und unseren Körper konturlos geraten lässt.

Ich möchte den Abschnitt beenden mit einer Aufzählung der Leitsätze einer »kleinen Schule des Genießens«, die ich schon vor fast 20 Jahren (2000) für mein Buch *Lebenskünstler leben länger* formuliert hatte:

➢ *Genuss fordert Zeit*; er muss vor Eile geschützt werden.

➢ *Genuss erfordert Konzentration auf den Genuss*; man kann nicht »nebenbei« genießen.

➢ *Genuss ist alltagstauglich*, er erfordert wenig äußeren, wohl aber inneren Aufwand (etwa die Fähigkeit, sich selber Ruhe zu gönnen.

➢ *Genuss ist statthaft!* Das ist für den Gegenwartsmenschen möglicherweise die wichtigste Regel – sich selber immer wieder deutlich zu machen: Genuss ist erlaubt, er schadet niemandem. Nur mir selber schade ich, wenn ich nicht genieße.

➤ *Genuss ist ansteckend!* Sind wir erst einmal »auf den Geschmack gekommen«, werden wir nach neuen Möglichkeiten suchen, zum Beispiel selber zu kochen, statt eine Pizza zu ordern. Oder mit unserem Partner eine neue »Stellung« auszuprobieren – sie darf durchaus »unanständig« sein, wenn beide einverstanden sind, statt einzeln oder gemeinsam vor dem Fernseher einzuschlafen.

Die Heimat

Wir alle wissen, dass für den Betrieb unseres Automobils »Wartungsintervalle« vorgeschrieben sind – regelmäßige Inspektionen und der Wechsel des Motoröls nach einer bestimmten Fahrstrecke. Außerdem müssen wir in gesetzlich vorgeschriebenen Zeitabständen zum TÜV oder einer gleichwertigen Einrichtung, die uns bescheinigt, dass das Fahrzeug weiterhin »verkehrstauglich« ist. Einen ähnlichen Aufwand zur Pflege des eigenen Seelenlebens treiben zu wollen, wirkt auf viele Mitmenschen wie eine völlig abwegige, ja absurde Idee. Doch auch unsere Seele braucht Fix- und Haltepunkte. Sie braucht ein Bezugsystem, um sich in der Welt und in der Zeit zu »verorten«, und es rächt sich, wenn wir dieser Notwendigkeit wenig oder gar keine Aufmerksamkeit schenken.

Die Mobilität der Moderne, wie wir sie im zweiten Kapitel ausführlich erörtert haben, hat einen Gegenpol. Er heißt »Heimat« und verdient ebenfalls eine eingehende Betrachtung.

Ich habe auf den vorangegangenen Seiten bereits geschildert, dass jene bis zum Wahnwitz gesteigerte soziale Mobilität der Gegenwart kaum möglich geworden wäre, hätte sie sich nicht eine beachtliche *innere (= seelische) Beweglichkeit* des Menschen zu nutze machen können. Diese Beweglichkeit bringt uns manchen Vorteil, aber sie hat durchaus auch ihre Schattenseiten. Dazu gehört ein Aspekt, den wir bislang nicht betrachtet haben. Es ist die Gefahr, dass Beweglichkeit zur *Haltlosigkeit* entarten könnte. Diese Möglichkeit hat Dichter und Denker schon immer beschäftigt. Der Mensch sei der »Freigelassene der Schöpfung«, meinte der Philosoph Johann Gottfried Herder (1744–1803), und sein jüngerer Kollege Friedrich Nietzsche (1844–1900) prägte rund einhundert Jahre später den zum Klassiker gewordenen Begriff vom »nicht festgestellten Tier«. In seiner Abhandlung über die »fröhliche Wissenschaft« ging Nietzsche dann noch einen Schritt weiter und schrieb, der Mensch sei allmählich zu einem Tiere geworden, »welches eine Existenz-Bedingung mehr als jedes andre Tier zu erfüllen hat: Der Mensch muß von Zeit zu Zeit glauben, zu wissen, warum er existiert ...« (Nietzsche, 1980b [1882/87], S. 35).

Wir werden dieses existenzielle Problem im Kapitel »Der Sinn« noch einmal aufgreifen; denn die Suche nach Sinn ist einer der wichtigsten Wege, auf denen wir nach einem Halt im Leben Ausschau halten. Einstweilen sei festgestellt, dass es ja nicht nur das antizipierende Denkvermögen, nicht nur die internalisierte Zeitrepräsentation ist, die dem Menschen mit einem Gefühl der Halt-, Boden- und Perspektivlosigkeit plagt, sondern auch das Erleben einer großen, oft konfliktträchtigen Vielfalt unseres eigenen Innenlebens. Wir fragen also nicht nur, warum wir existieren und ob es nach dem Tod »irgendwie« mit uns weitergeht; wir sind auch unsicher, wer wir eigentlich sind – ob wir unser Leben »im Griff« haben oder ob wir den vielfältigen Wirkfaktoren unseres Seelenlebens hilflos ausgeliefert sind. Und noch weniger gewiss sind die Antworten auf die Frage, wer wir werden könnten, wenn wir uns verändern wollen/sollen/müssen.

Da sind zum Beispiel, als ein großer Unsicherheitsfaktor, die Gefühle, die uns »überkommen«, ohne dass wir sie steuern können – herrschsüchtige, aber auch unstete Mächte, die sich ineinander verwandeln können, die aufeinander folgen. So können wir uns schämen, eifersüchtig zu sein, wir können aber auch Angst haben, zornig zu werden – und so fort. Dem Zeitalter der Aufklärung, dessen Wahlspruch nach einem Vorschlag des Philosophen Kant lauten sollte »Habe Mut, dich deines eigenen Verstandes zu bedienen«, galten sie als liederliche, unzuverlässige Gesellen, als Feinde der Vernunft: »Affekten und Leidenschaften unterworfen zu sein, ist wohl immer Krankheit des Gemüts, weil beides die Herrschaft der Vernunft ausschließt«, meinte eben jener Immanuel Kant in seinem Spätwerk *Anthropologie in pragmatischer Hinsicht* (Kant, 1798/1968, S. 580).[12]

Offensichtlich tendieren schon unsere biologische Ausstattung und unser »Weltbildapparat« aus sich selbst heraus, quasi konstruktionsbedingt dazu, nach Angel- und Fixpunkten zu suchen, die der Orientierung und der Synchronisierung dienlich sein können. So meinen wir, wenn wir in der Eisenbahn sitzen, in den Geräuschen der Räder und Achsen einen Rhythmus zu erkennen, der – ob-

---

12 Infolgedessen hat auch die akademische Forschung das Thema der Gefühle, Affekte oder Emotionen als gleichsam unseriös lange Zeit mit Nichtbeachtung bestraft. Der berühmte Neurobiologe Antonio R. Damasio (geb. 1944) meinte dazu rund 200 Jahre nach Kants oben zitiertem Verdikt: »Am Ende war nicht nur die Emotion nicht vernünftig, sondern auch ihre Untersuchung nicht« (Damasio, 2002, S. 54).

jektiv gesehen, wie sich durch die Untersuchung eines Tonmitschnittes feststellen lässt – darin gar nicht vorhanden ist. Wir selbst sind es, die durch aktives Vorgehen Ordnung in die oft chaotische Vielfalt unserer sinnlichen Wahrnehmungen bringen. Was wir »Wahrnehmung« nennen, ist also kein passives »Empfangen«. Es ist immer ein konstruktiver Prozess, an dessen Gestaltung wir aktiv sowohl bewusst als auch unbewusst beteiligt sind.

Sicher ist jedenfalls, dass wir in jedem Moment unseres Lebens einer wahren Flut äußerer, aber auch innerer Reize ausgesetzt sind, die unser »Seelenleben« zu bewerten, miteinander zu vergleichen und zu ordnen hat. Und es kommen ja noch die von uns abgespeicherten Erinnerungen hinzu, die ja oft keine neutralen Daten, sondern mit einer starken affektiven Tönung behaftet sind. Es ist also kein Wunder, dass gerade bei Menschen, die schreckliche Erlebnisse irgendwie bewältigen müssen – etwa sexuellen Missbrauch, Gewalt und Folter –, die ordnende Synchronisierungsleistung des Gehirns versagt und dass sie infolgedessen in einen seelischen Zustand geraten können, den man wenig präzise als »Dissoziation« bezeichnet hat. Und es verwundert ebenso wenig, dass eine vor allem von Luise Reddemann (geb. 1943) entwickelte Form des psychotherapeutischen Vorgehens großen Wert darauf legt, dass derart traumatisierte Patienten sich durch aktive seelische Bemühung einen »sicheren Ort« verschaffen können.

Was sich in der Lebens- und Leidensgeschichte des traumatisierten, von seelischer Dissoziation bedrohten Menschen in extrem zugespitzter Form offenbart, gilt freilich bis zu einem gewissen Grad für uns alle. Als »Freigelassene der Schöpfung«, als »nicht festgestellte Tiere« im Sinne Herders und Nietzsches sind wir beständig davon bedroht, »aus dem Gleichgewicht« zu geraten, und da wir alle das nicht nur ahnen, sondern in mehr oder minder dramatischer Form auch schon einmal selber durchlebt und durchlitten haben, suchen wir nach einem »sicheren Ort«, der uns als Halt oder Stütze dient. Vieles bietet sich dafür an – der Mitmensch, das Kollektiv, die politische Zielsetzung, die Religion oder »Weltanschauung«, die berufliche Aktivität, Kreativität und Kunst ... Dementsprechend könnte für eine genauere Betrachtung eine *thematische* Gliederung der menschlichen Strategien zur Lebensbewältigung versucht werden. Ich glaube aber, dass zumindest für unsere »Bedienungsanleitung« eine andere Form des Vorgehens sinnvoller ist.

Dazu bedarf es nun aber einiger Vorbemerkungen. Unser »seelischer Apparat« (als ein Teil, ein »Subsystem« des umfassenderen »Weltbildapparates«) hält, damit wir uns im Leben orientieren können, einige Fähigkeiten bereit, die im psychotherapeutischen Sprachgebrauch gerne als »Ich-Leistungen« bezeichnet werden, nicht nur von den orthodoxen Anhängern Sigmund Freuds. Auf seine erst spät vorgenommene, dann aber rasch populär gewordene Einteilung des »seelischen Apparates« in drei »Instanzen« oder »Provinzen« (das sogenannte »Strukturmodell«), nämlich »Ich«, »Es« und »Über-Ich« geht diese Begrifflichkeit letzten Endes zurück.

Aber auch, wenn man dieses dreigliedrige »Strukturmodell« im Sinne Sigmund Freuds für grob vereinfachend hält[13] – von »Ich-Leistungen« zu sprechen, die der Auseinandersetzung des Organismus mit seiner Um- und Mitwelt dienen, hat sich schulenübergreifend eingebürgert. Zu diesen »Ich-Leistungen« gehört auch jener Vorrat von Optionen, den die klassische Psychoanalyse als »Abwehrmechanismen« beschrieben hat. Auch das ist ein eher unglücklich gewählter Terminus, denn es scheint ihm eine abwertende Tönung anzuhaften. Diese Form von Abwehr, also auch von »Verdrängung« etc., haben wir nämlich alle bitter nötig, um unser Alltagsleben meistern zu können.

Diese »Ich-Leistungen«, die der Realitätsbewältigung dienen, eignen wir uns schon in früher Kindheit an, und ob wir darin erfolgreich sind, hängt in hohem Maße von unseren frühen Bindungserfahrungen ab. Sind wir im Verhältnis zu unseren ersten Bezugspersonen – es muss sich dabei nicht um die leibliche Mutter handeln – nicht »sicher gebunden«, werden wir möglicherweise sogar Opfer von Gewalt, sexuellem Missbrauch oder anderen Übergriffen, so tun wir uns später schwer; möglicherweise leiden wir an dem, was in heutiger Terminologie eine »Persönlichkeitsstörung« genannt wird, und diese Störungen, zu denen auch die berühmt-berüchtigte »Borderline-Störung« (korrekt: »emotional instabile Persönlichkeit«) gehört, zeichnen sich eben dadurch aus, dass über die genannten »Ich-Leistungen« nur in unzureichendem Maß verfügt werden kann. Dies führt in der Regel nicht nur zur seelischen Instabilität, sondern auch zu oft erheblichen Konflikten mit der Mitwelt.

Aber alle Anwendungen unserer Ich-Leistungen, wie schlecht oder gut diese nun auch immer ausgebildet sein mögen, finden nicht in einem luftleeren Raum statt, sondern in einem spezifischen Kontext, in einem sozialen Umfeld. Dieses Feld wiederum beeinflusst die Art und Weise des Gebrauchs, den wir von unseren Fähigkeiten machen. Und gerade in der Gegenwartsgesellschaft geschieht

---

13 Es ist in der Tat nicht möglich, alles, was wir heute über das »Seelenleben« wissen, in diesen drei »Schubladen« unterzubringen; zudem steht aus heutiger Sicht eher die *Funktion* im Zentrum des Interesses, und die Struktur, auf der sie fußt, ist für diese Funktion nicht von Bedeutung (so, wie die Bedeutung eines Signals nicht mit dem materiellen Träger zusammenfällt, mit dessen Hilfe das Signal übermittelt wird. Mehr dazu in meiner *Systemtheorie des Seelenlebens.*

dies in einer sehr typischen Form, die genauer zu betrachten durchaus lohnend ist.

Der amerikanische Soziologe David Riesman (1909–2002) hat im Jahr 1950 mit mehreren Mitautoren die berühmte Studie *Die einsame Masse* herausgegeben, in der er die These vertritt, dass der »soziale Charakter« über Jahrtausende hinweg »traditionsgeleitet« gewesen ist; am Ende des (europäischen) Mittelalters wurde diese Steuerung des Sozialverhaltens nach Meinung des Wissenschaftlerteams von einer »Innenleitung« abgelöst[14], auf die mit der Entwicklung der »Konsumgesellschaft« in der ersten Hälfte des 20. Jahrhunderts und zunächst in den USA wiederum eine Ära der »Außenleitung« (im amerikanischen Original: »otherdirected«) folgte. »Der Außengeleitete beobachtet ständig sein soziales Umfeld, um durch Anpassung soziale Anerkennung und Zugehörigkeit zu erfahren«, fasst Wolfgang König (geb. 1949) in seiner sehr lesenswerten *Geschichte der Konsumgesellschaft* zusammen (König, 2000, S. 23). In diesem Rahmen setzt er auch seine Ich-Leistungen ein – mit dem Ziel, »narzisstische« Zufuhr und damit auch eine Stützung der eigenen Identität zu erlangen.

Doch dieses Projekt ist nur mit großer Mühe und erheblichem Aufwand zu verwirklichen – wenn überhaupt je. Der »außengeleitete«, also strikt auf die Reaktion der anderen ausgerichtete Mensch gleicht jenem Pferd, dem sein Reiter mit einer Stange und einer daran befestigten Schnur eine Mohrrübe vor die Nase hält. Er wird das begehrte Ziel nie erreichen können. Ironischerweise gibt es in diesem Bild für das Pferd aber doch eine Möglichkeit, an die Mohrrübe zu gelangen: wenn es den Reiter abwirft.

Aus dieser berühmten Studie Riesmans (sie war der erste soziologische »Weltbestseller«) ist später vieles in die Schilderung des »narzisstischen Menschen« hinübergeflossen. Dabei handelt es sich um einen Menschen, dem die eigene Größe und Geltung alles bedeuten und der als »Typus« insbesondere nach Ansicht etlicher Soziologen für die Gegenwart typisch ist (so etwa der Philosoph Christopher Lasch, 1932–1994, in seinem Bestseller *Das Zeitalter des Narzissmus* (1979, deutsch 1982). Scharsad Amiri, der dieser geistesgeschichtlichen Entwick-

---

14 Riesmans Theorie berührt sich mit der eines anderen berühmten Soziologen, Norbert Elias (1897–1990), ohne freilich mit ihr deckungsgleich zu sein. Das von Elias 1939 verfasste zweibändige Werk *Der Prozeß der Zivilisation* war zwar schon 1939 erschienen, wurde aber erst durch seine Neuausgabe 1969 international bekannt. Elias vertritt darin die These, dass der Zivilisationsprozess durch eine Entwicklung »vom Fremdzwang zum Eigenzwang« gekennzeichnet sei, also durch eine wachsende Verinnerlichung von Normen, gesteigerte Affektkontrolle und Selbstdisziplin etc.

lung seine umfängliche Studie *Narzißmus im Zivilisationsprozeß* gewidmet hat (Amiri, 2008), fasst die Lage – dabei absichtsvoll mehrere bekannte moderne Autoren, zum Beispiel Richard Sennett und Ulrich Beck, miteinander verschmelzend – folgendermaßen zusammen:

> »Das postmoderne Individuum ist ruhelos und getrieben von der endlosen Suche nach Anerkennung und Selbstachtung und von der Suche nach Mitteln und Lehrern zur Verstärkung, Vertiefung und Intensivierung der Gefühle, die bedingt ist durch seinen steigenden Appetit nach immer intensiveren Erfahrungen und immer neuen Erlebnissen. Er leidet an einem chronischen Mangel an Ressourcen zum Aufbau dauerhafter Identität« (Amiri, 2008, S. 149).

Man kann diese missliche Sachlage freilich auch aus quasi »umgedrehter« Perspektive betrachten. Dann entsteht das folgende Bild:

Die Kultur der Moderne, das kulturelle Ensemble unserer technokratischen Multi-Options-Gesellschaft, wirkt gerade durch ihre verwirrende Überfülle an Angeboten, Stimuli und Möglichkeiten wie eine gigantische Vakuum-Pumpe, ein »Exhauster«, der durch seinen Sog unsere innere Stabilisierung durch traditionelle »Ich-Leistungen« aus ihrer Balance wirbelt. Und wenn diese Stabilisierungsvorgänge nicht mehr oder nur noch unzureichend funktionieren, wird es äußeren Instanzen leicht gemacht, die Kontrolle über unser inneres Leben zu übernehmen. Es ist infolgedessen nicht mehr – oder jedenfalls nur noch vergleichsweise selten – der klassische »neurotische Konflikt« mit seinem Folgeerscheinungen (etwa den von Sigmund Freud und Joseph Breuer im Jahr 1895 gemeinsam beschriebenen »Konversionssymptomen), der die seelische Realität der Menschen von heute bestimmt, sondern die auf das verzweifelte Bemühen nach »Dabei-Sein«, nach Mit-Tun immer öfter folgende Ermattung, die Erschöpfung, das »Burnout-Syndrom« und die depressiven Herabgestimmtheiten aller Art. Überforderung und Übermüdung sind die Konsequenz unseres sozialen Lebens, nicht innerer Zwiespalt, nicht mehr der Widerstreit von »Pflicht und Neigung«, wie es in der Sprache der Klassiker und des deutschen Idealismus hieß. An die Stelle von »Herkules am Scheidewege« tritt »Herkules, der Überforderte und Ausgebrannte« – ein trauriger Held der Gegenwart, der sich in seinem Wunsch nach Ruhm und Anerkennung, nach erfolgreichem Mithalten im Lebenskampf schlicht und einfach zu viel zugemutet hat. Wir sind nicht mehr ambivalent, nicht mehr hin- und hergerissen zwischen Wunsch und Moral, wir sind schlicht und einfach überfordert mit der Meisterung unseres Alltags, und wir brennen infolgedessen irgendwann aus.

Der französische Soziologe Alain Ehrenberg (geb. 1950) schildert in seiner breit angelegte Studie über Depression und Gesellschaft mit dem bezeichnenden Titel *Das erschöpfte Selbst* (deutsch 2004) ausführlich diesen »Kontext sich wandelnder Normen«, wobei er – wie David Riesman 50 Jahre zuvor – einen besonders gravierenden Wandel für die Zeit nach dem Zweiten Weltkrieg und insbesondere nach 1960 annimmt, also für die Epoche der jetzt in das Stadium ihrer vollen Blüte eintretenden »Konsumgesellschaft«:

> »Die traditionellen Regeln zur Eingrenzung des individuellen Verhaltens werden nicht mehr akzeptiert, und das Recht, selbst zu entscheiden, welches Leben man führen möchte, schlägt sich im Verhalten nieder [...]. An die Stelle von Disziplin und Gehorsam treten die Unabhängigkeit von gesellschaftlichen Beschränkungen und das sich Verlassen auf sich selbst; an die Stelle der Endlichkeit und des Schicksals, mit dem man sich abfinden muss, die Vorstellung, dass alles möglich ist; an die Stelle der alten bürgerlichen Schuld und des Kampfes um die Befreiung vom väterlichen Gesetz (Ödipus) die Angst, nicht auf der Höhe zu sein, und die Leere und Ohnmacht, die daraus resultieren« (Ehrenberg, 2004, S. 121).

Depression resultiert, so Ehrenberg, letztlich aus dem Zurückbleiben hinter den Ansprüchen an sich selbst:

> »Die Depression kann als etwas gesehen werden, das die psychische Dimension der Probleme benennt, die eine Person an ihrer persönlichen Initiative misst und die die Frage der persönlichen Entfaltung über die Frage von Verboten stellt; oder anders ausgedrückt, eine Gesellschaft, in der jeder sein eigener Herrscher ist und sich dadurch mit der Frage der unbegrenzten Möglichkeiten konfrontiert sieht. Die beiden Gegensätze erlaubt/verboten, die das Herz der neurotischen Problematik sind, gehen nun auf in der Polarität möglich/unmöglich« (ebd.).

Die Depression erweist sich so in ihrem Kern als eine Krankheit, in deren Zentrum das Gefühl der Insuffizienz und nicht mehr das der Schuld steht.

Ziehen wir ein vorläufiges Fazit: Der Mensch der Moderne ringt mit allen Mitteln, oft schon am Rande der Erschöpfung, ausgepowert und ausgebrannt, um die eigene Bedeutung. Und die ergibt sich daraus, so glauben nicht wenige, wie unser Selbst sich im Blick der anderen spiegelt. Eine derartige *Angst vor der Bedeutungslosigkeit* – so der Titel eines hochaktuellen und sehr lesenswerten Buches von Carlo Strenger – gehört in der Tat zu den massivsten Ängsten der »außengeleiteten« Mitmenschen unserer Epoche (vgl. Strenger, 2016). Weniger der innere Konflikt, sondern die nach außen zur Schau gestellte Identität zeitigen die schwersten Lebensprobleme des Gegenwartsmenschen, und was diese Identität schwer beeinträchtigen kann, ist in erster Linie das durch die »Angst vor der Bedeutungslosigkeit« genährte Insuffienzgefühl und -erleben.

Damit ist nun schon zum zweiten Mal ein wichtiges Stichwort gefallen – der Begriff der »Identität«.

Das Gefühl, eine Identität zu besitzen, gibt uns inneren Halt. Aber sich einer solchen Identität zu versichern, ist gerade in den modernen, »außengeleiteten« Zeiten offensichtlich zu einem immer schwierigerem Geschäft geworden. Nicht zuletzt infolge der beständig gesteigerten Mobilität schleppt das Individuum auch eine immer umfänglichere Menge an »ungelebtem Leben«, möglicherweise sogar an vertanen Chancen mit sich herum. Der bereits erwähnte berühmte Soziologe Norbert Elias hat dieses Faktum so in Worte gefasst:

>»Der Weg, den der einzelne in hoch differenzierten Gesellschaften zu gehen hat [...] ist außerordentlich reich verästelt, wenn auch gewiß nicht in gleichem Maße für Individuen verschiedener sozialer Schichten; er führt an einer großen Anzahl von Weggabelungen und Kreuzwegen vorbei, an denen man sich zu entscheiden hat, ob man hierhin oder dorthin geht. Falls man zurückblickt, kann man leicht in Zweifel geraten: Hätte ich nicht damals den anderen Weg einschlagen sollen? Habe ich nicht damals alle die Möglichkeiten, die ich hatte, vernachlässigt? Nun habe ich dies erreicht, habe dies und das anderen gegeben, bin für dies und das Spezialist geworden. Habe ich nicht viele andere Gaben, die ich hatte verdorren lassen? Und vieles beiseite gestellt, was ich zu tun vermocht hätte?« (Elias, 1987, S. 178)

Wir müssen uns freilich vor Augen halten, dass diese – wie auch immer en détail zu definierende – Identität allem Anschein nach kein Zustand ist, nach dessen Herbeiführung wir zufrieden die Hände in den Schoß legen könnten. Viel mehr handelt es sich um ein unser beständiges Bemühen regulierendes Ziel und dem Prozess unseres Strebens nach solcher Identität wohnt stets ein bestimmtes Maß an Instabilität inne. »Der stabile Zustand eines Organismus ist es, tot zu sein«, hat der »Vater der Kybernetik«, Norbert Wiener (1894–1964) einmal angemerkt (Wiener, 1963 [1948], S. 101). Das soll heißen, dass das Gelingen dieses Prozesses stets mehr oder weniger gefährdet ist. Für das in meinen Augen allenthalben deutlich zu erkennende Faktum, dass der modernen Industriegesellschaft ein nicht unerhebliches »Mehr« an Gefahren für ein erfolgreiches Identitätsstreben innewohnt als früheren Epochen sind, so weit ich sehe, vor allem drei Entwicklungslinien verantwortlich:

➤ *Erstens* schaltet der Mensch in immer vielfältigerer Art und Weise die Kunstwelt der Technik (und die von dieser erzeugte »virtuelle Realität«) als »sekundäres System« zwischen sich und die Natur, von der er sich auf diese Weise immer weiter und immer schneller entfernt. Der Gestaltwandel der Uhren – das Zeiterleben ist eine der wesentlichen Dimensionen des Identitätsstrebens – kann hierfür als Beispiel dienen. Die Sanduhr lieferte eine unmittelbare Darstellung des »Verrinnens« der Zeit; die Sonnenuhr machte schon dem bloßen Augenschein deutlich, inwiefern sie »nur die heit'ren Stunden« zählt. Das runde Ziffernblatt als Hintergrund der kreisförmigen Bewegung des Zeigers stellte ein recht genaues Abbild jener zyklischen Abläufe dar, die es repräsentieren sollte. Die moderne Digitaluhr jedoch, wie sie in jeden Computerbildschirm integriert ist, konfrontiert uns nur noch mit einem Stakkato, mit einem »Trommelfeuer« einzelner Zeitquanten, die jeden Bezug zu ihrer Umwelt verloren haben. Sie ist also ein passendes Gerät für Menschen, die einen großen Teil des Tages unter Kunstlicht arbeiten, also unter technisch konstant gehaltenen (»äquilibrierten«) Daseinsbedingungen unter denen Sommer und Winter, Tag und Nacht gleichförmig sind – jedenfalls, so lange die Klimaanlage funktioniert. Der immer stärkeren Bindung an die Technik steht die Verminderung zwischenmenschlicher Kontakte gegenüber. Mit der Fähigkeit, am Bildschirm Städte entstehen zu lassen und fremde Heere zu besiegen, geht oft genug eine reale Vereinsamung einher.

➤ *Zweitens* entfernt der in exponentiellem Wachstum an Umfang zunehmende Bestand an Wissen, Überlieferungen, Traditionen, Weltbildern etc. sich mehr und mehr von der Aneignungskapazität unseres begrenzten Lebensspielraums. Wie eifrig wir auch lesen und wie viele Fortbildungsveranstaltungen oder Internetforen wir besuchen mögen – die sich immer weiter beschleunigende und vermehrende Kulturproduktion enteilt unserer Fähigkeit, uns Wissen und Kenntnisse anzueignen. Niemand kann heutigen Tages alles gelesen haben, was jemals und irgendwo über, beispielsweise, den Begriff »Neurose« geschrieben worden ist. Selektive Aneignung, also immer stärkere Spezialisierung, ist in der Gegenwart eine Überlebensnotwendigkeit – niemand ist heute mehr »auf der Höhe der Zeit«.

➤ *Drittens*: Mit der relativen Einengung des uns möglichen Ausschnitts am immer unübersichtlichen Vorrat an Wissen, Werten und Meinungen geht der rapide Verlust an Bindungskraft einher, den die überkommenen Bindungsträger – die Soziologen sprechen auch von den Reservoiren der

Sinnstiftung – erlitten haben und weiter erleiden. Die vielbeschworene »Renaissance des Glaubens« wirkt angesichts der Wucht der Fakten eher wie ein hilfloser, vergeblicher Versuch, sich wieder auf den Boden fester Sinngebung stellen zu wollen. Die Tatsache, wie rasch in einer individuellen Biografie die Weltanschauungen einander ablösen können, mag hinreichend verdeutlichen, wie sehr die frühere fraglose *Gewissheit* einer modernen *Beliebigkeit* gewichen ist. Es gibt in der pluralistischen Gegenwartsgesellschaft, so ein berühmtes Bonmot, »nur noch einen Konsens, nämlich den, dass es keinen Konsens mehr gibt«. Hier dürfte ein gesellschaftliches Entwicklungsstadium erreicht sein, hinter dass das menschliche Zusammenleben – man mag dies begrüßen oder bedauern – nie mehr zurückfallen kann. Prosaisch ausgedrückt: ist die Zahnpasta erst einmal aus der Tube herausgedrückt, lässt sie sich nicht mehr nach innen befördern.

Ich hoffe, mit dieser kurzen Skizze ist hinreichend deutlich geworden, wie schwierig das Geschäft der Identitätsfindung in der Gegenwartsgesellschaft geraten ist.

Aber was hat all dies – die Ich-Leistungen eines Menschen, sein möglicherweise »außengeleiteter« sozialer Charakter, seine Schwierigkeiten bei der Ausbildung einer stabilen Identität – mit »Heimat« zu tun?

Die Frage lässt sich leicht beantworten, wenn man von der folgenden Aufteilung ausgeht: Unter den Versuchen des Menschen, sich und seinem Seelenleben während seines nicht einfachen Erdendaseins Halt und Stütze zu verschaffen, lassen sich – wie ich glaube – drei große Themenkomplexe unterscheiden:

➢ *Erstens* die Neigung, sich an andere Personen zu binden – sie wird im nächsten Kapitel unter dem Stichwort »Das Miteinander« behandelt.

➢ *Zweitens* die Einbindung des eigenen Lebens in gedankliche Entwürfe und kulturelle Schöpfungen, also Religionen (»re-ligio« heißt wörtlich Rück-Bindung), Weltanschauungen, aber auch mit Wissenschaft und Kunst. Dieses Thema bildet den Gegenstand des Kapitels »Der Sinn«.

➢ *Drittens* gibt es noch eine Art von seelischer »Bodenhaftung«, für die ich als Sammelbezeichnung eben jenes Wort »Heimat« benutze – unser Thema im vorliegenden Kapitel.

Ein heute weitgehend vergessener Pädagoge, Eduard Spranger (1882–1963), hat die hier geschilderte Tendenz meisterhaft in Worte gefasst, als er Heimat als »geistiges Wurzelgefühl« bezeichnete (Spranger, 1949). Natürlich ist das Wort durch die Blut-und-Boden-Ideologie der Nationalsozialisten belastet worden, aber davon sollten wir uns nicht dazu verleiten lassen, es voreilig auf den Müllhaufen der Ideengeschichte zu werfen. Denn auf die eine oder andere Form von »Wurzelgefühl« ist der Mensch, wie es scheint, dringlich angewiesen.

Wenn ich hier den Begriff »Heimat« benutze, dann meine ich freilich nicht das volkstümelnde »Vor meinem Vaterhaus stand eine Linde« des deutschen Männergesangs. Worauf es mir ankommt, ist die räumlich-topografische Dimension des Koordinatensystems, in das wir selbstbestimmt (wie ein Pferd, das den Reiter abgeworfen hat) unser Seelenleben einordnen. Und da gibt es zwei eindeutig benenn- und beschreibbare Fixpunkte, nämlich erstens unseren Körper und zweitens die uns umgebende Natur. Heimat im auf diesen Seiten gemeinten Sinn gewinnen wir, wenn es uns gelingt, im eigenen Körper und in der Natur zu Hause zu sein. Dazu gehört freilich auch ein neues Bewusstsein für die zyklischen Lebensvorgänge in uns und um uns herum – und ein schrittweiser Verzicht auf den zerstörerischen Raubbau, mit dem wir uns selber Schaden zufügen und unsere Umwelt zerstören. Dadurch – Einzelheiten sind im Abschnitt »Praktische Nutzanwendung« nachzulesen – kann es dann gelingen, auch das eigene Seelenleben besser in Balance zu bringen.

Wenn man will, kann man diesen Gedankengang bis zu einem Punkt fortsetzen, wo er in den Entwurf politischer Utopien übergeht. Solche Utopien sind heute aus der Mode gekommen, was schade ist. Es fehlt mir hier der Raum, viel zu ihrer Ehrenrettung zu sagen. Ich möchte mich deshalb damit bescheiden, die berühmten Sätze zu zitieren, mit denen der Philosoph Ernst Bloch (1885–1977) sein Spät- und Hauptwerk *Das Prinzip Hoffnung* enden lässt:

> »Die wirkliche Genesis ist nicht am Anfang, sondern am Ende, und sie beginnt erst anzufangen, wenn Gesellschaft und Dasein radikal werden, das heißt sich an der Wurzel fassen. Die Wurzel der Geschichte aber ist der arbeitende, schaffende, die Gegebenheiten umbildende und überholende Mensch. Hat er sich erfaßt und das Seine ohne Entäußerung und Entfremdung in realer Demokratie begründet, so entsteht in der Welt etwas, das allen in die Kindheit scheint und worin noch niemand war: Heimat« (Bloch, 1993 [1959], S. 1628).

Theoretische Übersicht

Jeder Mensch ist während der gesamten Dauer seines Erdendaseins genötigt, sich nicht nur mit seiner Umwelt und seinen Mitmenschen, sondern auch mit sich selber auseinanderzusetzen.

Dazu gehört auch das Ringen um die eigene Identität – also der Versuch, eine möglichst nachhaltige Antwort auf die Fragen: »Wer bin ich?«, »Was macht mein eigentliches Wesen aus?« zu finden.

Der Auseinandersetzung mit unserer Mitwelt, aber auch mit uns selbst dienen bestimmte Fähigkeiten, die gerne mit dem Begriff »Ich-Leistungen« zusammengefasst werden. Diese Ich-Leistungen stehen aber nicht nur den Forderungen von Umwelt und Mitmenschen gegenüber, sondern auch den inneren Wirkfaktoren unserer Seele. Hier ist zum Beispiel jene Instanz zu nennen, die Freud so prägnant wie wirkungsvoll das »Über-Ich« genannt hat. Es handelt sich aber, wie wir heute wissen, dabei nicht um einen einheitlichen Mechanismus, sondern um eine Fülle verinnerlichter, bewertender Funktionen. Wie unsere Ich-Leistungen, erwerben wir auch diesen »inneren Richter« durch soziales Lernen von frühester Kindheit an.

Dieser Vorgang kann mehr oder weniger erfolgreich verlaufen. In jedem Fall aber wird er durch das soziale Klima, den Lebensstil der Gesellschaft mit geprägt.

Zu diesen sogenannten Ich-Leistungen gehören (unter anderem) die Selbst-Wahrnehmung und Selbst-Steuerung, das Bemühen um die Regulation des Selbstwertgefühls, die Fähigkeit zur Wahrnehmung des anderen und zur Einfühlung in seine eigene innere Welt und schließlich auch die Fähigkeit zur Verdrängung und die Vielzahl der weiteren »Abwehrmechanismen«, die wertneutraler auch als »Lebensbalancen« oder »Coping-Strategien« bezeichnet werden. All diese bewältigenden Ich-Leistungen entfalten sich allerdings im ständigen Wechselspiel nicht nur mit unseren Antrieben (wie Hunger, Durst oder Schlafbedürfnis) und unseren Motivationen (wie dem Bedürfnis nach mitmenschlicher Bindung), sondern auch mit dem von Freud als »Über-Ich« zusammengefassten Ensemble internalisierter Bewertungsprozeduren. Hierzu gehören die verinnerlichten Normen und ihr seelischer Niederschlag, die »Moral« bzw. die »Stimme des Gewissens«, die uns warnt, gegen diese Normen zu verstoßen. Ebenfalls ein Teil des Über-Ich ist aber das Ideal vom Selbst – das Wunschbild, wie ich sein möchte und wie ich in den Augen der anderen erscheinen will.

Die inneren Konflikte, die sich aus alledem ergeben können, sind massiv – und äußerst vielfältig. Ein Beispiel: Mein Selbst-Ideal ist es jahrelang gewesen, ein berühmter, international anerkannter Mediziner zu werden – und ich werde diesem Ideal nur dann näher kommen, wenn ich Ich-Leistungen wie Frustrationstoleranz und Durchhaltevermögen in ausreichendem Maße zu mobilisieren weiß. Aber möglicherweise geraten irgendwann mein moralischer Anspruch (die verinnerlichte Norm) und mein Selbst-Ideal (die wissenschaftliche Karriere) miteinander in Widerspruch – etwa dann, wenn ein ethisch höchst fragwürdiger Menschenversuch oder gar die Fälschung experimenteller Daten mich meinem

Ziel näher bringen könnten, ich dessen Erreichen aber mit »Gewissensbissen« bezahlen muss. Die Erfahrung lehrt allerdings, dass es immer wieder Menschen gibt, bei denen der eine Teil des Über-Ich sehr ambitioniert ausgebildet ist und die Stimme des Gewissens mühelos übertönen kann.

Für David Riesman und seine Mitarbeiter galten im Jahr 1950 die »traditions-geleiteten« Gesellschaften als solche, in denen das *Schamgefühl* sozial abweichen-des Verhalten in die Schranken wies oder gegebenenfalls bestrafte. Beispiele aus der Geschichte wären der japanische Samurai, der sich zur Selbsttötung (»Seppu-ku«, fälschlich oft »Harakiri« genannt) verpflichtet fühlt, wenn er »sein Gesicht verloren« hat, oder der griechische Held Aias, der sich ebenfalls selbst tötete, nachdem er in einem Anfall geistiger Umnachtung eine Schafherde niedermet-zelte – eigentlich hatte er die griechischen Heerführer töten wollen, weil sie die Waffen des toten Achill nicht ihm, sondern dem Odysseus zugesprochen hatten![15]

Die zu diesen Zeiten wegweisende soziale Tradition bot – über Jahrtausende hinweg – ohne Zweifel so etwas wie eine »seelische Heimat« von über weite Strecken fragloser Gewissheit der gemeinschaftlichen Wertvorstellungen wenn auch für den Preis hoher sozialer Kontrolle.

Für die nach dem Mittelalter zunächst in Europa und später in den USA sich herausbildenden »innengeleiteten« Kulturen ist das Schuldgefühl charak-teristisch. Der typische Konflikt ist der zwischen »Pflicht und Neigung«, wie es in der Sprache der deutschen Klassik heißt. Auch bei Sigmund Freud spielt er die entscheidende Rolle bei der Entstehung der Psychoneurosen. Ein libidinöser, meist sexueller, Impuls darf nicht gelebt werden, weil er den sozialen Konventio-nen widerspricht. Er wird verdrängt, offenbart sich aber »unerledigt« in den Symptomen von Krankheitswert.

Und heute, wo unser »sozialer Charakter«, also das Ensemble unserer Le-bensstrategien weitgehend außengeleitet zu sein scheint, »directed by the other«?

Ein großes, wenn nicht das größte Problem besteht darin, dass wir uns Nor-men, Regeln und Moden unterwerfen, denen wir oft in einer inneren Distanz gegenüberstehen. Die empfohlenen Leitlinien für das Verhalten (»was gerade angesagt ist«), wechseln rasch und nicht selten willkürlich; wir begreifen im Grunde nicht, warum und wieso, meinen aber meist, zumindest aus Opportuni-tätsgründen im »Mainstream« mitschwimmen zu müssen.

---

15 Die oft zitierte Unterscheidung von japanischer Scham- und europäisch/amerikanischer Schuldkultur hat zuerst die Anthropologin Ruth Benedict (1887–1948) in ihrem Buch *Die Chrysantheme und das Schwert* (1949) getroffen; der Altertumswissenschaftler Eric Robert-son Dodds (1893–1979) hat wenig später in seiner Monografie *Die Griechen und das Irra-tionale* (1951) die These von der Existenz einer (alt)griechischen Schamkultur vorgetragen.

Durch all das werden unsere Ich-Leistungen aufs äußerste überbeansprucht – kein Wunder, dass unsere Gesellschaft von einer Epidemie von »Burn-out«-Erkrankungen heimgesucht wird. Dem allmählichen »Ausbrennen«, dem Versiegen von Kraft und Ausdauer, fallen indes gerade Menschen mit einem hohen Anspruchsniveau zum Opfer, also diejenigen, die es sich nicht verzeihen können, wenn die Realität hinter dem Selbst-Ideal zurückbleibt und die auf diese Diskrepanz mit gesteigerter Anstrengung reagieren. Solche Menschen haben wie das Pferd »Boxer« in George Orwells Fabel *Farm der Tiere* im Grunde nur zwei Leitsätze: Erstens »Der Große Vorsitzende hat immer Recht« (sprich: »ich muss den sozialen Anforderungen an mich auf jeden Fall genügen«) und zweitens »Ich werde noch härter an mir arbeiten«! Aber Boxer geht es schlecht, das Pferd bricht zusammen und landet beim Abdecker. Viele Mitmenschen sehen es offenbar als den Gipfelpunkt rationalen Sozialverhaltens an, zielstrebig ein ähnliches Schicksal anzusteuern.

Versuche, aus der verqueren Welt des Leistens und der Pflichten, in der man nie genug tun kann, wieder auszubrechen und in der Vertrautheit mit dem eigenen Körper und der Natur jenen Halt zu finden, der sich in der außengeleiteten Alltagswelt nun einmal nicht finden lässt, sind möglich! Sie bauen letztlich auf den uns allen gegebenen (wenngleich in unterschiedlichen Maßen verfügbaren) Erinnerungsspuren auf. Dabei handelt es sich um Erinnerungen an jene primäre, ganzheitliche Vertrautheit, die uns als Kindern vor dem Zeitpunkt des Spracherwerbs (mit dem auch das Über-Ich zur vollen Größe aufgerichtet wird) gegeben war. Der berühmte Psychoanalytiker und Säuglingsforscher Daniel Stern (1934–2012) schreibt über die Bedeutung des Spracherwerbs für das heranwachsende Kind: »Was nun allmählich verloren geht (oder latent wird), ist gewaltig; was hinzugewonnen wird, ist ebenfalls gewaltig. Das Kind findet Eingang in eine größere Kulturgemeinschaft, aber mit dem Risiko, die Kraft und die Ganzheit des ursprünglichen Erlebens einzubüßen« (Stern, 1993, S. 251).

Diese von Daniel Stern erwähnte »Kraft und Ganzheit« des ursprünglich-vorsprachlichen kindlichen Erlebens[16] lässt sich tendenziell bewahren oder wie-

---

16 Fast jeder Erwachsene, der ein Kind beim Spielen beobachtet – ein Kind, das in sein Spiel so versunken ist, das es den Beobachter gar nicht bemerkt – reagiert mit einer Mischung aus Wehmut und leisem Neid. Für das Kind sind seine zehn Bauklötze die Welt. Warum ist uns diese Intensität nicht mehr möglich? Sehr poetisch hat Orson Welles dieses Thema in seinem berühmten Film *Citizen Kane* (1941) abgehandelt. Der Multimillionär Kane erkennt am Ende seines Lebens, dass nichts von dem, was er erreicht hat, der Freude beim kindlichen Schlittenfahren gleichkam. »Rosebud«, der Name seines Schlittens, ist sein letztes Wort auf dem Sterbebett.

dergewinnen – allerdings nicht im Umgang mit anderen Menschen. Gerade deshalb sollten wir uns stets im Klaren sein: Unser »Über-Ich« ist nicht Gottes Wort, sondern Menschenwerk. Wir nehmen es vielleicht nicht genügend ernst, wenn es um moralische Maßstäbe geht – aber wir schätzen seine Autorität für gar zu groß ein und folgen ihr allzu blindlings, wenn sie von uns verlangt, uns nach dem Motto »Dabei sein ist alles« den hektischen Zeitläufen anzupassen.

Und die Konsequenz? Um unser Seelenleben von unnötigen Lasten zu befreien, sollten wir lieber auf den Erzindividualisten Henry David Thoreau hören (übrigens auch der Schöpfer des Begriffs »ziviler Ungehorsam«, an dem sich Mahatma Gandhi und Martin Luther King orientiert haben), der nach Abschluss seines bereits geschilderten »Hüttenlebens« in den Jahren 1845 bis 1847 schrieb:

> »Warum haben wir es alle so verzweifelt eilig, zu Erfolg zu kommen, noch dazu in so verzweifelten Unternehmungen? Wenn einer nicht Schritt hält mit den anderen, rührt das vielleicht daher, dass er auf einen anderen Trommler hört. Jeder richte seine Schritte nach der Musik, die er vernimmt, mag sie noch so gemessen und leise klingen [...]. Warum soll einer, kaum ist er geboren, damit anfangen, sein Grab zu schaufeln? Warum sich mit Hab und Gut abplagen, statt ein menschenwürdiges Leben zu führen, so gut es geht?« (Thoreau, 1972 [1854], S. 457, S. 8)

Praktische Nutzanwendung

Der berühmte Sänger Peter Schreier erzählte einem »Künstlergespräch« während der »Schubertiade Schwarzenberg« (Juni 2009), wie er am Anfang seiner Karriere, die mit der Rolle des Belmont in Mozarts Oper *Die Entführung aus dem Serail* begonnen hatte, sein erhebliches Lampenfieber unter Kontrolle zu halten versuchte. Vor der nicht einfachen Arie »Hier soll ich dich nun sehen, Constanze«, die Belmont bei seinem ersten Auftritt zu singen hat, bemühte Schreier sich, sich ausschließlich auf die Freude des Belmont beim von ihm ersehnten Wiedersehen der Geliebten zu konzentrieren, und alles andere – Gesang, Bühne und Publikum – über dieser Wiedersehensfreude zu vergessen.

So etwas ist tatsächlich möglich, und in der alltäglichen Arbeit mit meinen Patienten greife ich desöfteren auf solche Empfehlungen zurück. Wir können uns zu dem, was uns bedrohen, quälen und gefährden könnte, aktiv einen Gegenpol schaffen, einen seelischen Stütz- und Haltepunkt.

Eine Patientin berichtet, noch immer quäle sie die Erinnerung an den Tod des damals 17-jährigen Sohnes vor fünf Jahren. Das Bild, wie der Tote friedlich, wie schlafend, auf einem Operationstisch gelegen habe, verfolge sie immer wieder. Es helfe ihr dann sehr, sich eine von den schönen Situationen vorzustellen, die sie mit ihrem Sohn habe erleben dürfen – das halte das Grauen gleichsam in Schach ...

Wenn wir uns, warum auch immer, einer belastenden Situation aussetzen müssen – etwa einer Prüfung, einem Vorstellungsgespräch, dem Agieren »auf offener Bühne« – können wir uns innerlich darauf konzentrieren, dass wir solche, vielleicht ganz ähnliche Situationen ja schon überstanden, eventuell sogar meistert haben. Und wenn wir uns davor fürchten, Scham zu empfinden oder traurig zu werden, dann können wir dem die Erinnerung an Situationen großer Freude entgegensetzen, die Vergegenwärtigung dessen, worauf wir stolz sind.

Besser ist es natürlich, über einen dauerhaften »sicheren Ort« zu verfügen, über eine seelische Heimat von bleibendem Wert.

Ich habe oben schon angedeutet, dass wir unseren Körper als Dreh- und Angelpunkt unseres seelischen Lebens nutzen können, indem wir besser lernen »im Körper zu Hause« zu sein. Dazu gehört unbedingt eine *Schulung der Sinne,* für die als Vorbedingung wiederum häufig eine *Entschleunigung des Daseins* die notwendige Voraussetzung ist. Man vergleiche eine Reise mit dem Flugzeug mit einer Fahrt mit dem Auto und einer mit dem Fahrrad. Je höher die Geschwindigkeit, desto gleichförmiger, desto weniger intensiv die Sinneseindrücke. Ähnliches gilt auch für den Geschmack. Er wird in seiner Intensität geschult, also wenn ich mehr Zeit für die Zubereitung meiner Mahlzeiten verwende und nur noch dann auf Fertigprodukte zurückgreife, wenn es unbedingt nötig ist. Zu den zyklischen Lebensvorgängen gehört es auch, zum Beispiel *Hunger zu spüren* und auch für eine gewisse Dauer auszuhalten. Über Jahrtausende hinweg und quer durch alle Kulturkreise haben die Menschen die Erfahrung der Selbstversenkung immer wieder mit *Fasten* und *Stille* verbunden, und auch uns stehen diese Wege offen, um wieder mehr zu uns selbst zu finden. Möglicherweise werden wir nach einigen Schritten auf diesem Weg der Klimaanlage und der stets konstanten Raumtemperatur gegenüber ebenso misstrauisch werden wie anderen Vorrichtungen, die das Leben von den Rhythmen der Natur immer weiter abkoppeln.

Wenn ich begriffen habe – und das heißt hier: wenn ich unmittelbar sinnfällig, sinnlich *erlebt* habe –, dass mein Körper kein Ding ist, über das ich verfüge wie über eine Jacke oder ein Kleid, sondern bis hin zu meiner Sterbestunde *der zentrale Schnittpunkt aller meiner Weltbezüge*, dann wird sich möglicherweise auch mein Verhältnis zum Schmerz ändern, der »unseres Fleisches Erbteil« ist und mit dem ich mich auch auseinandersetzen, eventuell sogar arrangieren kann, ohne sofort zum pharmakologischen Hilfsmittel zu greifen. Durch die Beherrschung eines Entspannungsverfahrens wie etwa des hierfür besonders geeigneten Autogenen Trainings lassen sich analgetische Medikamente kiloweise einsparen! Die wirkliche Vertrautheit mit dem Körper, von der hier die Rede ist und die auch seine Schwächen und die Schmerzen, die er uns bereitet, selbstverständlich beinhaltet, ist das Gegenteil jener oberflächlichen Pseudo-Bekanntschaft mit einer uns vermeintlich problemlos zu Gebote stehenden Körper-Maschine, die man im Sport-Studio und andernorts erwirbt. Sie ist gefährlich, weil sie das immerwährende reibungslose Funktionieren dieser Maschine stillschweigend voraussetzt. Ich habe mehrfach erlebt, wie gerade leistungsmotivierte und pflichtbewusste Menschen in eine schwere seelische Krise gerieten, weil diese Maschine ihnen plötzlich den Dienst versagte, durch einen epileptischen Anfall, einen Bandscheibenprolaps oder einen Herzinfarkt. Dieses quasi heimtückische Versagen des Körpers, der uns doch immer so gute Dienste geleistet hat, kann gerade dann direkt in eine schwere Depression münden, wenn die wirkliche Vertrautheit mit ihm zuvor eher gering gewesen ist.

Mein Körper ist ein Teil der Natur und mit dieser vielfach vernetzt und verbunden, und wie sie der vielfältigsten, oft höchst zerstörerischen Ausbeutung unterworfen. In unserem Bewusstsein, das von den Sorgen und Nöten des Alltags absorbiert ist, ist diese Verbindung oft kaum noch präsent. In Zeiten der Krise und der Krankheit stellt sie sich oft quasi urwüchsig wieder her. »Es scheint, dass Kranke, gerade Schwerkranke, für sich die Natur wieder entdecken«, schreiben Farideh Akashe-Böhme und Gernot Böhme in ihrem sehr empfehlenswerten Buch *Mit Krankheit leben* (Untertitel: *Von der Kunst, mit Schmerz und Leid umzugehen*). »Sie beziehen Kräfte, mit denen sie der Krankheit widerstehen, bzw. die ihnen helfen, die Krankheit und ihre Einschränkungen durchzustehen, aus Anblicken der Natur, aus Atmosphären des Tages oder der Jahreszeit« (Akashe-Böhme & Böhme, 2005, S. 79f.).

Natürlich ist es sinnvoll, sich derartige Fähigkeiten anzueignen, wenn man noch gesund ist. Ganz ohne Zweifel haben sie auch prophylaktischen Wert.

Es kommt dabei vorrangig darauf an, der Natur ohne die Attitüde des Herrschers gegenüberzutreten – wenn ich mich als ihr Teil fühle, werde ich *auch sie als einen Teil von mir empfinden* können. Dieses Gefühl der Einheit kann, im Extremfall, jene Sicherheit stiften, mit der der Dichter Christian Dietrich Grabbe (1801–1836) seinen Helden Hannibal noch kurz vor dem Freitod sagen lässt: »Aus der Welt werden wir schon nicht fallen, wir sind nun einmal darin.«

Der meist schrittweise erfolgenden »Wiedereinhausung« in die Welt, in die Natur unseres Körpers und in die Natur ringsum, entspricht meist eine wachsende Distanz zur Menschengesellschaft und ihren lärmenden Alltagsverrichtungen. Das muss nicht politische Abstinenz bedeuten, im Gegenteil – vor allem von *innerer* Distanz ist die Rede. »Selig, wer sich vor der Welt ohne Hass verschließt«, so heißt es bei Johann Wolfgang von Goethe, der Minister am Weimarer Hof gewesen und sein Leben lang ein politisch aktiver Bürger geblieben ist. Gottfried Benn (1886–1956) beendet rund 150 Jahre später sein Gedicht *Reisen* mit den Zeilen

> »Ach, vergeblich das Fahren,
> Spät erst erfahren sie sich
> Bleiben und stille bewahren
> Das sich umgrenzende Ich.« [17]

---

[17] Fast wie ein resigniertes Echo zu dieser Strophe klingt das Ende eines von Benns letzten Gedichten, *Nur zwei Dinge* (1955):
> »Ob Rosen, ob Schnee, ob Meere,
> Was alles erblühte, verblich.
> Es gibt nur zwei Dinge: Die Leere
> Und das gezeichnete Ich.«

Das Miteinander

Es ist für uns ganz selbstverständlich, dass es, wenn wir unser Automobil über belebte Straßen steuern, bestimmte Regeln zu befolgen gilt, um nicht in einen Unfall verwickelt zu werden. Freilich wären wir als Autofahrer meist gerne allein unterwegs. Als Mensch hingegen suchen wir immer wieder aktiv den Kontakt und die Beziehung zu anderen Menschen. Aber immer wieder fallen wir der Illusion zum Opfer, dieses Bemühen könne gelingen, ohne dass wir uns Gedanken darüber machen, welche »Spielregeln« für unser Sozialverhalten richtig und angemessen sind. Es kann unserer Seele aber nur dienlich sein, wenn wir uns kritisch und selbstkritisch mit den Erfordernissen des »Miteinanders« auseinandersetzen.

»Es ist nicht gut, dass der Mensch alleine sei«, so behauptet mit Inbrunst der Gott der Christenbibel, und er schafft dem Mann Adam zur Behebung dieses Mangels denn auch flugs eine Gefährtin, die ursprünglich »Männin« heißt. Der Fortgang der Geschichte ist allgemein bekannt.

Dass der Mensch darauf angewiesen ist, Anschluss an seinesgleichen zu finden, war den Dichtern und Denkern offensichtlich schon seit Jahrtausenden klar, von den unbekannten Verfassern der Bibel bis hin zum Tierarztsohn Aristoteles, dem größten Philosophen der Antike, der das klassische Wort prägte, der Mensch sei ein »zoon politikon« – ein griechischer Begriff, der sich am besten mit »ein Gemeinschaftstier« übersetzen lässt!

Die Nähe anderer zu suchen, gehört zu den am tiefsten verwurzelten und mächtigsten menschlichen Motivationen. Ihr zuliebe verzichten wir gegebenenfalls auf Nahrung, Obdach, Geld, soziales Ansehen. Dass Liebe stärker sei als der Tod, das kann wohl nur eine unbedachte Redensart behaupten, die davon zehrt, dass sie gut klingt – aber dass Liebe stärker ist *als die Angst vor dem Tod*, das ist in der Menschheitsgeschichte wieder und wieder bewiesen worden. Freilich herrscht über diese Motivation auch viel Unklarheit. Es war einer der größten und vielleicht verhängnisvollsten Fehler Sigmund Freuds, dass er das gesamte zwischenmenschliche Verhalten von einem unspezifischen Drang namens »Eros« gespeist glaubte, dessen Energie er »Libido« nannte. Erst der britische Psychoanalytiker John Bowlby (1907–1990) – von Freuds Tochter Anna, die sich als einzig rechtmäßige Verwalterin des überkommenen Lehrgebäudes fühlte, wurde er deswegen unerbittlich verfolgt – hat der heute weitgehend anerkannten Ansicht Geltung verschafft, dass es *zwei* verschiedene Typen zwischenmenschlicher Kontaktsuche und Kontaktaufnahme gibt, die nicht als Erscheinungsformen einer einzigen, mit sich selbst immer identischen »Libido« miteinander verwechselt werden dürfen. Da gibt es die Annäherung zwischen den Sexualpartnern einerseits, die Bindung zwischen den Eltern und ihrem Kind andererseits. Diese letztgenannte Vertrautheit ist eine sehr ursprüngliche Verbundenheit, an deren Prototyp sich auch die spätere Bindung zwischen Geschwistern, Freunden und anderen uns nicht-sexuell vertrauten Mitmenschen ausrichtet. Dieses entwicklungsgeschichtlich primäre Bindungsverhalten (oder Bindungssystem)

> »tritt allmählich zu Gunsten der Zugehörigkeit zu einer Familie, Gruppe oder Gemeinschaft in den Hintergrund oder macht anderen Motivationssystemen Platz, nämlich den Bedürfnissen nach psychischer Regulierung physischer Erfordernisse, nach Exploration und Selbstbehauptung, nach aversivem Reagieren (Antagonismus oder Rückzug), nach sinnlichem Genuss und sexueller Erregung. Das Bindungssystem kann jedoch jederzeit, auch im Erwachsenenalter, in Not, Gefahr, Krise, Unglücksfällen, z. B. bei schwerer Krankheit oder Traumatisierung, mobilisiert werden« (Frick, 2009, S. 16).

Man könnte also darauf hoffen, mit einer derartigen Unterscheidung zwischen dem Bindungssystem der primären Vertrautheit zwischen dem Kind und seinen Eltern bzw. seinen frühesten Bezugspersonen einerseits und dem erst später ausreifenden Motivationssystem der Suche sexueller Nähe zwischen dem heranwachsenden/erwachsenen Menschen und seinem Sexualpartner andererseits die verwirrende Welt der Beziehungsphänomene säuberlich eingeteilt und für den Alltagsgebrauch sinnvoll geordnet zu haben: *Endlich herrscht Ordnung in der Beziehungskiste!*

Autoren, die es sehr genau nehmen, unterscheiden noch zwischen dieser primären Vertrautheit und der sekundären (zwischen Freunden und Kameraden) und der tertiären (zwischen den zu Eltern gewordenen Erwachsenen und ihren eigenen Kindern).

Doch alle Theorie ist grau, die Vielfalt des Lebens hingegen ist und bleibt bunt und verwirrend – so verwirrend, dass, unter diesem Blickwinkel betrachtet, Freuds Irrtum durchaus verständlich und nachvollziehbar erscheint (das eigentliche wissenschaftliche Problem lag für lange Jahre denn auch mehr im beinharten Dogmatismus seiner Epigonen).

Diese verwirrende Vielfalt beruht darauf, dass wir Erfahrungen, die wir mit unseren ersten, uns primär vertrauten Bezugspersonen – in der Regel Mutter und Vater – samt unseren Reaktionen auf diese Erfahrungen als *Bindungsmuster* oder *Bindungsstile* tief in unserem Unbewussten speichern[18] und dass wir diese uns selbstverständlich gewordenen, zu einem gewissen Grad ja meist durchaus erfolgreichen Strategien auch auf einem Schauplatz anwenden, auf dem sie weit weniger erfolgversprechend sind. Wir handeln dann wie ein Mensch, der nur einige wenige Sätze einer Fremdsprache gelernt hat und diese dann auch in Situationen verwendet, in denen sie gar nicht am Platze sind. So kann beispielsweise eine Frau, die das Kind einer depressiven, auch körperlich kränkelnden Mutter ist, von frühester Kindheit daran gewöhnt sein, ihrer Mutter die nötige emotionale Zufuhr zu bieten, um diese vor einem seelischen »Absturz« zu bewahren – sie zu erheitern, aufzumuntern und zu umsorgen. Später lässt sie sich auf eine Beziehung mit einem Mann ein, dem dieses Verhalten rasch, bald nach der Phase der heftigen ersten Verliebtheit, lästig wird, weil es ihm zu nahe kommt – hat er doch gelernt, sich seine übergriffige, vereinnahmende Mutter durch abweisende Distanziertheit vom Leibe zu halten. In der Regel wird den solcherart verstrickten Partnern nicht klar, dass sie in der Regulierung ihrer Zweierbeziehung auf Verhaltensweisen zurückgreifen, die gleichsam aus früheren Zeiten stammen – lange vor jenem Tag, an dem der geliebte andere Mensch ins eigene Leben trat.

Solche »Beziehungsknoten« – der Schweizer Psychoanalytiker Jürg Willi (geb. 1934) hat für sie den prägnanten Begriff der »Kollusion« gebraucht – sind oft schwer zu erkennen und noch schwerer zu beheben.

---

18 Da in der Psychotherapie ständig das Rad neu erfunden wird, sind die Bezeichnungen für diesen theoretisch nicht übermäßig komplizierten Sachverhalt Legion – sie umfassen die »unbewussten Drehbücher« oder »Skripte« des Erfinders der »Transaktionsanalyse«, Eric Berne (1910–1970), ebenso wie die ebenfalls unbewussten »Schemata« in der »Schematherapie« nach Jeffrey E. Young (geb. 1950) – und viele weitere Begriffe. Die meisten dieser vermeintlich originellen Neuschöpfungen hätten sich durchaus auch in herkömmlicher Sprache formulieren lassen; aber dies hätte selbstredend dem Wunsch ihres Schöpfers nach Ruhm und weltweiter Anerkennung Abbruch getan.

Dies ist insbesondere dann der Fall, wenn es uns an einer seelischen Fähigkeit mangelt, die für eine erfolgreiche Beziehungsgestaltung in hohem Grade nötig ist: an der Gabe der Empathie, des Mit- und Einfühlens. Seit einigen Jahren wird, in einem etwas präziser definierten Sprachgebrauch, auch von »Mentalisierung« gesprochen. Was damit gemeint ist, will ich im nächsten Abschnitt genauer beleuchten.

Dass dies recht ausführlich geschieht, hat seinen guten Grund: Die wichtigsten Voraussetzungen für ein geglücktes Miteinander sind nämlich in unserem Inneren zu finden, und wenn wir, ganz im Sinne dieser Bedienungsanleitung, mit unserem Seelenleben besser zurecht kommen wollen, lohnt es sich allemal, sie genauer zu betrachten.

Im ersten Heft der damals just eben neu erschienenen Fachzeitschrift *The Behavioral and Brain Sciences* erschien 1978 eine Arbeit des US-Wissenschaftlers David Premack (geb. 1925) mit dem Titel »Does the Chimpanzee have a Theory of Mind?« (1978). Premack diskutierte diese Frage am Beispiel einer Schimpansin namens Sarah, die aus einem Vorrat von Bildern das eines Schlüssels auswählte, wenn sie eine Person sah, die es nicht schaffte, eine verschlossene Tür zu öffnen. Daraus schloss Premack, dass Sarah über eine Vorstellung von den Intentionen anderer – eben eine »Theory of Mind« – zumindest in rudimentärer Form verfügen müsse. Andere Wissenschaftler haben diese Schlussfolgerung bestritten. Jedoch stellte dieser Aufsatz von 1978 einen wichtigen Ausgangspunkt für eine Fülle von experimentellen Untersuchungen in der Entwicklungspsychologie dar, die alle um das neue Zauberwort »Theory of Mind« kreisten.

Das ist im Grunde nicht verwunderlich. Denn für die Entwicklung des Kindes ist, so schreibt der Marburger Philosoph Michael Pauen in seiner »Einführung in die Grundprobleme des Geistes«,

> »ist die Fähigkeit, die Perspektive anderer einzunehmen, von herausragender Bedeutung. Eine wichtige Rolle spielt hier die – zunächst noch sehr einfache – Theorie, die ein Kind über die mentalen Zustände anderer besitzt, die bereits erwähnte ›Theory of Mind‹. Ansätze dazu zeigen sich darin, dass Kinder ihre Stimme verändern, wenn sie mit Babys sprechen; sie zeigen sich, wenn Kinder Anstalten machen, eigene Lügen vor ihrem Gesprächspartner zu verbergen, oder bewusst versuchen, ihn zu täuschen, und dabei offensichtlich Überlegungen vorwegzunehmen suchen, die der Getäuschte selbst in ihren Augen anstellen« (Pauen, 2005, S. 266).

Ähnliche Beobachtungen bei Primaten liefern starke Indizien dafür, dass zumindest der Schimpanse *(= Pan troglodytes)* und der Zwergschimpanse (Bonobo = *Pan paniscus*) über Ansätze einer Theorie mentaler Zustände verfügen. Auch wenn Homo sapiens »der Lügenbaron im Tierreich« (so der Verhaltensbiologe Volker Sommer, geb. 1954) ist und bleibt, können Schimpansen einander und Menschen offensichtlich täuschen, austricksen und überlisten. Einzelheiten kann man Sommers Buch »Lob der Lüge«, München 1994, entnehmen.

Zurück zur kindlichen Entwicklung. Es liegen mittlerweile in fast schon überreichlichem Maß Experimente vor, mit denen sich die Ausdifferenzierung der kindlichen »Theory of Mind« erhellen läßt. So hatte man Kindern zwei Schüsseln präsentiert, von denen die eine Gemüse, die andere Kekse enthielt – Kinder von 14 und 18 Monaten Alter bevorzugten die Kekse. Nun zeigte die Versuchsleiterin ihre Vorlieben, sagt einmal beim Gemüse, einmal bei den Keksen »Mmmmh« bzw. »Igitt«. Die Kinder von 14 Monaten boten der Versuchsleiterin in jedem Fall, *unabhängig von deren deutlich bekundeter Präferenz*, die Kekse an, die sie selber lieber mochten. 18 Monate alte Kinder hingegen reichten der Versuchsleiterin das Gemüse, wenn diese zuvor positiv darauf reagiert hatte. Pointiert gesagt: Erst mit 18 Monaten sind Kinder in der Lage, eigene mentale Zustände – im genannten Fall Wünsche – von denen anderer Personen eindeutig zu unterscheiden (vgl. Gopnik et al., 2000 [1999]).

Ein zweites, ebenfalls von der Psychologin Alison Gopnik (geb. 1955) und mit ihr kooperierenden Wissenschaftlern schon etliche Jahre früher durchgeführtes Experiment hat gezeigt, dass Kinder im Alter von drei Jahren noch massive Probleme haben können, wenn es darum geht, sich ein »inneres« Bild vom seelischen Zustand anderen zu machen. Wenn Kindern dieses Alters eine Schachtel mit Smarties gezeigt wurde, erwarteten sie naheliegender Weise, dass darin auch eben diese Smarties zu finden seien. Wurde ihnen aber offenbart, dass sich in Wahrheit Bleistifte in der Schachtel befunden hatten und man sie dann danach fragte, was ein Freund, der draußen gewartet hatte und jetzt hereingebeten würde, in der Schachtel vermuten würde, antworteten sie spontan: »Bleistifte!« Erst vierjährige Kinder konnten der Realität entsprechend erwidern: »Smarties!« Und ebenso behaupteten die Dreijährigen, danach befragt, was sie selbst zuvor als Inhalt der Schachtel angesehen hätten, unisono: »Bleistifte!« Sie konnten sich also weder vorstellen, dass der draußen wartende Freund sich ein falsches Bild von der Wirklichkeit gemacht haben könnte, wie sie auch energisch bestritten, selber je einem solchen Irrtum aufgesessen zu sein. Und dies geschah offenbar nicht aus Scham oder aus Ärger über den eigenen Fehler, sondern schlicht und einfach, weil ihre »Theory of Mind« für solche Leistungen des Erkennens und des Unterscheidens noch nicht differenziert genug gewesen ist.

Die Fähigkeit, eine derartige Theorie zu entwickeln und, in ihrem differenzierteren Stadien, *auch über eben diese Theorie kritisch reflektieren zu können*, bezeichnet man seit einiger Zeit auch als »Mentalisierung«. Die »Theory of Mind« (kurz ToM) wurde damit am Anfang des 21. Jahrhunderts gewissermaßen eingebettet in eine umfassende klinische Betrachtungsweise, die auch eine besondere Therapieform entwickelt hat, die sogenannte »Mentalisierungsbasierte Therapie«. Sie wird mittlerweile nicht nur von Psychoanalytikern, sondern auch von Verhaltenstherapeuten angewendet. Um darauf näher einzugehen fehlt mir freilich der Platz. Wichtig scheint mir aber der Verweis darauf, dass hier eine echte theoretische Weiterentwicklung vorliegt, nicht bloß das Spiel mit neuen Begriffen:

> »Zentral für die Entwicklung einer ToM ist aus der Sicht der Mentalisierungstheorie die Qualität der frühen Eltern-Kind-Interaktion. Die Mentalisierungstheorie geht davon aus, dass insbesondere die Anwendung einer ToM in affektiven und nahen Beziehungen von den ersten Erfahrungen in eben diesen emotional intensiven Eltern-Kind-Beziehungen abhängt. Damit unterscheidet sich die Mentalisierungstheorie von der klassischen eher kognitiv orientierten ToM-Forschung«,

schreibt Svenja Taubner (2015, S. 21), deren Buch *Konzept Mentalisieren* all jenen sehr zu empfehlen ist, die sich zu diesem Thema fundiert informieren möchten.

Die grundlegende Frage, wie und wodurch die Entwicklung dieser Mentalisierungsfähigkeit gestört werden kann, ist nicht von ausschließlich theoretischem oder therapeutischem Interesse. Sie berührt unser tägliches Leben in einer ganz unmittelbaren Weise, wie sich an einer Fülle von Beispielen zeigen lässt.

Um mich wieder dem Alltag anzunähern, wie wir ihn alle durchleben und durchleiden, möchte ich zunächst zeigen, wie sehr auch das erwachsene Selbst in Gefahr steht, sozusagen auf vor-mentalisierende Anschauungs- und Verhaltensweisen zurückzufallen (zu »regredieren«). Man nimmt heute an, dass der Säugling etwa ab dem neunten Lebensmonat in der Lage ist, fremde Handlungen als zielgerichtet (also als absichtsvoll) zu interpretieren – man spricht auch vom »teleologischen Interpretationsmodus« –, ohne dabei aber eine Vorstellung von den dieser Handlung zugrunde liegenden und sie verursachenden mentalen Zuständen zu besitzen – also ohne zu »mentalisieren«. Erst mit etwa anderthalb Jahren entwickelt sich allmählich die Mentalisierungsfähigkeit, wird die dem Kleinkind zur Verfügung stehende »Theory of Mind« immer komplexer, wird der »mentalisierende Interpretationsmodus« entwickelt, und zwar in einer ständigen Interaktion mit der eigenen Umgebung. Nun ein Beispiel: Ein Vater erfährt von seinem Sohn, dass dieser eine Lampe zerstört hat. Zunächst glaubt der Erwachsene den Beteuerungen des Kindes, dies sei nicht absichtlich, sondern aus Versehen geschehen. Er benutzt also den mentalisierenden Interpretationsmodus, bei dessen Gebrauch er die Motive des Kindes (»Es war keine Absicht!«) in Rechnung stellt. Doch als der Vater bemerkt, dass die kaputte Lampe ausgerechnet seine Lieblingslampe ist, gerät er so in Wut, dass er das Kind brutal verprügelt. Mit anderen Worten: Er ist in den teleologischen Modus regrediert und bestraft nun den Verursacher, gleichgültig ob bei diesem eine Absicht zur Zerstörung der Lampe vorlag oder nicht.

Ein tragender Grundpfeiler des vor allem vom britischen Psychologieprofessor Peter Fonagy (geb. 1952) und seinen Mitarbeitern errichteten Theoriegebäudes zur Entwicklung der Mentalisierungsfähigkeit besteht in der Annahme, dass bei der im zweiten Lebensjahr beginnenden Entwicklung der Mentalisierungsfähigkeit das Kind Gedanken und Gefühle in einer doppelten Art erfährt: In der »Als-Ob-Form« (»pretend mode«) und in der »Äquivalenz-Form« (»psychic equivalence mode«). Das Kind pendelt zwischen diesen beiden Modalitäten hin und her, lernt, beide zu handhaben und – mit etwa vier Lebensjahren – sie schließlich in eine »reflektierende Vorgehensweise« zu integrieren. Diese Integration kann nun durch die Eltern bzw. durch andere Gegebenheiten der kindlichen Umwelt gefördert oder behindert werden. Der Als-Ob-Modus des Kindes (gegebenenfalls auch des Erwachsenen) setzt die Realität außer Kraft, ist aber schon von Anfang an zumindest von einer Ahnung davon begleitet, dass eine solche Außer-Kraft-Setzung sich vollzieht (zu den hier vorgestellten Begriffen vgl. Fonagy et al., 2004 [2002]). Es werden heftige Kämpfe zwischen Räuber und Polizist gespielt, aber das Kind »weiß«, dass es den anderen nicht »wirklich« tötet, wenn es ein Stück Holz, seine »Pistole«, auf ihn richtet und dabei »Peng! Peng!« ruft. Das Spiel nimmt die Realität zum Vorbild und formt sie spielerisch neu: Der Teddybär muss zum Arzt, die Puppe geht schlafen. Peter Fonagy und seine Mitarbeiter vertreten die Ansicht, dass die Reaktion der Erwachsenen auf diese »Als-Ob«-Spiele der Kinder von fundamentaler Bedeutung ist. Für besonders wichtig halten es die Mentalisierungstheoretiker, dass die Erwachsenen sich in das Spiel der Kinder hineinbegeben und nicht »ernst«, quasi als Vollstreckungsbeamte ihrer eigenen, »erwachsenen« Realität darauf reagieren. Wenn der Sohn spielerisch den Vater »erschießt« und dieser darauf ungehalten, verärgert oder beleidigt reagiert (»so kannst du nicht mit deinem Vater umgehen ...«), wird Spiel zu Ernst und das Kind lernt *gerade nicht*, mit aggressiven Impulsen konstruktiv umzugehen, weil der Erwachsene auf diesen »Als-Ob«-Impuls wie auf einen realen Übergriff reagiert hat.

Der *Äquivalenz-Modus* hingegen suspendiert die Realität nicht in derselben Weise wie das Als-Ob-Spiel. Er lässt vielmehr das innere Erleben zur Realität werden. Der Gedanke und die Fantasie sind Wirklichkeit, weil sie wirkliche Gefühle erzeugen – das Vorlesen einer Geschichte vom bösen Räuber Hotzenplotz hat dieselbe ängstigende Wirkung wie ein wirklicher Räuber, der plötzlich im Zimmer steht. Auch hier ist der Umgang der Eltern mit den Erlebnissen des Kindes entscheidend. Peter Fonagy wählt hierzu das Beispiel eines Kindes, das sich vor einem an der Türe hängenden Bademantel fürchtet, den es für einen bösen Mann hält. Für das Kind ist eben dies die Realität, und sein Erschrecken teilt sich auch ganz real und zwingend mit. Kluge Eltern sagen dem Kind dann nicht besserwisserisch, dass der Bademantel kein Mann ist oder dass es dumm wäre, sich vor ihm zu fürchten. Sie betonen zwar die Differenz zwischen ihrer eigenen Realitätssicht und der Angst des Kindes – aber sie nehmen den Bademantel von seinem Platz an der Türe weg und erkennen so die Realität des Furcht auslösenden Gedankens an, ohne gleichzeitig dieselbe Furcht wie das Kind zu zeigen. Solche Eltern schließen sich also einerseits der Wahrnehmung des Kindes an, teilen sie in gewissem Maße, stellen aber gleichzeitig auch die Möglichkeit einer anderen Perspektive zur Verfügung. Kurzum: Wenn Eltern mit ihrem Kind einfühlsam und mentalisierend umgehen – und nicht teleologisch, wie der über die Zerstörung seiner geliebten Lampe erzürnte Vater im oben zitierten Beispiel –, dann lernt das Kind, »Als-Ob« und »Äquivalenz« miteinander zu integrieren, und zwar in einen reflektierenden Umgang mit der Realität, was, wie bereits erwähnt, etwa mit vier Jahren geschieht. Der Frankfurter Psychoanalytiker Martin Dornes (geb. 1950), dem wir das hervorragende Buch *Der kompetente Säugling* (1993) verdanken, hat dazu zusammenfassend geschrieben, das Kind verfüge jetzt über eine »Theory of Mind«,

> »in der es seine Gedanken und Gefühle als Einstellungen zur Realität durchschaut, die von dieser zwar beeinflusst werden, aber kein äquivalenten Abbilder derselben sind. Sie könnten auch anders sein, und andere haben andere Einstellungen zur Realität als es selbst – sowohl andere Gefühle als auch andere Gedanken. Wenn die Mutter jetzt böse auf das Kind ist, so kann sich das Kind sagen: Meine Mutter glaubt oder denkt, ich sei böse, aber ich glaube und denke etwas anderes. Es kann nun mit der Realität spielen, weil es die eigenen Gedanken und Gefühle nicht

als notwendigerweise durch die Realität hervorgerufen versteht, sondern als eigene subjektive Reaktion darauf« (Dornes, 2004, S. 184).

Wie sich unschwer nachvollziehen lässt, sorgt eine gute Mentalisierungsfähigkeit für innere Flexibilität und verschafft dem Leben Frei- und Spielräume, insbesondere in der Beziehungsgestaltung. Wie aber kann im Kindesalter die Entwicklung der Mentalisierungsfähigkeit beeinträchtigt werden? Worin bestehen die möglicherweise pathogenen Folgen einer derartigen Beeinträchtigung?

Nach heutigem Kenntnisstand darf davon ausgegangen werden, dass bei der Entwicklung von Persönlichkeitsstörungen, insbesondere jenen des emotional instabilen (oder »Borderline«-)Typs, häufig frühe Traumatisierungen vorliegen

Traumatisierung hindert jedoch an »normaler« Mentalisierung, weil ein davon bedrohtes Kind seinen natürlichen Drang, die mentalen Zustände – Motive, Wünsche und Gefühle – seiner Eltern und anderer Bezugspersonen zu erkunden blockiert. Das Kind »ahnt« schließlich, dass es dabei auf Ablehnung, Missgunst und Destruktivität stoßen könnte. Martin Dornes (2004) erwähnt hierzu den menschlich anrührenden »Fall« eines zweijährigen Jungen, »der Angst vor Bilderbüchern mit feuerspeienden Drachen entwickelte. Nähere Gespräche mit der Mutter ergaben, dass diese dem Kind bei Ungehorsam mit der brennenden Zigarette drohte.« Ein Kind neigt in derartigen Fällen offenkundig dazu, seine mentalisierenden Versuche einzustellen und in der Hauptsache auf das praktische Verhalten der Eltern zu achten. Dieses ist aber oft nur schwer vorhersehbar – dem »desorganisierten Bindungstyp« entsprechend, der in Familien vorherrscht, in denen Missbrauch und Misshandlungen häufig sind. Die blockierte Entwicklung der Mentalisierung ist sozusagen die Innenseite dieses desorganisierten Bindungsmusters und des aus ihm folgenden Verhaltens. Freilich kann es auch dazu kommen, dass das traumatisierte Kind eine übermäßige Sensibilität entwickelt, die in erster Linie und hochselektiv den möglichen bedrohlichen Anzeichen im Verhalten der Eltern gilt. Da das Kind nun aber die mentalen Zustände *der anderen* einseitig vor allem als potenziellen Gefahrenherd wahrnimmt, wird es auch kein ausgereiftes, integrierendes Verhältnis zu den *eigenen* Gefühlszuständen entwickeln. Ist die Mentalisierung erst einmal blockiert, so wiederholen sich – wie leicht vorstellbar – in späteren Beziehungen immer wieder die selben Probleme, wie sie im Titel eines viel gelesenen Buches mit dem Titel *Ich hasse dich – verlass mich nicht!* treffend umschrieben worden sind (Kreisman & Straus, 1992).

Dies alles kann man nun drehen und wenden wie man will – die Fähigkeit zur Mentalisierung gehört auf jeden Fall zu den wichtigsten Voraussetzungen für ein gelingendes Miteinander, und da man sie trainieren kann, ist es wichtig, nicht

nur ihre Bedeutung, sondern auch ihre Funktionsweise zumindest in den Grund-
zügen zu kennen.

Wir haben bisher den Unterschied von primärer und sekundärer Vertrautheit
deutlich gemacht und dargestellt, wie an den primären Bezugspersonen erlernte
und erprobte Beziehungsstile unbewusst in spätere Beziehungen »hineinregie-
ren« (und diese somit möglicherweise zum Scheitern verurteilen). Wir haben
darüber hinaus deutlich gemacht, wie wichtig die Fähigkeit zur Mentalisierung
für eine erfolgreiche Beziehungsgestaltung ist. Über all diesen Beobachtungen
und Hypothesen darf freilich nicht vergessen werden, dass unser menschliches
Miteinander immer in einen größeren soziokulturellen Kontext eingebettet ist.
Bei der Gestaltung dieses Kontextes spricht die gesellschaftliche Entwicklung die
entscheidenden Stichworte.

Solche Stichworte heißen – beispielsweise – *Vereinzelung* und *Vereinsamung*.
Viele Verbindungen, die die Menschen früher aneinander gefesselt haben (und
das Wort »Fessel« ist in diesem Fall äußerst zutreffend, denn dies geschah ja
meist keineswegs freiwillig), sind heute gekappt. Gewiss, wir leben länger, aber
mit dieser wachsenden Lebenserwartung ist leider auch die Gefahr gewachsen,
die letzten Jahre unserer statistisch zu erwartenden Lebenszeit als »Pflegefall«
hilflos und einsam in einer beschönigend »Altenheim« genannten Einrichtung
dahindämmern zu müssen. Wer, wie der Autor dieses Buches, die »Große Straf-
rechtsreform« 1969 (das Jahr meines Abiturs) miterlebt hat, und mit ihr die
Abschaffung des »Kuppelei-Paragraphen«, demzufolge Unverheiratete vor 1969
keine gemeinsame Wohnung mieten durften und der Strafbarkeit des Ehebruchs
– also Zeuge solcher epochaler Umwälzungen gewesen ist, wird ihre Bedeutung
für ein freieres Zusammenleben der Menschen wohl kaum geringschätzen wollen. Dies gilt auch für die Abschaffung des § 175 StGB.

Aber es lässt sich ebenso wenig verkennen, dass diese und andere Errungenschaften auch neue Lasten mit sich gebracht haben. Die Autoren eines Artikels im
Magazin *Gehirn und Geist* haben in einer Anfang 2008 erschienen Ausgabe (*Gehirn und Geist*, Heft 4, 2008) festgestellt, dass die sexuelle Aktivität der Deutschen
seit 1980 beständig abgenommen hat – und dies vermutlich gerade *wegen* der
Allgegenwart von Sexualität in einer keinerlei Schamgrenzen mehr respektieren-
den Werbe-, Medien- und Internet-Welt. Diese Allgegenwart führt offenkundig
dazu, dass vielen Menschen der Spaß am Sex gründlich vergeht. Der bekannte
Verhaltenstherapeut und klinische Psychologe Peter Fiedler (geb. 1945) hat die
statistischen Daten an der genannten Stelle so interpretiert: »In dem Maß, wie
die traditionelle Sexualmoral mit ihren Verboten, Sanktionen und Schuldgefüh-

len verschwand, machte sich scheinbar Langeweile breit. Offensichtlich besaßen gerade die unerfüllten, oft verbotenen oder tabuisierten sexuellen Wünsche und Bedürfnisse eine große Triebkraft« (Fiedler, 2008, S. 16).

Man vergleiche einmal jene Epoche, in der der junge Sigmund Freud zutiefst erschrak, weil er während einer Eisenbahnfahrt im gemeinsamen Schlafwagenabteil die (halb-)nackte Mutter, *matrem nudam*, gesehen hatte – noch als Erwachsener musste er das in lateinischen Worten niederschreiben! –, mit der gegenwärtigen Ära und ihrem Fernsehprogramm, das ja auch Kindern im Alter des kleinen Sigmund mühelos zur Verfügung steht. In einer Zeit, in der Jugendliche problemlos in der Lage sind, sich auf dem Schulhof während der Unterrichtspausen auf dem Smartphone zum Zeitvertreib überreichlich Sex- und Gewaltdarstellungen aller Spielarten zu betrachten, leben wir offenkundig unter völlig anderen Bedingungen als dereinst in der viktorianischen oder in der wilhelminischen Ära! So werden wir abermals auf das Faktum hingewiesen, dass die Sexualnot des 19. Jahrhunderts offenbar von der Identitätskrise des 21. Jahrhunderts abgelöst worden ist. Jene Dimension unserer Identität – einige Soziologen nennen sie die »horizontale« –, die sich erst im lebendigen Miteinander realisieren lässt, ist offenbar ein immer schwierigeres Geschäft geworden. Und es lässt sich kaum bestreiten, dass einige der gegenwärtigen Schwierigkeiten direkt in Zusammenhang stehen mit jener Entwicklung, die euphorisch auch als »sexuelle Befreiung« bezeichnet worden ist.

Denn die Befreiung von Zwängen kann auch in Angst münden, vor allem in jene Näheangst, wie sie schon vor rund 30 Jahren Wolfgang Schmidbauer (geb. 1941) äußerst einfühlsam beschrieben hat (Schmidbauer, 1985). Etliche von Schmidbauers Schlussfolgerungen fußen auf der Beobachtung, dass der Gegenwartsmensch viel Mühe darauf verwendet, ein intensives, umfassendes Netzwerk *schwacher (= unverbindlicher) Beziehungen* zu knüpfen. Denn ein solches Geflecht, das der eigenen Kontrolle unterworfen bleibt, ermöglicht dem Menschen der Moderne zwar Kontakte, bedroht ihn aber nicht durch übergroße Nähe:

> »Man baut sich sein eigenes Netz. Weil man es bauen muß, ist es auch ein Ausdruck der eigenen Stärken, nicht der eigenen Schwächen. Lose Verknüpfungen, Verabredungen, die für einen Abend getroffen werden, Kneipen, in denen man den Freund oder die Freundin mit einiger Wahrscheinlichkeit trifft – das ist der Spielraum, in dem sich näheängstliche Menschen noch am wohlsten fühlen. Ständig auf der Suche nach dem ›richtigen‹ Partner, der die verlorene Geborgenheit geben soll, möchten sie doch alle Fluchtwege offenhalten. Wenn man die geheime Maßlosigkeit der eigenen Wünsche bei irgendeinem anderen wiederfände – es wäre schrecklich. Da-

her wird jede Verpflichtung vermieden. Man lernt, cool zu wirken. Je drängender die Bitte um ein Wiedersehen, desto weniger wahrscheinlich findet es statt. Die Beziehungen werden jeden Tag neu ausgehandelt. Das schafft Freiräume, die ihren eigenen Reiz haben. Der Preis für sie ist hoch: Man lebt in einer dauernden Unge-wißheit, und man kann sich nur in diese anstrengende Kontaktwelt wagen, wenn man >gut drauf< ist« (Schmidbauer, 1985, S. 174f.).

Kommt dann doch einmal eine dauerhaftere Beziehung zustande, so ist sie alsbald durch die Unterschiedlichkeit der Partner gefährdet, die als Bedrohung erlebt wird. Die Andersartigkeit des Menschen, mit dem ich jetzt ein Mehr an Mitein-ander wage, wird als von mir bedrohlich, nicht als bereichernd erlebt. Nicht selten rührt das daher, dass die eigene Verdrängung archaischer Wünsche nicht dadurch gefährdet werden darf, dass ein anderer Mensch sie mehr oder minder an- und auszusprechen wagt. Schon das Wahrnehmen, erst recht aber das Äußern solcher Wünsche ist gefährlich – nicht nur, weil der andere sie missachten, zurückweisen oder verhöhnen könnte, sondern (quasi »eine Etage tiefer«) weil das Bekennen dieser Wünsche *mich selbst* verändern könnte: meine ganze Ohnmacht, Hilflosig-keit und Bedürftigkeit könnte mit aller Macht und Dringlichkeit zutage treten – vielleicht auch meine notorische Einsamkeit.

Der österreichische Schriftsteller Manes Sperber (1905–1984), der in seiner Ju-gend den Kampf für die sozialistische Weltrevolution mit einer Ausbildung in der Individualpsychologe des abtrünnigen Freud-Schülers Alfred Adler (1870–1937) zu verbinden versucht hat schreibt in seinem Werk *Alfred Adler oder das Elend der Psychologie*:

> »Wenn wir gegen Ende des Tages in der Untergrundbahn einer Millionenstadt die unzähligen Gesichter arbeitsmüder Menschen betrachten, die nach Hause, in ihr eigenes Leben, endlich zu sich selber zurückkehren, so entdecken wir in ihnen nicht die Angst vor der Fremde, denn sie fühlen sich in ihrer Stadt nicht fremd, sondern die Furcht vor der Einsamkeit. Eingekeilt neben Dutzenden ihresgleichen im engs-ten Raum, die meisten die gleiche Zeitung in der Hand, entschlossen, abends das gleiche Fernsehprogramm anzusehen – und das gleiche haben sie schon am Abend vorher getan – ist doch jeder von ihnen so einsam wie ein Schiffbrüchiger auf einer morschen Planke im Ozean« (Sperber, 1983, S. 148).

Folgerichtig diagnostizierte Sperber eine Einsamkeit, »die neu ist und massen-haft. Sie ist in der Atmosphäre der Großstadt entstanden, in der man, sobald man das Haus verlassen hat, nicht allein sein kann und immer einsam bleiben muß« (Sperber, 1983, S. 148).

Heute, etliche Jahre später, können einem zu Sperbers Thema »Einsam unter vielen« auch die von mir weiter oben beschriebenen Hotelgäste im Frühstücksraum in den Sinn kommen, die den Blick fest auf ihre Bildschirme heften, statt miteinander Kontakt aufzunehmen.

Am 5. Dezember 2009 berichtete die *Süddeutsche Zeitung* in einer kleinen Glosse über eine Hochzeit, die kurz zuvor in den USA stattgefunden hatte: Der Softwareentwickler Dana Hanna aus Maryland stand dort mit seiner Partnerin Tracy vor dem Traualtar. Als der Priester verkündete: ›Und somit ernenne ich sie zu Mann und Frau‹, zückte Hanna sein Handy und meldete bei Facebook, dass er ab sofort verheiratet sei. Dann gab er bei Twitter ein: ›Jetzt wird es Zeit, meine Frau zu küssen‹, und der Priester sagte: ›Jetzt ist die Ehe offiziell. Es steht bei Facebook.‹

Eine moderne Eheschließung, in der Tat! Ich will noch kurz zitieren, wie der Redakteur Martin Zips diesen bizarren Vorgang sehr treffend kommentiert hat:

> »Im Zeitalter *vor* Facebook war der Mensch, grob gesagt, allein das: Familienmitglied, Arbeitskollege, Freund. Und schon dies hat viele überfordert. Mal war hier mehr Selbstbewusstsein gefragt, mal dort mehr Unterordnung, mal hier mehr Kompromissbereitschaft. Heute ist der Mensch zusätzlich noch ich@bla-bla.com, vorname.nachname@firmenbla-bla.com und rattenschwanz@lotterleben.com (nach 23 Uhr). Der Mensch ist 0172, 0173 und 0160 und nur noch selten übers Festnetz zu erreichen. Er hat mehrere Anrufbeantworter und 34 verschiedene Ebay-Identitäten. Wenn man ihm ein Fax schickt, leuchtet sein Blackberry auf, schickt man ihm eine SMS, vibriert es in seiner Jackentasche. Der Mensch ist Mitglied bei Facebook, Twitter, Lokalisten, Xing und DingensVZ, er versendet aus dem Urlaub Handyfotos und lädt Videos bei YouTube hoch. Der Mensch hat einen Knall« (*Süddeutsche Zeitung*, 5.12.2009).

Das wohl. Aber worin genau besteht diese »Verrücktheit«? Was hat uns aus den überkommenen Kommunikationsgewohnheiten und -stilen so massiv und weit »weggerückt«, dass Szenen wie die oben geschilderte Eheschließung von vielen gar nicht mehr als grotesk, sondern als völlig normal empfunden werden?

Es scheint, als ob große Teile der Menschheit – und insbesondere viele junge Menschen – mit ihrer Hinwendung zu den virtuellen Welten des Internet und insbesondere zu den modernen »sozialen« Netzwerken (die in Wirklichkeit wohl als eher antisozial einzuschätzen sind) auf einen neuartigen Kommunikationsmodus »umgeschaltet« haben, der sich zu dem überkommenen Miteinander, auf das der Mensch in seinen Jäger- und Sammler-Tagen »geeicht« worden ist, etwa so verhält wie die Finanzwirtschaft zur Realwirtschaft. Auch dieser Kommunikationsstil ist – jedenfalls, was seine seelische Wertigkeit anbetrifft – eine Blase: bunt schillernd, aber ohne viel Substanz und wenn er platzt, bleibt kaum noch etwas von ihm übrig.

Ich möchte an dieser Stelle noch einmal betonen, was ich schon weiter oben angedeutet habe: Das »sekundäre System« der modernen Großtechnik und insbesondere der Informationstechnologie funktioniert wie eine riesige Vakuumpumpe, wie ein »Exhauster«: Diese Pumpe vakuumiert unser Innenleben – sie entleert es, sie saugt die überkommenen, in einer Entwicklung über Jahrhunderte hinweg herangebildeten seelischen Strukturen aus ihm heraus. Es sind dies vor allem jene Strukturen, mit deren Hilfe Konflikte bis dato innerlich bewältigt werden sollten, um sie nicht in der Außenwelt aufwendig, zeitraubend und risikoreich austragen zu müssen. Zu diesen »Ich-Leistungen« gehört vor allem auch die Fähigkeit, sich »innere Bilder« von Sachverhalten, Wünschen, Hoffnungen auszuformen – »Vorstellungen«, die nicht in der Realität, sondern in der »Möglichkeitswelt« unserer Sorgen und Ängste, aber auch unserer Hoffnungen und Sehnsüchte angesiedelt sind. Diese Vorstellungen sind Bilder in unserer Seele, nicht auf der Netzhaut unserer Augen. Sie werden imaginiert, nicht wahrgenommen. Durch die Gegenwartszivilisation wird diese Fähigkeit zum »inneren Bild« in ruinöser Weise untergraben, was – langfristig betrachtet – erheblichen sozialen »Flurschaden« anrichten dürfte.

Der Philosoph Christoph Türcke (geb. 1948) hat diesen Prozess in seiner *Kritik der Aufmerksamkeitsdefizit-Kultur* äußerst treffend beschrieben. Unsere inneren, mentalen Bilder seien, so konstatiert Türcke, »blaß und flüchtig wie nie zuvor geworden.« Darin offenbart sich, wie er glaubt – und ich stimme mit ihm in dieser Hinsicht überein – eine sehr verhängnisvolle Tendenz:

»Deren Anfänge mögen undramatisch sein. Doch Phänomene wie die offensichtliche Annäherung von Zeitungen an Illustrierte oder die wachsende Unwilligkeit und Unfähigkeit von Studierenden, einer Vorlesung zu folgen, die nicht mit Bildern unterlegt ist, sind starke Indizien dafür, daß die Anlehnungsbedürftigkeit von Vorstellungen an Wahrnehmungen drastisch zunimmt. Professoren bedienen sie bereitwillig, wenn sie von jedem Autor, den sie in ihrer Powerpoint-Präsentation zitieren, sogleich ein Foto einblenden, damit man sich ›den mal vorstellen‹ kann. Nur konsequent, wenn Patienten dem Psychoanalytiker erst einmal auf dem *ipad* Fotos ihrer Familie zeigen wollen, damit er sich ›die mal vorstellen‹ kann. Hier ist bereits das Stadium nahe, wo Vorstellungen unerträglich werden, wenn sie sich nicht sofort auf Wahrnehmungen stützen können« (Türcke, 2012, S. 75).

Die riesige Überfülle der diversen Stimuli, die in jedem Moment an unsere »Pforten der Wahrnehmung« flutet und dort ein Stakkato von Bildern erzeugt, geht einher mit einer sich beschleunigenden Entleerung unserer Innenwelt. Die vielfältigen virtuellen Realitäten, die von der modernen Informationstechnologie geschaffen werden (zum Beispiel durch Computerspiele) entwerten die traditionellen Fähigkeiten unserer Fantasie und drohen sie auf Dauer zu ruinieren. Die Mannigfaltigkeit der fortwährenden Überstimulierung von außen (nicht nur Bilder, auch Töne gehören dazu, etwa die musikähnlichen Geräusche, mit denen wir in jedem Laden zwangsbeschallt werden!) produziert somit, jedenfalls auf die Dauer, eben jene innere Leere, unter der so viele Zeitgenossen leiden, wenn sie sich nicht in augenscheinlich suchtartigem Verhalten mit hohem Zeitaufwand den elektronischen Verlockungen der modernen Medien überlassen.

Aus Japan ist zu diesem sozialen Problemgemenge das sogenannte Hikkikomori-Syndrom bekannt geworden. Junge Menschen, überwiegend Männer, verlassen über Monate, oft Jahre, hinweg das eigene Heim nicht mehr und sich ziehen sich weitgehend in die virtuelle Welt des Internets und der Computerspiele zurück. Dabei werden sie meist von ihren Müttern versorgt. Obschon dieses Syndrom sicher auch eine Reaktion auf die spezifisch japanischen gesellschaftlichen Verhältnisse darstellt, ist es keineswegs auf Japan beschränkt. Ich habe schon Patienten in einer ähnlichen Situation in unserer Klinik behandelt. Was aber vor allem – jedenfalls nach meinem Eindruck – auch bei uns in Deutschland immer häufiger wird, ist ein Erscheinungsbild, das ich – zumindest vorläufig – »Syndrom der schweren seelischen Stagnation« (»Triple-S-Syndrom«) nennen möchte.

Dieses »Syndrom« ist nach meinen Beobachtungen gekennzeichnet durch:

➤ eine allgemeine Adynamie (Kraftlosigkeit), die sich vorrangig verwirklicht in der Unwilligkeit und/oder Unfähigkeit, die eigene Lebensgestaltung angemessen zu organisieren – bei mehr oder minder deutlicher Tendenz zur allgemeinen Verwahrlosung

➤ eine dem äußeren Anschein nach freiwillig gewählte, tendenziell wachsende Abhängigkeit von versorgenden Institutionen oder Personen – insbesondere von den Eltern und hier wiederum vor allem von der Mutter

➤ eine suchtartige oder suchtähnliche Tendenz zum exzessiven Aufenthalt in virtuellen Welten (Computerspiele, »soziale« Netzwerke etc.)

➤ eine oft sehr weit gehende Abkoppelung vom sozial üblichen Tag-Nacht-Rhythmus

Diese Form des modernen Eremitentums ist sicher auch eine Form der Reaktion auf die immer stärkere soziale Überforderung. Zudem wäre es, wenngleich unter anderen Gesichtspunkten wohl auch möglich, sie als eine Form der Selbst-Therapie zu begreifen.

Ich möchte an dieser Stelle klarstellen, dass ich solche Menschen keinesfalls moralisch verurteile. Ihre Lebensform richtet weniger Schaden an als die eines Waffenhändlers oder Drogendealers, so viel ist sicher. Eremiten und Einsiedler hat es immer gegeben – wenngleich es den Anschein hat, als drohe uns gegenwärtig eine Welle neuartigen Eremitentums. Die Motive, die dorthin führen können, sind jedenfalls nachvollziehbar.

Als Psychotherapeut halte ich mich mit Empfehlungen, wie die Menschen »gut« und »richtig« leben können, ohnehin nach Kräften zurück. Ich bin an etwas anderem interessiert: An der Freiheit der Wahl, an der (Wieder-)Erringung von Gestaltungsspielräumen. Wer als weltflüchtiger Hikkikomori leben *muss*, weil ihn eine überwältigende Angst vor der Welt »da draußen« und vor der Beziehung mit anderen Menschen peinigt, hat keine solche freie Wahl mehr. Und wer das eigene Seelenleben als dunkle, überwältigende Macht erfährt, dessen undurchsichtiges Wirken ihn quält und peinigt, ist in seiner Entscheidungsfreiheit nicht minder beeinträchtigt. Die Gestaltung des Miteinanders mit anderen Menschen ist für unsere Lebensführung in jedem Fall derart wichtig, dass wir versuchen sollten, sie in so hohem Maß wie immer irgend möglich bewusst gestalten zu können.

Die Kenntnis der im Miteinander mit den uns primär vertrauten ersten Bezugspersonen erworbenen Beziehungsmustern einerseits, die zur Gestaltung jedes Miteinander so wichtigen Mentalisierungsfähigkeit andererseits ist dafür unabdingbar. Das eine stellt gewissermaßen den *Motor*, das andere das *Schaltgetriebe* der Beziehungsgestaltung dar; beides sollten wir kennen und mit beidem erfolgreich hantieren können.

Theoretische Übersicht

In der primären Vertrautheit mit unseren ersten und wichtigsten Bezugspersonen, meist also mit Mutter und Vater, entwickeln wir jene Beziehungsmuster, die später sowohl unsere Bemühungen um eine sexuelle Partnerschaft (wie dauerhaft auch immer), aber auch um Menschen, mit denen wir sekundär vertraut werden, entscheidend prägen werden. Diese Bemühungen sind »unterfüttert« von unserer Fähigkeit, Zugang zur »Innenwelt« anderer Menschen zu finden – uns diese vorzustellen, sie zu verstehen und Rücksicht auf sie zu nehmen. Diese Fähigkeit, die natürlich auch wichtig ist, um uns selber verstehen zu können, wird heute gemeinhin »Mentalisierung« genannt. Ihr Erwerb ist störanfällig und kann partiell misslingen. Schwierig wird es insbesondere dann, wenn die Erwartungen an den anderen hoch, die Möglichkeiten, Zugang zu seinem Inneren zu finden, aber eher schwach ausgebildet sind.

Beziehungsprobleme dieser und anderer Art offenbaren sich vor allem in einem destruktiven Umgang mit Verschiedenheit. Wenn deren innere Natur dem seelischen Nachvollzug verborgen bleibt, mündet das meist in zerstörerische Abwertung: »Wenn du dich nur ein bisschen mehr bemühen würdest, so zu sein wie ich, dann wäre alles besser!«, heißt es dann – was der Partner mit Fug und Recht mit dem spiegelsymmetrischen Hinweis kontert: »Du bemühst dich ja selber nicht ...« – und so weiter und so fort ... Die Beziehung wird sich wohl nur dann in konstruktiv-liebevoller Art und Weise fortsetzen lassen, wenn wir mittels Mentalisierung den Beziehungsstil des anderen begreifen und erkennen können, dass er sich nicht primär »gegen uns« richtet, auch wenn wir das »in der Hitze des Gefechtes« so empfinden mögen, sondern entstanden ist, lange bevor wir auf der Bildfläche erschienen sind. Andersartigkeit kann eine Quelle großer Bereicherung sein – aber selbstverständlich nur dann, wenn wir sie nicht mehr als Bedrohung empfinden.

Der Umgang mit andersartigen Wünschen, Affekten und Verhaltensmustern eines Menschen, mit dem ich intensiven Umgang pflegen möchte – sei es eine Freundschaft oder eine Partnerschaft – setzt, soll er erfolgreich sein, ein durchdachtes Verständnis von Verantwortlichkeit voraus. Wie oft erlebe ich in der Praxis, dass Paare, die ihre Beziehung als gefährdet erleben, mit der Verantwortung quasi »schwarzer Peter« spielen – jeder versucht, sie dem anderen zuzuschieben. Eltern können ihre Kinder auf diese Weise nachhaltig quälen und verletzen: »Wenn du so frech bist, bist du mein lieber kleiner Peter nicht mehr«, sagt die Mutter und bürdet durch diese Du-Botschaft dem Sohn die Verantwortung für das Misslingen der Beziehung auf. Ehrlicher wäre es, zu sagen: »Wenn du dich in der Art und Weise XY verhältst, dann möchte ich nicht mehr in deiner Nähe sein« – das problematische Verhalten wird klar benannt und kann diskutiert werden, aber für meine Konsequenz, mich von einem Menschen, der sich so benimmt, lieber fern zu halten, übernehme ich selbst die Verantwortung. Und das ist ja nur korrekt, denn ich selber entscheide mich ja, die Nähe dessen, der sich »wie XY« verhält, lieber zu meiden – aus welchen Gründen auch immer.

Selbstkritische Reflexion des eigenen Beziehungsstils, Training der persönlichen Mentalisierungsfähigkeit, wohlwollendes Akzeptieren der Andersartigkeit der mir nahestehenden Menschen und Anerkennen der eigenen Verantwortlich-keit. Mit der Berücksichtigung dieser vier Grundelemente der Beziehungsgestal-tung habe ich viel getan, um meine Chancen auf ein befriedigendes Miteinander zu verbessern. Scheitern kann ich trotzdem. Aber dann sollte ich vielleicht nach einem Motto verfahren, das der Schriftsteller Samuel Beckett (1906–1989) so zusammengefasst hat:

> »Ever tried.
> Ever failed.
> No matter.
> Try again.
> Fail again.
> Fail better.«

Praktische Nutzanwendung

In der Gegenwartsgesellschaft fühlen wir uns einsam, obschon wir beständig mit anderen Menschen zusammen sind – oft auf engstem Raum. Für praktische Schlussfolgerungen aus den in diesem Kapitel dargestellten Zusammenhänge ist es wichtig, sich immer wieder klar zu machen, dass das bloße Beisammensein mit anderen gegen die moderne Form der Einsamkeit nicht hilft, weil es in den meis-ten Fällen nicht in ein wirkliches Miteinander mündet. Ein solches Miteinander wird uns nur möglich, wenn wir es wollen und auch etwas dafür tun. »Etwas da-für tun« – das bedeutet, Mühe aufzuwenden und gegebenenfalls auch ein Risiko zu wagen, denn der Erfolg fällt uns nicht in den Schoß. Das Risiko besteht sehr oft in der Preisgabe unserer Bedürftigkeit, in der Offenbarung unserer Wünsche. Die hierfür notwendigen Fähigkeiten können wir allerdings trainieren.

Dazu gehört zunächst einmal, dass wir die von uns übermittelten Botschaf-ten selbstkritisch überprüfen. Haben wir eine problematische Hypothese über unseren Mitmenschen formuliert (»Du bist ja heute wieder einmal schrecklich schlecht gelaunt!«), wo es doch sinnvoller wäre, mitzuteilen, wie es um uns selber steht (»Ich halte das schwer aus, wenn du mich immer erst so spät und unzuläng-lich informierst«), wofür wir dann freilich selbst die Verantwortung übernehmen müssten. Möglicherweise wollen wir genau das mit unserer »Du-Botschaft« ver-meiden – aber warum?

Introspektion, also bessere Kenntnis der eigenen Bedürfnisse und Motive, ist eine elementare Voraussetzung zur erfolgreichen Beziehungsgestaltung. Ebenso aber die Fähigkeit, sich in den anderen hineinzudenken und zu fühlen. Vor allem letzteres können wir nicht am grünen Tisch oder im stillen Kämmerlein üben, sondern nur im Kontakt, in der Kommunikation mit anderen Menschen, die wir dann freilich entsprechend gestalten müssen, um ihr für ein entsprechendes »Training« Raum zu geben. Dies kann auch durch den Besuch einer entsprechenden Selbsthilfegruppe geschehen, wie sie heute fast allerorts angeboten werden. Im Kontakt mit den Mitmenschen, deren Andersartigkeit wir achten, ja als Quelle der Bereicherung anerkennen und wertschätzen sollten, so lange sie nicht in unsere Rechte eingreift und uns quält oder verletzt, können wir unseren eigenen Beziehungsstilen und -mustern »auf die Schliche kommen«, um in Zukunft möglichst frühzeitig zu erfahren, wie diese unser Verhalten zu dominieren suchen. Wir gewinnen dadurch den Spielraum, uns gegebenenfalls auch einmal anders zu verhalten, uns aktiv über die eingefahrenen Muster hinwegzusetzen, Neues zu wagen und Alternativen zu erproben. Der Erfolg ist nicht garantiert, Scheitern möglich – »wieder versuchen«, und vielleicht wieder ein wenig anders, und schließlich werden wir besser scheitern, vielleicht aber auch gar nicht mehr.

Je reichhaltiger und verschiedenartiger die Gesellungsformen sind, in denen wir uns bewegen – von der Skatrunde über den Salsakurs bis zur Selbsterfahrungsgruppe –, desto besser, weil differenzierter sind die Erfahrungen, die wir sammeln können. Dies wird uns freilich nicht gelingen, wenn wir uns auf die Rolle des Opfers festlegen (lassen), dem scheinbar immer wieder dasselbe widerfährt. Von einigen wenigen Extremfällen abgesehen, sind wir *bei jeder Form* der Beziehungsgestaltung mitbeteiligt. Viele Mitmenschen, die mit misslauniger Miene ein Restaurant betreten und kein höfliches Wort für den Kellner finden, zeigen sich später empört darüber, dass gerade ihnen ein unattraktiver Platz zugewiesen worden ist (»Immer passiert es *gerade mir*, dass ich so schlecht bedient werde!«) Eine Reflexion über die eigenen Anteile an diesem ja keineswegs schicksalhaften Geschehen indes unterbleibt. Stattdessen präsentiert man sich gerne in der Rolle der vermeintlich wehrlosen Unschuld (»Immer auf die armen Kleinen!«). Auch damit vollziehe ich den bereits beschriebenen, mich selber entlastenden Vorgang der Verantwortungsabwehr – mit dem ich mich freilich auch von eigenen Gestaltungsmöglichkeiten »entlaste«.

Das menschliche Miteinander ist ein so weites Feld, dass sich über seine Gestaltung viele dickleibige Bücher schreiben ließen und auch geschrieben worden sind, darunter einige höchst lesenswerte Texte – etwa der »Klassiker« von Paul Watzlawick und Mitarbeitern 1967.

Im vorliegenden Buch kann es nur darum gehen, das *Grundprinzip* der »praktischen Nutzanwendung« deutlich werden zu lassen: Die Vielfalt der Möglichkeiten menschlichen Miteinanders im persönlichen Erleben zu erfahren und dabei die eigenen Gestaltungsmöglichkeiten Zug um Zug zu erweitern.

Menschliche Interaktion und Kommunikation ist ein störanfälliger Prozess, und wir sollten uns darüber freuen, wie oft er dank der unbewussten Fähigkeiten unseres psychischen Apparates zumindest halbwegs reibungslos funktioniert. Wollen wir diesen Prozess verbessern (vielleicht sogar »optimieren«), weil wir mit seinen bisherigen Ergebnissen unzufrieden sind, geht das nicht ohne Mühe und Zeitaufwand. Wir müssen unsere theoretischen Kenntnisse erweitern und den praktischen Einsatz unserer Fähigkeiten trainieren, wobei wir uns bisweilen – wie bei jeder Art von Training – auch den einen oder anderen blauen Fleck einhandeln werden. Aber es gibt keinen anderen Weg: ohne Fleiß kein Preis! Eine Alternative wäre es, in unserem Kämmerlein zu warten und uns in diversen virtuellen Welten zu verlieren. Dort gibt es Märchenprinzen und -prinzessinnen in schier unendlicher Zahl zu besichtigen; bloß kommen und uns erlösen werden sie mit Gewissheit nicht.

Die Kohärenz

Wenn der Winter naht, ziehen wir andere Reifen auf die Felgen unseres Autos auf, versetzen die Kühlflüssigkeit mit einem Frostschutzmittel und treffen etliche weitere Vorbereitungen für die bevorstehende Zeit verstärkter Belastung. Seltsam genug, dass wir so gut wie nie daran denken, dass auch die Widerstandskraft unserer Seele nicht immer gleich ist und sie gegebenenfalls der Unterstützung durch geeignete Maßnahmen bedarf. Um solche Maßnahmen treffen zu können, ist es freilich unabdingbar, sich Kenntnisse darüber zu verschaffen, was »Widerstandskraft« überhaupt bedeutet und worauf diese Kraft fußt. Erst dann werden wir in der Lage sein, sie immer dann in geeigneter Weise zu fördern, wenn dies dringlich geboten ist.

»Gesundheit!« – so rufen wir einen Mitmenschen zu, der geräuschvoll niest. »Gesundheit« gehört mit großer Sicherheit zu den am meisten genannten Wünschen, wenn einer von uns seinen Geburtstag feiert und von allen Seiten Gratulationen erhält. Doch was wir damit eigentlich meinen, ist offensichtlich wesentlich schwerer zu umreißen, als einen derartigen Wunsch auszusprechen.

In einer ersten Näherung können wir einen Menschen wohl dann als gesund betrachten, wenn er in den mittleren Größenordnungen einer wie auch immer gearteten »Exposition« – einer Bedrohung – sei es durch Schadstoffe, Mikroorganismen oder durch innere und äußere Konflikte – in der Lage ist, sich selbst trotz dieser Gefährdung *gesund zu erhalten*. Es handelt sich dabei also um einen *aktiven Vorgang*: Wie immer wir »Gesundheit« definieren mögen, sie ist offenkundig kein *Zustand*, sondern ein *Prozess* und »nur da vorhanden, wo sie ständig erzeugt wird« (dieser kluge Satz wird dem berühmten   deutschen   Psychosomatiker

Viktor von Weizsäcker, 1886–1957, zugeschrieben[19]). Der sich seine Gesundheit aktiv bewahrende Mensch muss fähig sein, auf Störeinflüsse so zu reagieren, dass diese sein psychophysisches Gleichgewicht nicht dauerhaft destabilisieren. Freilich greift dieser Selbstschutz nur in »subkritischen« Bereichen. Wenn das Verhältnis zwischen äußerem Gefahrenpotential und persönlicher Widerstandsfähigkeit nämlich in einen kritischen Bereich übergeht, kann dies der Dimension jener Gefährdung geschuldet sein aber ebenso einer geringen bzw. aktuell verminderten individuellen »Abwehrkraft« beziehungsweise einer hohen persönlichen Verletzlichkeit, die etwas kompliziert auch »Suszeptibilität« genannt wird.

Wird nun die Widerstandkraft des Individuums überfordert, so resultiert aus dieser mangelnden relativen Kompensationsfähigkeit zunächst eine *Funktions-* oder *Regulationsstörung*. Diese Störung wiederum kann – jedenfalls bei bestimmter Intensität bzw. bei bestimmter Dauer der Einwirkung – in einen *Strukturschaden* münden. Beide Zustände – die Funktionsstörung wie der Strukturschaden – werden umgangssprachlich als »Krankheit« beschrieben, freilich ohne dass eine trennscharfe Definition dieses Begriffes je möglich wäre. Modellhaft könnte die Funktionsstörung durch den schmerzhaften *Angina-pectoris-Anfall*, der Strukturschaden durch die einem örtlichen Gewebstod geschuldete *Narbenbildung* nach einem Herzinfarkt veranschaulicht werden.

Diese einleitenden Definitionen mögen ein wenig umständlich wirken. Sie scheinen mir aber unabdingbar, um deutlich machen zu können von welcher »Widerstandskraft« dieses Kapitel handeln soll.

Und es ist nur auf dieser begrifflichen Grundlage möglich, dass wir uns die weiter reichende und spannendere Frage zu stellen: Worin besteht denn eben diese »Widerstandskraft«, die es dem Organismus Homo sapiens in vielen Fällen ermöglicht, sich aktiv gesund zu erhalten? Allem Anschein nach beruht sie auf der Verfügbarkeit über sogenannte Widerstandsressourcen, wie sie im Salutogenese-Konzept des israelischen Medizinsoziologen Aaron Antonovsky (1923–1994) eingehend erforscht worden sind (Antonovsky, 1997 [1987]; vgl. auch Bastian, 2004).

Freilich hat dieses originelle, mittlerweile auch gut begründete Konzept bisher weder in die Organmedizin, noch in die verschiedenen Spielarten der Psychotherapie Eingang finden können. Im Gegenteil, die Gedanken Antonovskys und seiner diversen Nachuntersucher sind bis heute weitgehend unbekannt und

---

19 Eine zitierfähige Quelle konnte ich allerdings bisher nicht ausfindig machen. Für Hinweise aus der Leserschaft bin ich dankbar!

ungenutzt geblieben. Dabei sind seine Hypothesen gerade im Rahmen einer »Bedienungsanleitung für die Seele«, was der vorliegende Text ja sein will, von unschätzbaren Wert – nämlich als Hinweise darauf, wie wir durch eigene Aktivität unsere Seele und unseren Körper gesund erhalten können, auch angesichts »widriger Umstände«, die unserem Organismus ein hohes Maß an körperlicher und seelischer »Widerstandskraft« abverlangen.

Aaron Antonovsky, der Begründer des hier zu erläuternden salutogenetisch orientierten Gesundheitskonzepts, hat die wesentlichen Grundlagen seiner Theorie schon in den 70er Jahren des vergangenen Jahrhunderts veröffentlicht. Der von ihm geprägte Begriff »Salutogenese« (abgeleitet von lateinisch »salus« = »Heil« und griechisch »genesis« = »Entstehung«) steht im Rahmen dieser Theorie für die Entstehung von Gesundheit. Antonovsky benutzte diesen neuen Begriff bewusst als Gegensatz zur traditionellen Medizin, der er vorwarf, nur die »Pathogenese«, die Entstehung von Krankheit, zu untersuchen – was er für zwar notwendig, aber für keinesfalls hinreichend erachtete.

In seinem ersten weltweit bekannt gewordenen Buch *Health, stress and coping* (*Gesundheit, Stress und Bewältigung*, 1979) hatte Antonovsky noch bündig postuliert: »Menschen mit einem Mangel an Widerstandsressourcen erkranken« (Antonovsky, 1979, S. 85).

Was ist damit gemeint und worum handelt es sich bei diesen Widerstandsressourcen? Bei einer präziseren Ausarbeitung seines Konzeptes in einem zweiten Buch *How people manage stress an stay well* (deutsch unter dem Titel *Salutogenese*, 1997) hat Antonovsky einen »Sense of Coherence« als die entscheidende »Widerstandsressource« beschrieben. Dieses »Kohärenzgefühl« besteht im Kern aus einer unbewussten und schon früh gelernten Lebensstrategie, die drei wesentliche Dimensionen umfasst:

➤ *erstens* das Vertrauen darauf, dass die Ereignisse des Lebens – im Prinzip – vorhersehbar und erklärbar sind
➤ *zweitens* das Vertrauen darauf, dass die Schwierigkeiten des Lebens – im Prinzip – gemeistert werden können
➤ *drittens* das Gefühl, dass diese Welt es auch wert ist, sich in ihr aktiv zu engagieren

Aus den Fragmenten einer unübersichtlichen Welt, an die man unendlich viele Fragen stellen kann, wird quasi eine Bühne gezimmert, die es unserem Selbst möglich macht, eine sinnvolle Rolle zu spielen. Diese Rolle erleben wir als befriedigend. Deshalb trägt sie dazu bei, unsere Gesundheit zu fördern.

Antonovskys Hypothesen sind mittlerweile durch eine Fülle von weiteren Untersuchungen bekräftigt worden. So hat in Deutschland die Bundeszentrale für gesundheitliche Aufklärung schon vor über fünfzehn Jahren einen ausführlichen Sachstandsbericht vorgelegt. Dieser Report betonte ausdrücklich, wie gut das Kohärenzgefühl bei der Erfassung psychischer Gesundheit hervorragend bewährt hat (Bengel et al., 1998, S. 93). Zum selben Ergebnis kommen auch mehrere Studien der Stadt München (Sozialreferat der Stadt München, 2001) sodass die Brauchbarkeit des Konstrukts »Kohärenzgefühl«, das mit einem Fragebogen ermittelt wird, heute als weitgehend anerkannt gelten kann (zum SOC-Fragebogen vgl. Noack et al., 1987). Der an den Münchner Studien beteiligte Sozialpsychiater Heiner Keupp hat vor allem den Zusammenhang zwischen diesem Kohärenzgefühl und dem – gegenläufigen – Gefühl der chronischen Demoralisierung (»Ist doch sowieso alles egal«) zum Beispiel bei Langzeitarbeitslosen beschrieben: »Bei unserer Untersuchung zeigte sich deutlich die umgekehrte Relation zwischen Kohärenzgefühl und Demoralisierung: Je ausgeprägter das Demoralisierungsgefühl vorhanden ist, desto geringer ist das Kohärenzgefühl entwickelt« (Keupp, 1999, S. 28). Dass also der »Sense of Coherence« vor Demoralisierung schützt, darf mit guten Gründen vermutet werden.

Andererseits weisen verschiedene Autoren mit Recht darauf hin, dass Antonovsky selbst sich recht skeptisch über die Möglichkeit einer grundlegenden Veränderung des Kohärenzgefühls im Erwachsenenalter geäußert hatte. Dieser Punkt ist ohne Zweifel diskussionswürdig und diskussionsbedürftig. Es ist deshalb notwendig und sinnvoll, rund 40 Jahre nach Antonovskys ersten bahnbrechenden Veröffentlichungen noch einmal genauer nachzufragen, was wir über die von ihm beschriebenen Widerstandsressourcen lernen können und wo wir ihre Wurzeln vermuten dürfen. Dies wird uns auch dabei helfen, unser Seelenleben so zu gestalten, dass wir über diese Widerstandsressourcen besser und effektiver verfügen können.

Aus den genannten Gründen ist es lohnend, die möglichen Schritte zu einer Entstehung des Kohärenzgefühls in früher Kindheit gründlich zu analysieren. Dann können wir besser erkennen, auf welche »Kraftreserven« sich Erwachsene stützen können und was gegebenenfalls zu ihrer Stärkung getan werden könnte. Antonovsky selbst hat sich diesem Problem freilich allenfalls am Rande seines Lebenswerks gewidmet. Er stützte sich dabei vor allem auf die Ergebnisse jener stark kognitiv ausgerichteten Theorie der kindlichen Entwicklung, die von dem französischen Entwicklungspsychologen Jean Piaget (1896–1980) und seiner Schule erarbeitet worden ist. Aber zur selben Zeit, als von ihm das Salutogenese-Konzept entwickelt wurde, entstand – von Antonovsky offensichtlich unbemerkt oder jedenfalls nicht berücksichtigt – auch ein neuartiges Verständnis der frühkindlichen Entwicklung, das mittlerweile weitgehend zum *common sense* der modernen Psychologie geworden ist. Die Grundlagen dieser neuen Sichtweise wurden, wie heute allgemein anerkannt wird, vor allem von Daniel Stern und anderen Säuglingsforschern gelegt (siehe Stern, 1993; vgl. auch Dornes, 1993). Diese Forscher haben ein methodisch einfallsreiches Instrumentarium der direkten Beobachtung, unter anderem auch durch Videoaufnahmen, entwickelt und sich so von der früher vor allem von psychoanalytischer Seite praktizierten nachträglichen Rekonstruktion kindlichen Erlebens deutlich abgegrenzt. Durch diesen »Quantensprung der Forschung« hat man die Leistungen der Kleinkinder ganz anders einzuschätzen gelernt und Zug um Zug erkannt, über welches erstaunliche Leistungsinventar der »kompetente Säugling« (Dornes, 1993) schon früh verfügt. Und wie sich darüber hinaus noch zeigen lässt, spielt dabei auch das aktive Streben des Kleinkindes nach Kohärenz der Welt und eigener Wirksamkeit in dieser Welt eine bedeutende Rolle.

Ein integriertes Erleben, das Daniel Stern »auftauchendes Selbst« nennt, ist nach seiner Meinung schon im zweiten Lebensmonat des Säuglings vorhanden. Das darauf aufbauende »Kern-Selbst« entsteht zwischen dem zweiten und sechsten Monat. An dieses schließt sich ab dem siebtem Lebensmonat des Kindes das »subjektive Selbst« an: die Bewusstheit, dass hinter dem eigenen Verhalten des Kindes und seiner Bezugspersonen »verborgene Kräfte« wirken, was eine »Affektabstimmung« *(»affect attunement«)* nötig macht (siehe weiter unten). Schließlich, und dieser Aspekt wird für die vorliegende Untersuchung im Mittelpunkt des Interesses stehen, beginnt sich das »verbale Selbst« zu formen. Es dominiert ab dem 15. Monat.

Eine wesentliche Ergänzung zu Sterns Konzept bildet die oben erläuterte Theorie der »Mentalisierung«, wie sie von der britischen Forschergruppe und Peter Fonagy und Mary Target entwickelt worden ist. Es fragt sich nun, wie dieses neue Bild vom kindlichen Selbst mit Antonovskys unabhängig davon entstandenen Konzept des »Sense of Coherence« verbunden werden kann. Eine derartige Verbindung liegt nicht zuletzt deshalb nahe, weil auch Stern der Erfahrung einer »Selbstkohärenz« einen zentralen Stellenwert im ersten Lebenshalbjahr des Säuglings zubilligt.

Die erwähnte »Selbstkohärenz« entsteht – so glauben Daniel Stern und die von ihm beeinflussten »Säuglingsforscher« – zwischen dem zweiten und dem sechsten Lebensmonat des Kindes, und zwar gerade dadurch, dass das sich in dieser Periode entwickelnde »Kernselbst« auf einen »Anderen« (bei Stern: der »Kernandere«) bezogen ist. Das Kind scheint dabei – so Stern – »die interpersonale Bezogenheit unter einer organisierenden Perspektive zu erleben und zu gestalten« (Stern, 1993, S. 104). Es handelt sich um eine Perspektive, der das integrierte Empfinden seiner selbst als ein körperliches Wesen zugrunde liegt – als ein Wesen, »das vom Anderen getrennt ist, über Kohärenz verfügt, seine eigenen Handlungen und Affekte kontrolliert, ein Kontinuitätsempfinden besitzt und andere Personen als von ihm selbst getrennte, eigenständige Interaktionspartner wahrnimmt« (ebd.). Kohärenzgefühl ist also von Anfang an mit dem Erlebnis der Sozialität gekoppelt, die nach Stern in dieser Periode zu erblühen beginnt – »etwas frei formuliert, könnte man sagen, dass das Kind in dieser Zeit einen Intensiv-Workshop des Miteinander durchläuft«, so lautet eine schöne Formulierung von Ursula Ottmüller (2000). Zugleich entsteht auch die Erfahrung der eigenen »Urheberschaft«, ein Erleben, das von anderen Forschern als *Selbstwirksamkeit* bezeichnet wird: die Erfahrung, in der Welt etwas bewirken, etwas erreichen, sich gegebenenfalls auch durchsetzen zu können.

Selbstwirksamkeit (englisch: *self-efficacy*) im genannten Sinn ist nichts anderes als die Fähigkeit, aufgrund eigener Kompetenz Handlungen auszuführen, mit deren Hilfe ein vom jeweils Handelnden als wichtig erachtetes Ziel erreicht werden kann. Der Begriff wurde in den 80er Jahren des 20. Jahrhunderts von Albert Bandura (geb. 1925) geprägt, einem berühmten kanadischen Psychologen und Lerntheoretiker.

Bandura (1977) hatte in seinem theoretischen Entwurf einer umfassenden Theorie des Lernens vier Quellen genannt, aus denen sich seiner Ansicht nach das Gefühl der Selbstwirksamkeit speist:

➢ die Erfahrung, bereits schwierige Situationen erfolgreich gemeistert zu haben
➢ das Lernen aus der Beobachtung anderer, als ähnlich erachteter Personen, die schwierige Situationen meistern
➢ die soziale Unterstützung durch andere beim Meistern schwieriger Situationen
➢ die Fähigkeit, eigene Stressreaktionen bei der Meisterung schwieriger Situationen zu reduzieren

Eine wesentliche Dimension dieses von Albert Bandura konzipierten Selbstwirksamkeitsgefühls (oder genauer gesagt: der Erwartung, *selbst wirksam sein zu können*) ist die sogenannte *interne Kontrollüberzeugung*. Darunter wird die Annahme verstanden, als Akteur generell in der Lage zu sein auf die Außenwelt

Einfluss zu nehmen – diese also nicht stringent als vom Glück, vom Zufall oder »von denen da oben« gestaltet zu erleben. In der Konsequenz wirken die erzielten Handlungserfolge dann – jedenfalls der Möglichkeit nach – im Sinne einer positiven Rückkoppelung auf die eigene Selbstwirksamkeitsüberzeugung zurück. Man sucht sich dann anspruchsvolle Aufgaben, weil man sich stark genug für diese fühlt, und wenn man solche Anforderungen bewältigt hat, wächst das Vertrauen in die eigene Kompetenz weiter an. Kurzum: *Nichts ist erfolgreicher als der Erfolg.*

Das Gefühl der Selbstwirksamkeit fußt also auf dem Vertrauen auf die eigene Kraft, in der Sprache der Psychoanalyse: auf den Erfolg der eigenen »Ich-Leistungen«. Schon Gründervater Sigmund Freud hatte beschrieben, wie Erfolgszuversicht den wirklichen Erfolg zeitigen kann. Auf die eigene Biografie angewandt, führte er diese Zuversicht auf die Gewissheit zurück, der »Liebling der Mutter« gewesen zu sein, also das vom Schicksal begünstigte Kind. Die Spannung zwischen Selbst-Ideal und dem konkret erfahrbaren realen Selbst ist nicht übermäßig groß, und mit jedem Erfolg sinkt sie weiter ab.

In Antonovskys salutogenetischem Konzept taucht diese Variable ebenfalls auf – man erinnere sich, siehe oben, an das für den Sense of Coherence konstitutive »Vertrauen darauf, dass die Schwierigkeiten des Lebens – im Prinzip – gemeistert werden können«. Allerdings hat Antonovsky mit dieser »Handhabbarkeit« in erster Linie das Leben des (gesunden) Erwachsenen im Auge, und diese Position bedarf dringend – wie im vorliegenden Text versucht – der Ergänzung aus individualgenetisch-biografischer Sicht.

Ist das »Kernselbst« samt der ihm innewohnenden Selbstkohärenz und Selbstwirksamkeit erst einmal entstanden und gefestigt, so wird das Kind sich vor allem dann ungefährdet weiter entwickeln können, wenn es sich als ein an seine Bezugspersonen »sicher gebundenes« Wesen erfährt.

Aber diese Bindung zwischen Kind und Betreuern ist niemals störungsfrei. An den möglichen »Fehlabstimmungen« zwischen Kind und Bindungsperson hat Stern die Über- und die Unterstimulierung unterschieden. Ein typischer Grund für eine Überstimulierung durch den betreuenden Erwachsenen (in der Regel die Mutter) liegt darin, dass dieser jede Abwendung des Kindes als eine »Zurückweisung im Miniaturmaßstab« bewertet und mit erhöhter eigener Aktivität beantwortet. Die Reaktion des Kindes auf eine solche, nach kindlicher Zuwendung übermäßig begierige, Mutter kann dann ein ausgeprägtes Vermeidungsverhalten sein. Unterstimulierten Babys hingegen gelingt es nur selten – und wenn, dann mit großer Mühe – die Aufmerksamkeit ihrer Mütter zu erringen oder sie gar in Begeisterung zu versetzen. Hierzu passt die geniale Formulierung von Heinz Kohut (1913–1981), der gesunde Säugling müsse »den Glanz im Auge der Mutter« erkennen können. Dies wird aber kaum möglich sein, wenn die Mutter nur wenig Augenmerk für das Kind übrig hat, weil sie dieses aufgrund eigener Probleme nur in geringen Maß wahrnimmt und beachtet. Diese unterstimulierten Kinder – schreibt Stern – erwerben aufgrund ihres spezifischen Trainings, sich Aufmerksamkeit zu verschaffen, oft schon früh eine Art »altklugen Charme«, aber ihr Spektrum an verfügbarer affektiver Übereinstimmung oder Kohärenz bleibt klein (Stern, 1993, S. 277ff.).

Die gelungene oder misslungene Feinabstimmung zwischen Erwachsenen und Kind prägt vor allem den Aufbau des »subjektiven Selbst«, wie er im Jahr nach dem sechsten Lebensmonat erfolgt. Das Interesse der motorisch zunehmend agilen Kinder ist jetzt immer stärker »gegenständlich« orientiert. Sie erleben intensive Freude, wenn sie ein neues Spielzeug er- und »begreifen« können, aber auch heftigen Schmerz, wenn ein derartiges »Ding« verloren geht oder außerhalb der eigenen Reichweite liegt. Freude und Schmerz des Kleinkindes spiegeln sich in der aktiven Anteilnahme der vertrauten Bezugsperson wider und werden dadurch entweder gesteigert oder bis zur Erträglichkeit abgemildert. Das Sprichwort »Geteiltes Leid ist halbes Leid, geteilte Freude ist doppelte Freude« eignet sich gut als Motto für diese Entwicklungsperiode. Stern spricht hier von der »transmodalen Feinabstimmung«. Wenn das Kind sich, beispielsweise, einem Gegenstand nähert und ihn schließlich ergreift, wird diese Aktivität oft durch Bewegungen, Mimik, Gesten und Laute des Erwachsenen begleitet. Im Rahmen einer »sicheren Bindung« erfolgt diese »Affektabstimmung« eher undramatisch und beiläufig. Das Kind spielt auf dem Boden, die Mutter telefoniert dabei und das Kind denkt gar nicht daran, mit seinem Spiel innezuhalten, weil es »weiß« (d.h. bereits erfahren hat), dass die Mutter es trotzdem im Auge behält. Erst die Fehlabstimmung – die Mutter will ihr Kind zu stärkerer Aktivität bewegen, bzw. zu dem, was sie für »richtig« hält, damit es »etwas lernt« (Überstimulierung), oder aber sie ist so in Anspruch genommen, dass sie gar nicht bemerkt, wenn es ihr etwas zeigen will (Unterstimulierung) – bringt diesen Prozess aus dem Gleichgewicht. Mit Sterns eigenen Worten:

> »Letztlich geht es um nichts geringeres als die Erkenntnis, welcher Teil der privaten Welt inneren Erlebens mit dem Anderen geteilt werden kann und welcher Teil außerhalb des Bereichs gemeinsamer menschlicher Erfahrung liegt. Auf der einen Seite steht die psychische Einbindung in die menschliche Gemeinschaft, auf der anderen Seite die psychische Isolation« (ebd., S. 183).

Im ersten Lebensjahr nach der Geburt des Kindes entwickelt sich die rechte Gehirnhemisphäre deutlich schneller – pointiert könnte man fragen, ob die linke Hemisphäre auf die Sprachentwicklung »wartet«. Mit dem Spracherwerb im zweiten Lebensjahr, der nach Stern zur Entwicklung eines in seiner Gesamtorganisation veränderten »verbalen Selbst« führt, erweitern sich die Möglichkeiten der intersubjektiven Bezogenheit enorm. Zugleich liegt hier aber eine »vulnerable Phase« der Entwicklung vor, die einer eingehenden Betrachtung wert ist – auch deshalb, weil ich hier die entscheidende Koppelung mit der Entstehung eines mehr oder minder stark ausgeprägten »Sense of Coherence« vermuten möchte.

Die Entstehung des verbalen Selbst bedeutet ja nicht nur jenen gewaltigen Fortschritt, als der diese Aneignung neuer Fähigkeiten aus der Erwachsenenperspektive betrachtet erscheinen mag. Im Leben des sich inmitten vielfältiger sozialer Bezüge entwickelnden Kleinkindes ist sie gepaart mit einem herben Verlust: den Verlust an unmittelbarer, körperbetonter, vorsprachlicher Nähe (diesen Zwiespalt haben wir bereits weiter oben, S. 78 und S. 110, erläutert – vgl. dazu auch Stern, 1993, S. 251). Interessanterweise ist dieser Zeitpunkt gekoppelt mit einem hirnorganischen Vorgang von ebenfalls einschneidender Bedeutung. Hat bis dahin die Zahl der Nervenzellen – bei Geburt etwa einhundert Milliarden! – und damit auch deren Verschaltung zu neuronalen Netzwerken im kindlichen Gehirn rasant zugenommen, nimmt sie jetzt plötzlich und drastisch *ab*. Der im Jahr 2005 verstorbene Hirnforscher Detlev Linke beschreibt dies in seinem populärwissenschaftlichen Buch *Einsteins Doppelgänger* folgendermaßen:

> »Im vierten Lebensjahr treten [...] Hemmvorgänge im Nervensystem stärker in den Vordergrund. Sehr viele Neuronen sterben jetzt ab, und die Erfahrung der Welt konstituiert sich über das Weglassen des jetzt als unwesentlich Angesehenen. Es gibt also auf biologischer Seite einen objektiven Prozess, der als Matrix für inhaltliche Einschränkungen angesehen werden kann. Die Reduktion der Nervenzellen ermöglicht eine bessere Funktion der bleibenden Neuronen« (Linke, 2000, S. 41).

Interessanterweise erfolgt diese »Konzentration auf das Wesentliche« ziemlich genau dann, wenn die Formierung des »verbalen Selbst« abgeschlossen ist, das Kind also über den sprachlichen Kommunikationsmodus verfügt. Umgekehrt bedeutet das »Weglassen des Unwesentlichen« im oben genannten Sinn vor allem eine Zurückdrängung der nonverbalen Interaktion und damit auch eine weitgehende »Entmachtung« des prozeduralen Gedächtnisses durch das explizite. Die »benennbare«, sprachlich vermittelbare Erinnerung tritt in den Vordergrund, die oft unbewusste und nicht kommunizierbare (also »prozedurale«) Speicherung des »Wie« verliert an Bedeutung.

Man könnte also salopp, aber nicht unzutreffend sagen, das Kind werde in dieser Periode biologisch *und* sozial neu »zentriert«.

Ist das zwar schon sozial orientierte, aber noch sprachlos agierende subjektive Selbst zur Zeit des soeben skizzierten »großen Umbruchs« bereits in sich kohärent und auf das Erleben einer kohärenten Welt ausgerichtet, die sich durch eigene Aktivität gestalten lässt, ohne dass darauf soziale Katastrophen wie körperliche Misshandlungen und/oder Liebesverlust folgen, so können die neuen Modi des Seins und der Kommunikation in dieses bereits bestehende System integriert werden. Ist dies nicht der Fall, zum Beispiel wenn das als »unwesentlich« auf dem Lebensweg Zurückgelassene nicht durch adäquaten Neuerwerb ersetzt wird, so sind »Sollbruchstellen« im Selbst- und Weltverständnis wahrscheinlich – etwa die Erfahrung, dass die Welt etwas ist, wovor man auf stets der Hut sein muss, das uns durch dramatische, unvorhergesehene Widerfahrnisse überwältigt etc. Gewiss kann ein derartiges frühkindliches »Weltbild« durch spätere Erfahrungen noch relativiert werden. Die große Bedeutung der Pubertät für solche korrigierenden emotionalen Erfahrungen ist lange Zeit sträflich unterschätzt worden.

Wird es aber im Gegenteil durch fortdauernde Mikro- und/oder Makrotraumen bestätigt und bekräftigt, ist der Weg in ein problematisches Leben bereits gebahnt. Die mit der seelischen Problematik einhergehende geringere salutogenetische Kompetenz lässt plausibel werden, warum »Neurotiker« beiderlei Geschlechts ebenso wie andere Menschen mit einer seelischen Störung von Krankheitswert sehr oft auch mit einer erhöhten physischen Verletzlichkeit behaftet sind – von der chronischen Nasennebenhöhlenentzündung bis hin zum Magengeschwür bei Besiedelung mit *Helicobacter pylori*, der sich als mehr oder minder harmloser »Untermieter« bei außerordentlich vielen Menschen finden lässt, ohne in jedem Fall zum »Krankheitserreger« zu werden.

Die Bedeutung der Entstehung salutogenetischer Kompetenz schon in der frühkindlichen Entwicklung wird auch durch die entwicklungspathologische Resilienzforschung deutlich, die sich in den 70er Jahren an die Einsicht knüpfte, dass »die Unterschiede zwischen Kindern, die ernsthafte Störungen entwickeln, und denen, die im Bereich des Normalen bleiben, nicht in Begriffen der Anwesenheit oder Abwesenheit von Problemen gesucht werden konnten, sondern in der Art und Weise des Umgangs mit diesen Problemen« (Göppel, 1997, S. 120). Der »widerstandsfähige« Umgang mit seelischen Belastungen wird dabei als »Resilienz« bezeichnet.

Eine – gewiss nicht die einzige – wesentliche Quelle dieser Resilienz könnte darin zu finden sein, dass sich in der oben skizzierten Art und Weise ein wirksamer »Sense of Coherence« bereits hat entwickeln können.

In empirischen Querschnitts- und Langzeitstudien zu Problemen der Deprivation und der Protektion, etwa in der berühmten Kauai-Studie von Emmy Werner (geb. 1929) und ihren Mitarbeitern – eine Übersicht hierzu findet sich bei Dornes 1997 – wurden Kinder des Geburtsjahrganges 1955 auf der Insel Kauai beobachtet, die Schmerz- und Verlusterfahrungen (schwerwiegende Krankheit oder Tod von Familienangehörigen, sozialen Abstieg und/oder Kriminalität der Eltern, Krieg und Flüchtlingselend u.ä.) zu bewältigen hatten, und zwar über viele Jahre hinweg. Bei den meisten Kindern führten solche Erfahrungen zu Antriebslosigkeit, Lernstörungen, sozialer Isolierung, Aggressivität, Hyperaktivität und nicht zuletzt zu oft gravierenden Gesundheitsstörungen. Ihnen stand eine kleinere Zahl »resilienter« Kinder (umgangssprachlich oft als »unbesiegbar« oder »unverwüstlich« bezeichnet) gegenüber, deren Entwicklung bei vergleichbaren Ereignissen weitgehend unbeeinträchtigt blieb.

Die mit diesem Forschungsgebiet befassten Wissenschaftler sind sich – trotz unklarer Detailfragen – darüber einig, dass es den »resilienten« Kindern gelingt, Erwachsene in ihrem Umfeld zu »positiven und freundlichen Rückmeldungen« zu veranlassen – sich also bei Versagen der Eltern gegebenenfalls auch Kompensation zu verschaffen. Resilienz ist im Grunde keine Eigenschaft, sondern das Ergebnis einer spezifischen Aktivität. Das Fundament für die besonderen Fähigkeiten solcher resilienter Kinder (zur Erinnerung: »Gesundheit ist kein Zustand, sondern ein Prozess und nur da vorhanden, wo sie ständig erzeugt wird«) scheint in einer außergewöhnlichen emotionalen Kompetenz zu liegen (anders ausgedrückt: in einer guten Mentalisierungsfähigkeit), die sie auch im Umgang mit Gleichaltrigen zu »lebhaftem und phantasievollem Spiel«, konzentriertem und zielorientiertem Verhalten und gehäuften »empathischen Reaktionen gegenüber dem Kummer anderer Kinder« befähigt. Resiliente Kinder sind bei ihren Altersgenossen wohl auch deshalb beliebt, weil sie diesen emotionale Ressourcen eröffnen und auf diese Weise dabei helfen, eigene Entwicklungsprobleme zu bewältigen. Ich halte es durchaus für möglich, dass hier auf der »horizontalen Achse« von Identität und Beziehung eine fehlende bzw. mangelhafte Feinabstimmung auf der lebenslang wirksamen Ebene des Kernselbst und des subjektiven Selbst quasi nachgearbeitet werden kann.

Was in verschiedenen Studien als Resilienz beschrieben worden ist, ist vermutlich nichts anderes als der Beweis hoher salutogenetischer Kompetenz unter ungünstigen Bedingungen. Und dieser Kompetenz wohnt eine starke soziale Komponente von vorneherein inne. Auch im späteren Leben erweist sich die Bindungsfähigkeit als wichtiger Teilfaktor der leiblich-seelischen Widerstandskraft. Besondere Bedeutung kommt hierbei offensichtlich der »horizontalen Achse« der Identität zu, also dem Umgang mit gleichaltrigen Menschen, mit Geschwistern und Freunden, mit den verschiedensten »Peergroups« bis hin zur Wohngemeinschaft. Dieser »Horizontalität« fehlt in hohem Maße jenes Machtgefälle, das der »vertikalen« Sozialität, der Beziehung zwischen der älteren und der jüngeren Generation, wesensmäßig innewohnt (man erinnere sich, dass in dem Mythen und Märchen des Weltkulturerbes, von Ödipus bis zu Hänsel und Gretel, die manifeste Gewalt immer die *Gewalt der Alten gegen die Jungen* ist). Sie ist – jedenfalls der Tendenz nach – von Solidarität und lebendigem Miteinander geprägt. Es gilt also eine doppelte Wechselbeziehung: Kohärenzgefühl und soziale Kompetenz machen es dem Kind möglich, diese »horizontale Achse« seiner Identität zu festigen. Dem Erwachsenen dient diese Achse seiner Identität samt der durch sie ermöglichten Beziehungserfahrungen dann wiederum als wesentliche Widerstandsressource.

Dieses Kapitel hat hoffentlich deutlich werden lassen, wie wir uns ein starkes, uns oft genug gesund erhaltendes Kohärenzgefühl als integralen Bestandteil einer störungsarmen frühkindlichen Entwicklung vorstellen können. Und es scheint plausibel, dieses Kohärenzgefühl gerade dann für stark entwickelt zu halten, wenn die kindliche Entwicklung insgesamt als kohärent erfahren wird, also nicht von inneren Widersprüchen und Ambivalenzen geprägt wird und in ihren großen Entwicklungslinien organisch eine Stufe auf die andere baut, statt sich von einer Katastrophe in die nächste fortzuentwickeln. Kurz und bündig formuliert: Das Kohärenzgefühl, diese wichtigste unserer Widerstandsressourcen, ist das Produkt einer kohärenten Entwicklung.

Dies bedeutet nun nicht, dass sich im Erwachsenenalter zur Stärkung der eigenen Widerstandressourcen nichts mehr tun ließe. Der eher skeptische Standpunkt, den Antonovsky selbst zur Möglichkeit eines »nachholenden Trainings« eingenommen hatte, scheint mir sachlich nicht gerechtfertigt zu sein. Freilich gilt es, sich genau zu überlegen, was man tun will und warum.

Theoretische Übersicht

Die Entwicklung unseres Seelenlebens lässt nicht nur unser Gedächtnis ausreifen, unsere Mentalisierungsfähigkeit entstehen, unsere Beziehungsmuster ausreifen und so fort. Sie stattet uns auch mit der Fähigkeit aus, den Widrigkeiten der Außenwelt Paroli zu bieten. Für diese Widerstandsfähigkeit gegen Schadstoffe und andere Störfaktoren ist, wie im Salutogenese-Konzept des Medizinsoziologen Aaron Antonovsky ausführlich beschrieben, die Verfügbarkeit über »Widerstandsressourcen« entscheidend. Zu diesen gehört ein »Lebensgefühl«, das Antonovsky »Sense of Coherence« genannt hat – eine Ressource, die wir in früher Kindheit erwerben, aber auch noch als Erwachsene fördern und trainieren können. Ihr Wesen besteht in einem kohärenten, auf einen sinnhaften Lebensvollzug ausgerichteten Weltgefühl. Nihilistischer Zweifel (»Alles ist eitel …« – »Hat ja alles doch keinen Zweck« …) ist allem Anschein nach unserem Wohlbefinden nicht förderlich, sondern eher gesundheitsschädlich. Diese Einsicht wird durch eine Fülle von Studien belegt (eine Übersicht bei Bastian, 2004).

Es gibt allerdings auch noch andere Widerstandsressourcen als das »Kohärenzgefühl«. Das Eingewobensein in ein möglichst vielfältiges Beziehungsnetz beispielsweise, aber auch die Fähigkeit, die uns umgebende Natur als Quelle der Kraft und der Freude erleben zu können. Es wirkt sich also nicht nur das Miteinander in positiv erlebten Beziehungen, sondern auch die Fähigkeit, einen emotional »sicheren Ort« in der uns tragenden und ernährenden Natur zu finden, positiv auf unsere Widerstandkraft aus.

Und von ganz besonderer Wichtigkeit ist ohne Zweifel das Vermögen, von den eigenen Widerstandsressourcen in flexibler, situationsadäquater Weise den jeweils sinnvollen Gebrauch zu machen – eine intuitive Fähigkeit, die mit jeder »Selbstwirksamkeitserfahrung«, also mit dem Erleben, eine körperliche Krankheit oder eine seelische Krise erfolgreich gemeistert zu haben, an neuer Kraft gewinnt. Darin liegt auch der tiefere Sinn von zwar abgedroschenen, aber deswegen längst nicht falschen Redensarten wie »Man wächst an seinen Herausforderungen« oder »In jeder Krise liegt-eine Chance«. Richtig ist, dass das griechische Wort »Krise« eigentlich nur »Wendung« bedeutet. Das ingenieurhafte Vorgehen jedoch, das bestimmte Erscheinungsformen (oder »Symptome«) beseitigt oder zumindest überdeckt – und dies nach Art einer »End-of-the-pipe«-Technik (siehe dazu S. 11, Fußnote 1), meist ohne die grundlegenden Mechanismen zu ändern – nimmt uns immer wieder gerade durch den scheinbar so schnell erzielten Erfolg (der nur bis zur nächsten Krise anhält) die Möglichkeit zum wirklich nachhaltigen Lernen.

Das Ergebnis eines solchen selbstständigen Lernens ist eine hohe persönliche Souveränität – die Unabhängigkeit von den Urteilen und Erwartungen anderer. In einer solchen inneren Souveränität liegt der Grund für die erhöhte Lebenserwartung, die der britische Psychologe David Weeks bei den von ihm untersuchten

Exzentrikern gefunden hat (Weeks, 1996). Er hatte seiner Studie den bezeichnenden Untertitel *Über das Vergnügen, anders zu sein* gegeben. Eigenbrötlerische Lebenskünstler leben ganz offensichtlich nicht nur besser, sondern auch länger. Das Deutsche Ärzteblatt hatte, die Untersuchung von David Weeks indirekt bestätigend, vor rund fünfzehn Jahren in einem Editorial mit dem Titel »Wie wird man über 100 Jahre alt« die vorliegenden Studien über die Lebensführung sogenannter »Supersenioren« (d. h. von Menschen, die älter sind als 100 Jahre) kurz und bündig zusammengefasst: »Supersenioren sind Menschen, die ihrer Umwelt gegenüber selbstbewusst, entspannt und eher dominant auftreten« (Deutsches Ärzteblatt, Heft 36/1999). Sie sind, mit anderen Worten, Menschen, die von ihren Widerstandsressourcen sinnvoll Gebrauch zu machen wussten.

Praktische Nutzanwendung

Es ist mir durchaus bewusst, dass die gegenwärtige gesellschaftliche Entwicklung dem Erleben von »Selbstwirksamkeit« und anderen Erfahrungen sachlicher und sozialer Kompetenz nicht den Boden bereitet, sondern weit eher das Wasser abgräbt! Der Einzelmensch muss sich in wachsendem Maße als Spielball überlebensgroßer, oft globaler Mächte und Kräfte fühlen, denen er nahezu ohnmächtig ausgeliefert ist.

Und dennoch ist unser Spielraum nicht gleich null. Er ist sogar in den meisten Fällen größer, als wir das wahrnehmen und begreifen. Nicht wenige unter uns gleichen jenem Gefangenen, von dem die Fabel erzählt, dass er lange Jahre in seiner Zelle verbracht hat, ohne je zu bemerken, dass die Kerkertüre stets unverschlossen gewesen ist. Soll heißen: Unsere faktische Abhängigkeit wird durch eine eigentümliche seelische Disposition noch vergrößert, nämlich durch die Neigung, anderen Macht über uns einzuräumen, uns anderen auszuliefern, *weil wir uns ihnen ausgeliefert fühlen.*

Dieses Gefühl lässt sich minimieren, wenn wir unsere Ziel- und Wertentscheidungen (jenes »innere Navigationssystem«, von dem im nächsten Kapitel ausführlich die Rede sein wird) tendenziell aus der Verbindung zu ihrer Umwelt lösen. Das bedeutet, dass wir unabhängiger werden von den Erwartungen und Zielvorgaben anderer.

Es gilt also, sich in der »Kunst des Eigensinns« zu üben, das partielle »Aussteigen« aus dem »Mainstream«. Dies ist gleichbedeutend mit der Entwicklung einer »Außenperspektive«, die uns die Geschäftigkeit der Gegenwartsmenschen in ihrer ganzen Fragwürdigkeit erkennen lässt. Erinnern wir uns noch einmal an die Frage, die sich Henry David Thoreau gestellt hatte, während er von seiner Holzhütte aus auf das Wasser des Walden-Teiches blickte: »Warum haben wir es alle so verzweifelt eilig, zu Erfolg zu kommen, noch dazu in so verzweifelten Unternehmungen?« Aber man muss ja nicht gleich die gesamte bürgerliche Existenz an den Nagel hängen, was ja auch Thoreau nur für einen begrenzten Zeitraum getan hat. Doch heute prüfen die meisten Mitmenschen gar nicht erst, ob sie nicht eventuell die Möglichkeit zu einem »Sabbatical« hätten. Es gibt im Alltagsleben viel mehr Möglichkeiten für »kleine Fluchten«, als wir uns das gemeinhin träumen lassen!

Solche Fluchten lassen sich weit besser organisieren, wenn wir eine seelische »Mehrfelderwirtschaft« betreiben, also jede Monokultur vermeiden, denn diese ist auch für die »Ökologie der Seele« wenig günstig. Wenn wir an einem Themengebiet die Lust verlieren, unsere Einfälle versiegen und wir das Gefühl haben, nicht weiterzukommen – dann gehen wir weiter und betätigen uns auf einem anderen Feld. Und wir sollten uns unsere Betätigungsfelder nicht vom »Mainstream«, nicht vom sozialen Erwartungsdruck der Mitwelt vorschreiben lassen. Wir sollten, um noch einmal Thoreau zu zitieren, lieber auf unseren eigenen »inneren Trommler« hören, als uns den Rhythmus der anderen aufzwingen zu lassen.

Zur seelischen Mehrfelderwirtschaft, die sich nicht von den vermeintlichen Segnungen der Agrartechnik beeindrucken lässt, gehört auch der Umgang mit Wildwuchs, abwertend auch »Unkraut« genannt. Wir sollten in unserem Leben »Schmutzecken« zulassen können, Randgebiete, die nicht ständig gedüngt und gejätet werden! Solche »Schmutzecken des Lebens« sind in räumlicher Hinsicht das, was in der zeitlichen Dimension die Rhythmen und Rituale, die »rites de passage« für den Ablauf unseres Daseins bedeuten: Zonen »außerhalb der Ordnung«, die schon dadurch, dass sie existieren, das gesamte System verändern. Zu solchen »außerordentlichen« Territorien gehört nicht nur die Schreibtischschublade, in der wir allen möglichen Krimskrams verwahren, sondern gegebenenfalls auch der nicht gemähte Rasen, der nicht gewaschene Wagen, das nicht geschminkte Gesicht, die nicht getragene Krawatte.

»Die Blume welkt, wenn wir von ihr nicht lassen wollen, das Unkraut sprießt, wenn wir es widerwillig wachsen sehn«, sagt treffend der Sinnspruch eines japanischen Zen-Meisters. Die Verbissenheit, mit der wir das Leben planen und kontrollieren, hindert uns allzu oft daran, es zu genießen. Dort, wo wir Wildwuchs zugelassen haben, blühen später oft unerwartet schöne Blumen. Vielleicht können wir uns von ihnen zu einer neuen Leidenschaft anregen lassen, zu einem »Steckenpferd« oder einer »Marotte« (was auf Französisch eigentlich »Narrenkappe« bedeutet!). In solchen Passionen lässt sich vielleicht auch der sichere Ort finden, der uns zumindest zeitweise die nötige Rückzugsmöglichkeit bietet, um den Wahnsinn des Alltags und der Normalität, um das Berufsleben im Hamsterrad besser ertragen zu können.

Regelmäßiges und systematisches Nachdenken darüber (möglicherweise mit einem Entspannungsverfahren verknüpft), ob ich wirklich *tun muss,* was ich *nicht tun will,* gehört ebenso zum systematischen Training in der Kunst des Eigensinns wie der Austausch mit anderen über derartige und ähnliche Probleme – gerade dann, wenn ich mir die zu diesem Zweck taugliche Gesprächsgruppe erst suchen oder sogar selber schaffen muss. Anlässe sich in aversivem Verhalten, in der Abgrenzung von anderen zu üben, liefert uns das Alltagsleben die Gelegenheiten dutzendfach frei Haus, wir müssen sie nur zu nutzen wissen. Hier kann der »feste Vorsatz« wieder einmal außerordentlich hilfreich sein – ich gehe ins Restaurant, aber nur unter der Bedingung, dass ich »Nein!« sage, wenn ein anderer Gast fragt, ob der Platz hier am Tisch noch frei ist. Oder ich kaufe mir ein neues Jackett, aber nur unter der Bedingung, dass ich es umtausche, wenn es mir am Ende doch nicht gefallen sollte.

Nicht um jeden Preis einen angesehenen Platz in der Welt finden wollen, sondern lieber die Welt so zu gestalten versuchen, dass man in ihr einen Platz finden möchte – und sich immer wieder neu darüber Rechenschaft ablegen, welche Ziele ich für die mir noch verbleibende Lebensspanne ansteuern möchte. Dieses Bemühen kann mir zu dem Erlebnis verhelfen, Teil eines größeren Zusammenhangs zu sein, dem ich meinen Wert und meine Würde verdanke. Je mehr ich über solche Zusammenhänge nachsinne, desto geringer wird die Bedeutung des lärmenden, hektischen Gegenwartsgetriebes, desto geringer auch mein Gefühl, von der Anerkennung anderer abhängig zu sein.

Ich glaube, dass es eben jenes Kohärenzgefühl ist, aus dem heraus Rilke seine klassischen Verse gedichtet hat:

> »Ich lebe mein Leben in wachsenden Ringen
> die sich über die Dinge ziehn.
> Ich werde den letzten vielleicht nicht vollbringen,
> aber versuchen will ich ihn.«

Der Sinn

»Da war das ruhende All.
Kein Hauch, kein Laut ...
Noch war der Erde Antlitz nicht enthüllt ...
Unbeweglich und stumm war die Nacht.
Aber im Wasser ... waren diese:
Der Sieger Tepeu und die
Grünfederschlange Gucumatz ... –
In Dunkelheit und Nacht kamen
Tepeu und Gucumatz zusammen
und sprachen miteinander:
Es geschehe ...!«

Wenn wir eine Fahrt mit dem Automobil beginnen, steuern wir in der Regel ein bestimmtes Ziel an. Wir kennen die Strecke, haben uns im Atlas, auf der Karte oder auf dem Stadtplan des richtigen Weges versichert oder wir nutzen die Dienste eines modernen Navigationssystems. Jedenfalls fahren wir in den seltensten Fällen »blindlings drauf los«. Warum aber machen wir uns, kaum haben wir das Auto verlassen, kaum noch Gedanken über jene »inneren Navigationssysteme«, die uns nach den richtigen Zielen für unser Leben suchen lassen?

Der zum Beginn dieses Kapitels leicht verkürzt zitierte Ursprungsmythos der Maya-Kultur, das sogenannte *Popol Vuh* (in dessen Verlauf Tepeu und Gucumatz nach den Tieren auch den Menschen erschaffen: »*Aus Erde, aus Lehm machten sie des Menschen Fleisch*«!) verdankt seine Erhaltung gleichermaßen dem Zufall und dem seit 1688 in Mittelamerika missionierenden katholischen Pater Francisco Ximenez. Denn diesen spanischen Geistlichen erinnerte der heidnische Text so sehr an den ihm wohlbekannten biblischen Schöpfungsmythos (vgl. 1 Mose 1,1ff.), dass er ihn gerührt kopierte und in seine eigene Muttersprache übersetzte.

Der Religionswissenschaftler und Privatgelehrte Harald Strohm, der diese Anekdote an den Anfang seines lesenswerten Buches *Über den Ursprung der Religion* gesetzt hat, merkt dazu noch an:

»Was Padre Francisco noch nicht ahnen konnte, war, daß diese merkwürdige Parallelität zum Schöpfungsmythos des Alten Testaments nur ein Beispiel von vielen ist. Denn analoge Schöpfungsmythen finden sich in den unterschiedlichsten alten Kulturen verstreut über die gesamte Erde [...]. Überall begegnet uns, mehr oder weniger vollständig, eben jener Mythos, dessen Grundstruktur sich aus den folgenden Elementen zusammensetzt: Am Anfang existierte (1) ein chaotisches Urwasser, eine undifferenzierte Urfinsternis, die durch (2) das gesprochene Wort eines oder mehrerer (3) göttlicher Schöpfer ausdifferenziert wurde: Unter dem (4) abgetrennten Himmel und seinem Licht erhob sich (5) eine Insel aus festem Land, die sodann mit (6) Pflanzen, Getier und zuletzt (7) den Menschen bevölkert wurde« (Strohm, 2003, S. 7f.).

Wie wir alle wissen, gibt es neben diesen religiösen Schöpfungsmythen noch eine Fülle anderer mythopoetischer (wörtlich: einen Mythos schaffender) Überlieferungen. So etwa Erzählungen darüber, wie der Tod und/oder das Böse in die Welt gekommen sind, Geschichten von Helden, die gefährliche Ungeheuer besiegen und so fort. Auch sie alle ähneln einander – und zwar kulturübergreifend – in hohem Maße. In der Uniformität dieser Mythen wie auch in der Zählebigkeit, mit der sie bis in das Zeitalter der technisch-instrumentellen Vernunft und der ökonomischen Globalisierung hinein – also bis in unsere Gegenwart – ohne wesentliche Veränderungen überdauern konnten, scheint sich ein tiefes, faszinierendes Geheimnis zu verbergen. Es ist wohl vor allem dieses Geheimnis, das Mythen, Märchen und Sagen bis heute als attraktiv erscheinen lässt – nicht zuletzt für Psychotherapeuten vieler Schulen und Richtungen, die gerne Gebrauch von ihnen machen. Auch der Mensch des 21. Jahrhunderts, der blind auf die Funktionsfähigkeit seines Computers und seines Automobils vertraut, greift am Feierabend gerne nach Büchern wie *Eisenhans* oder zu den oft recht geschickt aus der Überlieferung zusammengestückelten Mythen der Moderne – zu Erzählungen wie etwa *Der Herr der Ringe* oder dem vielbändigen Entwicklungsroman vom Zauberlehrling *Harry Potter*.

Was ist das für ein Geheimnis, das wir in der Mythologie zu ahnen glauben, was erhoffen wir uns, wenn wir es zu entschleiern versuchen? Auf welches Lebensrätsel geben jene Geschichten Antwort, die gegen die Stimme des Verstandes und der Wissenschaft so erstaunlich resistent zu sein scheinen? Auch die aufklärerische Vernunftkritik des 19. und 20. Jahrhunderts hat ihnen nur wenig anhaben können, hat sogar – siehe *Der Herr der Ringe* und *Harry Potter* – höchst erfolgreiche neue Mythen hervorgebracht. Für Strohm ist die Antwort klar: Religionen und Mythen erzählen *Heilsgeschichten*, die der Pflege jener seelischen Schichten dienen, die in der Erlebniswelt der frühesten Kindheit wurzeln. Diese Antwort wirkt nur auf den ersten Blick abwegig oder gar absurd. Strohm kann nicht nur eine

Fülle überzeugenden Materials präsentieren, sondern sich auch auf seriöse Bundesgenossen berufen. Von einem ganz anderen wissenschaftlichen Standpunkt hat sich nämlich nur wenige Jahre zuvor auch der bekannte Verhaltensforscher und Motivationspsychologe Norbert Bischof dem selben Themenkomplex, dem Rätsel der mythologischen Überlieferung, genähert. In seinem letzten großen Werk, dem Buch *Das Kraftfeld der Mythen* (1996) widmet auch er sich der Frage nach der geheimnisvollen Lebenskraft dieser Texte. Und seine Forschungsergebnisse zeigen spannenderweise in exakt dieselbe Richtung wie die wenige Jahre später von Strohm formulierten Hypothesen.

Zunächst: Beide Wissenschaftler gehen davon aus, dass Mythen keine »Welterklärungsmodelle« sind und dass die deshalb auf ihre sachliche Fehlerhaftigkeit zielende Kritik insbesondere des 19. Jahrhunderts in die Irre geht. Mythische Texte, so Strohm in seinem Buch *Mithra* (2008), sind »erkennbar nicht vom Typ politischer und privater Absprachen, nicht vom Typ der Beschreibung oder Erklärung eines Naturereignisses, nicht Information über oder Mitteilung von ›harter‹, ›intersubjektiver‹, ›objektiver‹ Realität« (Strohm, 2008, S. 59). Aber was sind sie dann? Norbert Bischof hat auf diese Frage schon zwölf Jahre zuvor, 1996, eine klare Antwort gegeben: Wir bedienen uns der Mythen, um uns etwas verständlich zu machen,

> »das wirklich rätselhaft und quälend erklärungsbedürftig erscheint, viel geheimnisvoller als die äußere Erfahrungswelt der physischen und gesellschaftlichen Tatbestände selbst, die dem Naturmenschen ja meist von Kindheit an vertraut sind und mit denen lebensklug umzugehen er längst gelernt hat. Dieses geheimnisvolle andere sollten wir in der widerspruchsvollen Welt der Selbsterfahrung suchen, in dem nur selten bewußt werdenden, jedoch nicht minder schicksalsbestimmenden Kraftfeld der Begierden und Affekte« (Bischof, 1996, S. 75).

Die These »Mythos = Selbstinterpretation menschlicher Welterfahrung«, die Strohm und Bischof eint, wird von den beiden Autoren mit einer so großen Fülle von Material weiter präzisiert, dass ihre Schlussfolgerung nur konsequent erscheint. Nicht Selbsterfahrung generell ist das Thema der Mythen, sondern sehr speziell die Erfahrungen am Beginn unseres Lebens. Sie spiegeln das Erleben und Empfinden des Kindes wieder, insbesondere des Säuglings und des Kleinkindes. Was den Mythen eingeschrieben ist, ist also die *Ursprungsgeschichte unseres Bewusstseins* – eben daher rühren auch ihre Kraft und ihr Beharrungsvermögen.

Dem chaotischen Urwasser oder Urozean entspricht, so ließe sich pointiert festhalten, das berühmte »ozeanische Gefühl«, das Sigmund Freud in seiner

Schrift über *Das Unbehagen in der Kultur* so ausführlich erörtert hat. Aus heutiger Sicht liegen diesem »ozeanischen Gefühl« wohl jene »Kraft und Ganzheit« des ursprünglichen Erlebens zugrunde, die der Säuglingsforscher Daniel Stern der kindlichen Welt vor dem Zeitpunkt des Spracherwerbs attestiert hat – siehe oben, S. 78.

Die biologisch fundierte psychophysische Ausstattung des Menschen, sein komplizierter, in sich widersprüchlicher und konflikthafter »seelischer Apparat«, ist offensichtlich selbst zu einer Größe geworden, an die sich sowohl die Kulturen (nämlich historisch) wie die Individuen (nämlich biografisch) noch einmal anpassen müssen – und genau dabei sollen die Mythen Hilfestellung leisten und haben sie wohl auch über Zehntausende von Jahren hinweg sehr effektiv geleistet. Die »Narrative« der alten Religionen, so betont Strohm,

> »waren primär *keine* Erlösungs- und Erklärungsgeschichten. Sie waren *Heilsgeschichten*, waren etwas wie tägliche therapeutische Interventionen, zielten auf ein erfülltes *irdisches* Leben. Ihre primäre Strategie war dabei die Pflege jener seelischen Schichten, die in der Erlebniswelt der frühen Kindheit verwurzelt sind. Und *hierbei* [...] waren sie alles andere als naiv oder primitiv« (Strohm, 2008, S. 78).

Doch wie konnte es geschehen, dass die im Zentrum auf das »Es war einmal«, auf die Entstehung von Welt und Menschheit, auf die *Genesis* ausgerichteten religiösen Mythen im ersten vorchristlichen Jahrtausend weitgehend zurückgedrängt worden sind, und zwar von »neuen« monotheistischen Religionen, deren Stifter – von Zoroaster im Iran bis zu Jesus Christus in Palästina – plötzlich *ganz anderes* im Auge hatten: nämlich die Wiederkehr Gottes, das Weltgericht, kurzum: die *Apokalypse*. Der Philosoph Karl Jaspers (1883–1969) hat den – welthistorisch erstaunlich kurzen – Zeitraum, in dem dies geschah, in einem seither viel verwendeten Terminus mehr prägnant denn präzise als »Achsenzeit« bezeichnet (Jaspers, 1949). Nun ist mit einem neuen Begriff, mag er auch noch so griffig sein, ja noch nichts erklärt. Immerhin hatte Jaspers wohl recht, wenn er seine »Achsenzeit« zum Startpunkt für den außerordentlichen Siegeszug des spekulativen Denkens erklärt. Die Triumphe, die dieses sich verselbstständigende Denken in Gestalt der wissenschaftlich-technischen Rationalität bis dato feiern konnte, wird wohl kaum ein Mitmensch bestreiten wollen. Ihre Kehrseite liegt nicht nur in der von ihr beförderten ökologischen Krise, sondern auf seelischem Gebiet, in der Gefahr, sich als kosmisch unbehaust erleben zu müssen: als Wesen, dessen Schicksal dem Rest der Welt herzlich gleichgültig ist. Damit sind nicht wenige überfordert – und es liegt wohl nahe, Abhilfe zu suchen im Weg zurück in jene besseren Zeiten, »als das Wünschen noch geholfen hat«. Eine derartige »Gegen-aufklärung« ist heute allenthalben zu registrieren. Als Psychotherapeut hat man sich schon halbwegs daran gewöhnt, dass viele Patienten nebenher noch einen Pendler oder einen Kartenleger aufsuchen, um sich von ihm beraten zu lassen. Auch in vielen modischen Therapieformen scheinen mir die »schrecklichen Ver-einfacher« am Werk zu sein, die mit handlichen Welterklärungsmodellen für jede Notlage die passende Patentlösung bieten können. Eine Sehnsucht nach schlich-ten, einfachen Erklärungen und Auswegen ist angesichts der unübersichtlichen, überfordernden Kompliziertheit der modernen Welt keineswegs unverständlich. Dennoch dürfte sie in den meisten Fällen in die Irre führen und statt der erhoff-ten Erlösung eher neue Enttäuschungen nach sich ziehen.

Vor rund dreitausend Jahren kam jedenfalls etwas Neues in die Welt, als näm-lich im kulturellen Gedächtnis die überkommenen Ursprungsmythen gleichsam von einer neuen seelischen Sedimentschicht überlagert wurden – von einer ge-mäß der »mosaischen Unterscheidung« (so hat der Ägyptologe Jan Assmann diesen folgenschweren Vorgang genannt) sich durchsetzenden strikten Trennung in wahren und falschen Glauben, Rechtgläubigkeit und Ketzerei, Gut und Böse. Die sich jetzt etablierenden neuen Religionen der »Achsenzeit«, die meist strikt monotheistisch orientiert waren, haben nicht nur eine neue Unduldsamkeit in die Welt gebracht, wie den der Antike fremden Religionskrieg bis hin zu den Ketzerjagden und Kreuzzügen des Mittelalters. Überhaupt können Christentum und Islam, die hier in einem weltgeschichtlich neuen Maß besonders brutal auf-einander eingeprügelt haben, aus einer solchen Perspektive wohl als miteinander verfeindete *nahe Verwandte* betrachtet werden. Auch das Böse, die Sünde und der Ort ihrer Bestrafung, die Hölle, wurden erst durch sie auf der ganzen Welt popu-lär. Und dies bedeutet eine folgenschwere Eingabe neuer Koordinaten in unser inneres Navigationssystem. Möglicherweise weist es uns in bestimmten Fällen so-gar den Weg der Zerstörung, zur Vernichtung, in den Untergang.

Wie das moderne Leben ist also auch unser inneres Navigationssystem immer komplizierter geworden. Es enthält sozusagen verschiedene Karten, die einander bisweilen widersprechen und bei deren Benutzung wir deshalb in schwere Kon-flikte geraten können. Wie schon an früherer Stelle erörtert und deshalb hier nur noch kurz zusammengefasst, enthält dieses System, das uns den »Sinn des Lebens« suchen, aber keineswegs immer finden lässt, erstens die »Stimme des Gewissens«, also die von uns verinnerlichten moralischen Normen (»Üb' im-mer treu und Redlichkeit!«), und zweitens das vom eigenen Selbst entworfene Ideal, dem man nacheifert: das »Ideal-Selbst« (etwa: Wissenschaftler und Nobelpreisträger werden zu wollen). Diese beiden Funktionen können miteinander, aber auch mit unseren Ich-Leistungen bzw. mit unseren Motivationen und ihrer jeweiligen Antriebskomponente in Konflikt geraten. Und diese Konflikte können dann außerordentlich heftige Gefühle in uns wecken. Beim Verstoß gegen innerlich repräsentierte Normen, gegen das Gewissen, folgt aus dem Ambivalenzkonflikt bzw. aus dem Pflichtenverstoß das Schuldgefühl. Aus der Demontage meines Selbst-Ideals, bei der ein vergleichbarer Konflikt nicht existiert, also bei narzisstischer Kränkung, wird in der Regel Schamgefühl resultieren. Nebenbei bemerkt, ist Scham individualgeschichtlich älter als Schuld.

Aber zu alledem haben wir ja auch noch etliche interne »Arbeitsanweisungen« gespeichert – nicht in gleicher Rigidität verbindlich wie die sittlichen Gebote, aber doch durch unser kulturelles Gedächtnis vertraute und im Gebrauch vielfach bewährte Leitlinien und Strategien, die uns, ohne dass wir groß darüber nachdenken, nahelegen auf welchen Wegen und mit welchen Mitteln wir edel und erfolgreich die Herausforderungen des Lebens meistern: »Der Mann muss hinaus ins feindliche Leben«, »Müßiggang ist aller Laster Anfang«, »Morgenstunde hat Gold im Munde« und so fort. Diese Leitvorstellungen sind oft recht eng mit unseren Ich-Leistungen verknüpft, ohne mit ihnen deshalb identisch zu sein – etwa so, wie Kupplung und Getriebe zueinander in einer funktionalen Beziehung stehen, aber keineswegs miteinander identisch und deshalb auch nicht austauschbar sind. Wenn zwischen diesen Leitvorstellungen und anderen Komponenten unseres Seelenlebens Konflikte auftreten sind diese meist weniger scharf eingrenzbar und auch weniger quälend als etwa der Konflikt zwischen Pflicht und Neigung, wie zwischen dem moralischen Gebot »der Partner des Freundes ist tabu« einerseits und unserer sexuellen Erregung und dem Wunsch nach sinnlichem Vergnügen andererseits. Aus solchen Konflikten oder »Abstimmungsproblemen« resultieren dann eher ein chronisches Missvergnügen, eine anhaltende Unzufriedenheit und ein Gefühl der permanenten Unter- oder Überforderung, eventuell gepaart mit körperlichem Unwohlsein oder fortdauernden Spannungszuständen: Das Seelenleben »läuft nicht rund«. Eine über eine längere Zeitspanne unvermindert anhaltende, tief empfundene Orientierungslosigkeit kann dann schließlich in jenen Zustand chronischer Demoralisierung münden, den wir im letzten Kapitel als Gegenpol unserer seelischen Widerstandsressourcen kennengelernt haben und der sich auf Dauer als nachhaltig gesundheitsschädlich bemerkbar macht.

Dass Wert- und Zielvorstellungen, die man gemeinhin als »Ideale« bezeichnet, auch schlimme, destruktive Folgen haben können – insbesondere dann, wenn sich moralische Norm und Größenfantasie sehr eng miteinander verbinden –, steht wohl außer Frage. Wir lesen es jeden Tag in der Zeitung. Denn den sogenannten Selbstmordattentätern wird man, wie verwerflich man ihr Tun auch finden mag, den »Idealismus« ja kaum absprechen können. Sie handeln ja nicht aus Gewinnsucht (weshalb ja eigentlich das Wort »Mord« fehl am Platze ist), sondern im Dienst einer »Sache«, die sie selbst eben »idealisieren«, soll heißen, zur »guten« oder »höheren« Sache erklären. Und es ist gewiss nicht falsch, sich immer wieder in Erinnerung zu rufen, dass zwischen »Idealismus« und Fundamentalismus nur verschwommene Grenzen zu ziehen sind. Der Grundsatz, dass der Zweck die Mittel heiligt, ist im »Idealismus« jedenfalls schon als Keim angelegt.

Ich komme nun also auf die Destruktivität von Idealen zu sprechen – insbesondere auf die Gefahr, dass sie in unser »inneres Navigationssystem« einen zerstörerischen Kurs programmieren. Aber gerade deshalb sollen noch einmal die guten Seiten des Ideals gerühmt werden: Es stärkt unsere Widerstandkraft und unser Durchhaltevermögen, und gibt dem Leben Sinn und unserem Tun eine Perspektive. Wer daran denkt, dass Dietrich Bonhoeffer (1906–1945) noch in der Todeszelle ein Gedicht niederschreiben konnte, demzufolge er sich von guten Mächten »wunderbar geborgen« gefühlt hat, mag diese Kraft des Ideals ahnen können.

Aber alles hat seine zwei Seiten. Der erste Weg, auf dem ein Ideal Schaden anrichten kann, ist die Entwertung der Realität, die realitätsbezogenen Ich-Leistungen eingeschlossen. Es ist, bin ich nur fest im Glauben, nicht mehr so wichtig, ob ich tüchtig, klug, stark oder erfolgreich bin – es genügt ja, »gut« zu sein. Die Gesinnungsethiken aller Art, von Aurelius Augustinus bis Immanuel Kant, perfektionieren diese Haltung. Das starre Ideal misst Realität und Gegenwart nur noch an seinem eigenen Ziel, an der Vollkommenheit. Den Satz »fiat iustitia, et pereat mundus« hat schon Arthur Schopenhauer in einen Leitsatz der Medizin umgedeutet: »Fiant pilulae, et pereat mundus«!

Besonders das idealisierte Selbst, das grandiose Züge tragen kann, neigt dazu, sich die Realität zu eigennützlichen Zwecken dienstbar zu machen. Den differenzierenden Leistungen des Ichs wird so das Wasser abgegraben, denn im Reich der Größenfantasien gibt es nur Schwarz oder Weiß, Alles oder Nichts, Sieg oder Untergang. Kann ich meine Idee vom »richtigen« psychotherapeutischen Vorgehen nicht durchsetzen, muss ich eben die Klinik verlassen, weil alle meine Kolleginnen und Kollegen offenbar verstockte Ignoranten sind. Kompromisse gelten in dieser Optik immer als faul, und Zwischentöne nur als opportunistische Verwässerung des totalitären eigenen Anspruchs. Zwischen den verschiedenen theoretischen Schulen oder Denkmöglichkeiten herrscht das Verhältnis der erbitterten Konkurrenz, nicht das einer wechselseitigen Bereicherung – nur einer kann als Sieger den Platz verlassen.

Betrachten wir den bisher nur grob skizzierten Mechanismus etwas genauer anhand eines Beispiels. Ich arbeite in einem Krankenhaus und bin von einer bestimmten Heilmethode überzeugt. Dieser Methode möchte ich zu Erfolg und Ansehen, zum – wie man sagt – Durchbruch verhelfen (man beachte, dass es sich um eine militärische Metapher handelt). Je intensiver dieses Ideal mein Denken und Handeln prägt, desto stärker werde ich dazu neigen, meine Kollegen nur noch danach zu beurteilen, ob sie Feinde oder potenzielle Bundesgenossen sind. Und schlimmer noch, ich werde – wahrscheinlich unbewusst – mich bei jenen Patienten stärker engagieren, bei denen meine Methode raschere und bessere Erfolge verspricht. Einwände und Bedenken werde ich nicht nach dem Einzelfall bewerten, auf den sie sich ja beziehen, sondern danach, ob sie mich und meine Methode diskreditieren. So entsteht möglicherweise das, was der Soziologe Niklas Luhmann (1927–1998) als ein »selbstreferentielles System ohne externe Sensoren« (Luhmann, 1984) bezeichnet hätte: *Die vom Ideal absolutistisch regierte Weltanschauung ist gegen jede mögliche Widerlegung immunisiert.* Ein schreckliches Beispiel dafür bietet das Weltbild der Azteken. Bekanntlich waren ihre Götter nicht barmherzig, sondern bösartig. Sie mussten, damit sie die Sonne wieder aufgehen ließen, mit Menschenopfern beschwichtigt werden. Hatten die Priester dann etlichen Hunderten von Kriegsgefangenen das Herz aus dem lebendigen Leib geschnitten und gen Himmel gehalten, und ging dann am nächsten Morgen wieder die Sonne auf, werden sich die Azteken gesagt haben: Wie gut, dass wir so viele Herzen geopfert haben, es hat genügt, damit die Götter die Sonne wieder aufgehen lassen, aber heute dürfen es auf keinen Fall weniger Opfer sein. Es ist billig, über diese destruktive Fantasie zu spotten – sinnvoller wäre es, jeder von uns würde sich still und leise befragen, ob und inwieweit sein eigenes Weltbild, von welchen Idealen auch immer geprägt, ähnliche Menschenopfer erfordert.

Es gibt aber noch einen zweiten Weg, auf dem das Ideal Schaden stiften kann. Es entwertet nicht nur die Realität, es vereinnahmt auch Menschen. Dies geschieht immer dann, wenn ein anderer, ein Mitmensch, nicht mehr als lebendiges Du betrachtet wird. Er wird sozusagen in das Größen-Selbst *einverleibt*, wo er dann als dessen Funktionsträger dient. Er dient der Stabilisierung und Vervollkommnung dieses Ideals. Die Partner von künstlerisch tätigen Menschen werden oft in diese Rolle gezwungen – Biografien wie etwa jene von Pablo Picasso sprechen hierzu eine überdeutliche Sprache. Aber auch Mütter können ihr Kind als Selbst-Objekt (dieser Begriff stammt von Heinz Kohut) missbrauchen, der Psychotherapeut begegnet dem wieder und wieder. Ebenso Ärzte ihre Patienten. Diese werden dann nicht mehr als Individuen in ihrer jeweiligen Einzigartigkeit betrachtet und behandelt. Sie werden – das Wort klingt brutal, aber es ist angemessen – zum Material, zum Menschen-Material. Über 60 Jahre nach der Anklageverlesung im Nürnberger Ärzteprozess ist es angemessen, sich eines Satzes zu erinnern, den der Prozessbeobachter Alexander Mitscherlich damals niedergeschrieben hat: »Es ist fast dasselbe, ob man den Menschen als ›Fall‹ sieht oder als Nummer, die man ihm auf den Arm tätowiert« (zit. nach Bastian, 1995, S. 10).

Vor allem aber bringt das Ideal den, der über es verfügt, sozusagen in eine moralische Monopolstellung. Damit beansprucht er die Deutungsmacht. Um bei der Medizin zu bleiben: Nicht die Wünsche des Patienten legen fest, welche Hilfe er erwartet und wofür – der Helfer bestimmt, was Hilfe ist und welche Opfer nötigenfalls für sie gebracht werden müssen. Nötigenfalls muss der andere eben zu seinem Glück gezwungen werden; er weiß es ja nicht besser. Womit wir wieder beim Zweck wären, der die Mittel heiligt – und damit beim Ideal, das Tod und Vernichtung nach sich zieht.

Normen, Idealbildungen und Leitvorstellungen, die Inhalte unseres »Über-Ich«, gehören also einerseits zum Menschlichsten des Menschen. Ohne Zweifel geben sie unserem Leben Sinn und Ziel, sind quasi die Software unseres Navigationssystems. Andererseits aber bedarf es aber »Bremsvorrichtungen«, damit sie nicht »entgleisen«, sich verselbstständigen, sich unser Leben unterwerfen. Wie kann das gehen? Das Wesentliche dazu ist gesagt in einem Buch, das heute fast vergessen ist, dessen Lektüre ich aber gerade deshalb sehr empfehlen möchte. Der Autor ist der Theologe und Arzt Albert Schweitzer. Sein Werk *Kultur und Ethik* ist 1923 erschienen – im Jahr des Hitler-Putsches. Schweitzers darin beschriebene »Ethik der Ehrfurcht vor dem Leben« ist meines Erachtens das beste Antidot gegen alle tendenziell mörderischen Ideale, das sich denken lässt. Und sie erschließt auch dem agnostischen Skeptiker eine unerschöpfliche Quelle der Bereicherung. Das Ideal, zumal in seiner fundamentalistischen Spielart, dispensiert uns von der Qual, Konflikte immer neu meistern zu müssen. Für Schweitzers Ethik hingegen gilt, so der Autor: »Gebrauchsfertig zu beziehende Ausgleiche von Ethik und Notwendigkeit hält sie nicht auf Lager. Immer von neuem und immer in originaler Weise setzt die absolute Ethik der Ehrfurcht vor dem Leben sich im Menschen mit der Wirklichkeit auseinander.« Dieses Zitat spricht Bände. »Immer von neuem« und »immer in originaler Weise« – solche Wendungen sind der äußerste Gegensatz zu jenen destruktiven Idealbildungen, die uns suggerieren, wir hätten uns für immer in die Welt dessen, was richtig ist, eingekauft. Zum Abschluss noch einmal Schweitzer: »Nie dürfen wir abgestumpft werden. In der Wahrheit sind wir, wenn wir die Konflikte immer tiefer erleben. Das gute Gewissen ist eine Erfindung des Teufels« (Schweitzer, 1923, S. 249).

Theoretische Übersicht

Bewertende Funktionen, bei deren Vollzug Idealbildungen als Maß und Richtschnur dienen, fußen auf der Verinnerlichung ethischer Normen und Wertvorstellungen einerseits, auf Wunschbildern von der persönlichen Entwicklung und vom eigenen Erfolg im Leben andererseits. Ihnen gesellen sich weniger scharf umgrenzte, aber dennoch einflussreiche, mit dem kulturellen Gedächtnis verbundene Verhaltensmuster und Lebensregeln ergänzend zur Seite, wobei all diese Funktionen miteinander, aber auch mit anderen Komponenten des Seelenlebens in Konflikt geraten können.

Das Ensemble dieser bewertenden und damit oft auch handlungsleitenden Funktionen, von uns als »interner Navigator« bezeichnet, wurde von Sigmund Freud (der sich dieses System freilich noch recht einfach dachte) in einem seither auch umgangssprachlich zur stehenden Redewendung gewordenen Begriff als »Über-Ich« bezeichnet. Dieses Über-Ich entsteht nach Freud einerseits durch Angst vor Strafe und andererseits durch Identifikation mit den primären Bezugsperson. »Strafe« muss hier nicht körperliche Züchtigung bedeuten – auch Liebesentzug, Ironie, Spott, Verachtung etc. sind äußerst wirksame Sanktionen und ihre Anwendung ist den Eltern oft nicht einmal bewusst.

Was die Identifikation betrifft, so lässt sich feststellen, dass Kinder schon sehr früh durch das »utopische Projekt« bewegt werden, so sein bzw. werden zu wollen, wie es ihre Eltern sind. Offensichtlich handelt es sich um eine Bindungsmotivation im oben erläuterten Sinn. Identisch zu werden verspricht größtmögliche Nähe. Eine realistische, also ambivalente Wahrnehmung der Eltern ist erst im dritten, Lebensjahr möglich. Dieser Prozess geht mit der oben erwähnten Entwicklung vom »Kern-Selbst« zum »verbalen Selbst« einher (siehe oben) und verbindet sich mit der Heranbildung der Fähigkeit zur »Mentalisierung« (ebenfalls siehe oben). Beim Vorliegen genügend positiver Erfahrungen in einer »sicheren Bindung« entsteht das Gefühl, auch für andere liebenswert, also tendenziell »ideal« zu sein. Sichere Bindungen bilden sich mithin in einem positiven Selbstgefühl ab. Und umgekehrt gilt: Insuffizienzerlebnisse rufen negative Gefühle hervor – dies insbesondere dann, wenn sie extern verstärkt werden, was unter Umständen sogar aus Mutwillen oder Bosheit geschehen mag. Aus Insuffizienzerlebnissen kann ein chronisches Schuldgefühl erwachsen und aus diesem wiederum der Drang, es den anderen immer und überall »recht zu machen«. Wenn uns das klar geworden ist, wäre es höchste Zeit für ein »Update« des Navigationssystems!

Praktische Nutzanwendung

Jede Form des Um- und Gegensteuerns auf dem in diesem Kapitel geschilderten Feld sollte – wie es sich für eine Bedienungsanleitung gehört – damit beginnen, dass ich mir Gedanken mache über die Funktionsweise meines inneren Navigationssystems. Ist es möglicherweise so eingestellt, dass es stets nach Lösungen im Sinne eines »Alles oder Nichts« sucht und suchen muss?

Um über unseren verinnerlichten Navigator und seinen möglicherweise bisweilen destruktiven Kurs entspannt nachdenken zu können, empfehle ich mit gutem Grund und Nachdruck die Hinwendung zur Natur: den Spaziergang im Wald oder die Wanderschaft im Gebirge. Denn die Natur dispensiert uns von allen Forderungen des Über-Ich: Sie fordert von uns zwar *Aufmerksamkeit* (und deshalb kann ein Fehltritt beim Bergwandern zum sofortigen Tode führen) und andere Ich-Leistungen, aber keine Begründungen, *keine Rechtfertigung*! Eben deshalb kann das »reine Sein«, dem wir uns in der Natur wenigstens für eine Weile überlassen dürfen – ein Sein, das sich nicht fortwährend neu erklären muss – uns jene Ruhe verschaffen, die wir zur Selbstbesinnung brauchen. Wir sollten sie nutzen, um in der auf diesen Seiten immer wieder empfohlenen Manier *differenzieren* zu lernen: Tue ich das, was ich glaube tun zu sollen, wirklich um der anderen Willen? Oder tue ich es wegen der besseren Meinung, die die anderen dann von mir haben könnten? Sind mein Tatendrang, mein Leistungswille oder mein Pflichtbewusstsein vorrangig aus ethischen Motiven entsprungen oder wurzeln sie in einem tief sitzenden Schuldgefühl, in der Empfindung, etwas »wieder gut« machen zu müssen, meinen Mitmenschen etwas schuldig zu sein? Unter den an Depressionen aller Schweregrade leidenden Patienten, denen ich an meinem Arbeitsplatz zu helfen versuche, sind nicht wenige Menschen mit extrem hohen Ansprüchen an sich selbst. Menschen, die sich bereitwillig noch mehr Verantwortung, noch mehr Pflichten aufladen lassen, auch wenn sie innerlich schon längst unter der Bürde der übernommenen Lasten ächzen und stöhnen. Oft haben sie schon in früher Kindheit gelernt, Lasten für andere zu schultern, haben für die jüngeren Geschwister, für einen körperlich oder seelisch erkrankten Elternteil sorgen müssen und diese Sorge für andere ist ihnen dann so sehr zur »zweiten Natur« geworden, dass sie die Fürsorge für sich selber vergessen. Der Zusammenbruch ist dann oft unvermeidlich. Aber so weit muss es nicht kommen. Um Schlimmeren vorbeugen zu können, ist es wichtig, dass wir lernen, nicht wie aus Reflex »Ja« zu sagen, wenn irgendetwas von uns gefordert wird. Sich Bedenkzeit auszubitten, ist oft eine gute Alternative, und einen Mitmenschen, der hierfür kein Verständnis zeigt, sollten wir in Zukunft ohnehin besser »weinräumig umfahren«. Wir sind, wenn jemand uns um etwas bittet, noch lange nicht verpflichtet, ihm diese Bitte auch zu erfüllen. Viele von uns geraten aber schon durch die Anforderung, die man an sie stellt, in eine Art von quälender »seelischer Bringschuld«, und dann ist es höchste Zeit, nach den Ursachen dieser falschen Wegweisung zu fragen. Offenbar sind irgendwann fehlerhafte Koordinaten in unser Navigationssystem eingespeist worden. Wer wird uns kritisieren wollen, wenn wir dann, wenn unser Navigationssystem verwirrende Signale liefert, uns die Zeit nehmen, im Straßenatlas nachzuschlagen? Genau dafür nehmen wir uns im Alltag viel zu selten die nötige Zeit!

Mein Drang, das Wohlwollen und die Anerkennung anderer zu erringen, ist mir nicht von überirdischen Mächten eingepflanzt worden. Er ist Menschenwerk, und als solches großenteils erziehungsbedingt. Das Gleiche gilt für die ethischen Normen und Wertvorstellungen, die ich mir angeeignet habe. Immer wieder muss ich mir klar machen, dass dieses Menschenwerk kein unfehlbares Orakel ist, sondern dass es mich immer wieder in Konflikte stürzen wird. Konflikte, für die es keine »Endlösung« geben kann. Ich darf mich mit der Vorstellung trösten, dass der Drang nach Eindeutigkeit oft alles nur verschlimmert. Das Leben selbst, und mit ihm auch meine Gedanken und Ideen vom Leben, ist keineswegs eine eindeutige, sondern eine zwiespältige, ambivalente und widersprüchliche Veranstaltung. Und wenn das Leben so ist, darf ich es auch sein. »Ich bin kein ausgeklügelt Buch, ich bin ein Mensch in seinem Widerspruch«, lässt der Dichter Conrad Ferdinand Meyer (1825–1898), der selbst anno 1887 einen schweren seelischen Zusammenbruch durchlitten hat, den Helden seiner Verserzählung *Huttens letzte Tage* sagen. Alles oder Nichts, Schwarz oder Weiß, Triumph oder Vernichtung – diese Scheinalternativen sind Erzeugnisse unserer Fantasie und finden über diese leider allzu oft den Weg in die unbewussten Provinzen unseres Über-Ichs. Wir sollten uns aber immer wieder klar machen, dass wir nicht die Definition des Lebens leben (auch nicht das Ideal vom Leben), sondern das Leben selbst mit seinem unendlichen Reichtum an Zwischentönen, Nuancen und Schattierungen.

Oft schützen wir uns vor den Versuchungen dieses Reichtums, indem wir uns an die starren Leitlinien unserer Ideale klammern. Wir haben Angst, im Leben unterzugehen, wenn wir auf diesen Halt verzichten. Aber das muss nicht sein.

Wir wollen uns aber von einem Navigationssystem leiten lassen, das über eine differenzierte Software verfügt, die wir dem jeweiligen Anlass anpassen können: mal wollen wir eine Karte für Radfahrer, mal eine für Feinschmecker, mal eine mit Hinweisen auf kulturelle Sehenswürdigkeiten nutzen. Obschon sich all diese Karten in der Grundstruktur ähneln, heben sie doch ganz unterschiedliche Merkmale der Wirklichkeit hervor, während sie andere weggelassen haben. Warum sollte uns das verwirren? Es wird unseren Blick für die Realitäten schärfen. Eines freilich wird uns durch diesen differenzierten Weltzugang erschwert: der moralische Triumph, ein besserer Mensch zu sein als alle anderen – jener Triumph, den der »Rechtgläubige« dem sturen Festhalten an seinem Ideal verdankt, »koste es, was es wolle«.

Angemessener, lebensfreundlicher wäre es in jedem Fall, sich an einem der großartigen Sätze aus dem Spätwerk Arthur Schopenhauers zu orientieren:

> »Mit jeder menschlichen Thorheit, Fehler, Laster sollen wir Nachsicht haben, bedenkend, daß, was wir da vor uns haben, eben nur unsere eigenen Thorheiten, Fehler und Laster sind: denn es sind eben die Fehler der Menschheit, welcher auch wir angehören und sonach ihre sämmtlichen Fehler an uns haben, also auch die, über welche wir eben jetzt uns entrüsten, bloß weil sie nicht gerade jetzt bei uns hervortreten: sie sind nämlich nicht auf der Oberfläche, aber sie liegen unten auf dem Grund und werden beim ersten Anlaß heraufkommen und sich zeigen, eben so wie wir sie jetzt am Andern sehn« (Schopenhauer, 1977 [1853], S. 331).

131

Die Stille

>»Wenn ich Arzt wäre und man mich fragte:
>Was rätst Du? Ich würde antworten: Schaffe
>Schweigen!«
>
>*Sören Kierkegaard*

Gute Mechaniker haben bisweilen ein derart feines Ohr für das Motorengeräusch des Automobils, dass sie das Schaltgetriebe betätigen können, ohne die Kupplung zu benutzen – sie *hören*, wann die Drehzahl die richtige ist. Dieses Hörvermögen fällt ihnen nicht in den Schoß, es ist das Ergebnis jahrelanger Übung, in deren Zentrum das genaue Hinhören steht. Hinhören kann man freilich dann am besten üben, wenn es still ist, wenn man sich auf ein einziges Geräusch konzentrieren kann. An dieser Stille – im wortwörtlichen wie im übertragenen Sinn – mangelt es heutzutage allenthalben. Kein Wunder, dass wir mit Motor und Getriebe wie auch mit unserer Seele oft nicht mehr sachgerecht hantieren können.

Was könnte flüchtiger sein als ein akustischer Reiz? Eben erzeugt, verklingt der Ton schon wieder, möglicherweise ohne Echo und unwiederbringlich.

In der Evolution des tierischen Lebens entsteht der Gehörsinn erst spät. Die Milliarden von Quallen, Würmern, Schnecken und anderen Organismen, die die Urmeere der Erdgeschichte bevölkert haben, hatten schon längst begonnen, mit optischen Instrumenten – Vorformen des Auges – ihre Umgebung zu erforschen, als ihnen die Welt der Geräusche und des Klanges noch verschlossen blieb. All diese Tiere waren taub. Erst allmählich entstand aus den ersten Sensoren, die auf Schwankungen des Wasserdrucks reagierten, jenes Informationsverarbeitungsorgan, das wir heute als »Gehör« bezeichnen.

In der Entwicklung des individuellen menschlichen Lebens hingegen entsteht der Gehörsinn schon früh. Erst sind unsere Ohren geöffnet, später unsere Augen. Auch können sie, anders als die Augen, nicht mehr verschlossen werden. Das »Schallbad«, das schon im Mutterleib beginnt, umgibt uns nicht nur permanent, sondern wir können ihm auch nicht entfliehen. Aus gutem Grund hat man in der Terz des mütterlichen Herzschlages, die wir im Uterus viele Tausende von Malen anhören, als den Ursprung der Musik bezeichnet. Ich selbst habe ein beeindruckendes Beispiel für die vorgeburtliche Wirkung von Klängen miterleben dürfen. Meine Frau Maike spielte während ihrer ersten Schwangerschaft 1991 viel auf dem Cello, und zwar übte sie auf diesem Instrument, das ja direkt vor den Bauch und mithin genau über die Gebärmutter gehalten wird, seinerzeit vor allem die erste der berühmten Cello-Suiten von Johann Sebastian Bach. Unser ältester Sohn Alexander, geboren am 11. Juli 1988, hatte dieses Stück also schon im Mutterleib immer wieder gehört. Nach seiner Geburt übernahm ich bald die Rolle des »Hausmanns«, während Maike in einer Klinik in Offenbach tätig war. Und wenn der Sohn, noch kein Jahr alt, einmal quengelte, schrie oder sonstwie unglücklich schien, dann brauchte ich nur die CD mit eben jener Bach-Suite aufzulegen. Er verstummte sofort und drehte den Kopf, um die Schallquelle, die Quelle des wohlbekannten Schalls, ausfindig zu machen.

Dem Herzschlag der Mutter überlagern sich also schon bald andere Geräusche und Klänge wie hier die durch das Fruchtwasser verstärkte Cello-Suite. Aber die Grundlage der Musik – darauf komme ich später noch einmal zurück – ist die Stille, und nur, wer sie zu schätzen weiß, wird sich die Musik als andauernde Quelle des Genusses erschließen können.

Blicken wir jetzt wieder einmal zurück in die Vergangenheit: Am 4. Juli 1845 – also nicht von ungefähr am Nationalfeiertag der USA, obwohl er später behauptet hat, dies sei schierer Zufall gewesen –, acht Tage vor dem eigenen 28. Geburtstag zog der arbeitslose Lehrer und Hobbyphilosoph namens Henry David Thoreau in ein mit der Hilfe einiger Freunde errichtetes Holzhaus am Ufer eines Teiches, der heute in den Außenbezirken der Millionenstadt Boston liegt. In diesem Haus am See lebte er bis zum 6. September 1847 und veröffentlichte acht Jahre später, 1854, ein Buch über diese Zeit: *Walden oder Hüttenleben im Walde*. Wiederum acht Jahre danach, am 2. Mai 1862, ist Thoreau gestorben. Hinterlassen hat er neben seinem uns jetzt schon gut vertrauten Groß-Essay über das »Hüttenleben im Walde« auch einen Aufsatz »The Resistance to Civil Government«, der später, vor allem unter dem Einfluss von Thoreaus großem Bewunderer Mahatma Gandhi (1869–1948), den Begriff »Ziviler Ungehorsam« weltberühmt gemacht hat, sowie 39 Bände Tagebuch.

Gerade heute wirken viele Sätze aus Thoreaus Buch *Walden* erstaunlich modern. »Die meisten Menschen führen ein Leben stiller Verzweiflung«, stellt er schon auf den ersten Seiten seines Essays fest – ein Gedanke, den er im letzten Kapitel wieder aufgreift:

»Je mehr man sein Leben vereinfacht, um so übersichtlicher werden auch die Gesetze des Weltalls, und Einsamkeit ist dann nicht mehr Einsamkeit, Armut nicht mehr Armut, und Schwäche nicht mehr Schwäche. Luftschlösser zu bauen, ist kein vergebliches Beginnen; man muss ihnen nur nachträglich ein Fundament verschaffen« (Thoreau, 1972 [1854], S. 454).

Der Ratschlag »Vereinfache dein Leben!« ist also keineswegs ein origineller Einfall modischer Bestseller von heute, und er könnte auch anders formuliert werden: Um das eigene Gehör zu schärfen, muss man dem Lärm einer Zivilisation entfliehen, deren immer lauteres Grundrauschen unsere Sinnesorgane lähmt, und muss wieder lernen, aktiv die Stille zu erfahren. Thoreau selbst hat das Thema des »achtsamen Hörens«, das uns erst möglich wird, wenn wir der Kakophonie des Alltags entrinnen, in seinem Buch mehrfach angesprochen: »Immerfort harft der Morgenwind, das Lied der Schöpfung erklingt ununterbrochen, doch nur die wenigsten leihen im Gehör« (ebd., S. 129), heißt es da: »Was man den Olymp nennt, ist überall auf Erden zu finden« (ebd.). Und wenige Seiten später:

»Das leise Schwirren einer Mücke, die im Morgengrauen, wenn Tür und Fenster offenstanden, durch meine Wohnung zog, wirkte auf mich wie die lauteste Siegesfanfare, gleichsam als Gedenkfeier für Homer, eine Ilias und Odyssee in der Luft, ein Gesang von Groll und Irrfahrt. Es hatte etwas Kosmisches, als wolle es die immerwährende Lebenskraft und Fruchtbarkeit der Welt anzeigen« (ebd., S. 134).

Aber wer ist noch in der Lage, auf das leise Schwirren einer Mücke im Morgengrauen zu hören, wenn ihm der Lärm der nahen Stadtautobahn oder der Einflugschneise des Großflughafens die Sinne benebeln? Gerade weil unser Ohr keinen »Verschluss« nach Art der Lippen oder des Augenlides kennt, gerade weil der akustische Sinn von uns nicht nach Belieben an- und abgeschaltet werden kann, bedürfen wir so dringlich der Stille, um unser Gehör schärfen zu können.

Der in Wien geborene Arzt Robert Barany (1876–1936) ist Zeit seines Lebens ein berühmter Mann gewesen, ein wahrer Pionier der Ohrenheilkunde. Für seine Monografie über die *Physiologie und Pathologie des Bogengang-Apparates beim Menschen* (1907) hat er 1914 den Nobelpreis für Medizin erhalten. Außerdem entwickelte er eine Vielzahl von diagnostischen Verfahren, so die »Baranysche Lärmtrommel«, mit der ein Ohr »vertäubt«, also in seiner akustischen

Wahrnehmung blockiert wird, um das andere Ohr desto besser untersuchen zu können.

Wie bereits weiter oben angedeutet, sehe ich im Grundrauschen unserer Industriegesellschaft und insbesondere im allgegenwärtigen Lärm, auch in der schier unvermeidlichen Zwangsbeschallung mit »Musik« meist fragwürdiger Art, eine Art von überdimensionaler Baranyscher Lärmtrommel, mit der unsere Sinnesorgane gewaltsam gelähmt, unsere Ohren vielfältig vertäubt werden. Wenn mich nicht alles täuscht, wird dieser Mechanismus bewusst in Gang gesetzt und in Dauerbetrieb gehalten. Denn Menschen, die sich auf sich selber besinnen, die mit wachen Sinnen empfinden können, was im Leben wirklich wichtig ist, sind mit großer Wahrscheinlichkeit keine nach Belieben und Geschäftsinteresse lenk- und manipulierbaren Konsumenten mehr.

In der auf Konsum und »Erleben« orientierten Gegenwartsgesellschaft wird Stille indes oft als Zeichen der mangelnden Lebendigkeit gedeutet. Ich erinnere mich noch gut an einen Morgen in einem Hotel in Karlsruhe, als ich – der einzige Gast im Frühstücksraum – den jungen Mann, der mir meinen Morgenkaffee servierte, davon überzeugen wollte, dass ich auf die Musik, die er aus dem Recorder hervorzulocken im Begriffe stand, gerne verzichten könne. »Sie der einzige Gast, und dann auch noch keine Musik – das ist ja wie tot«, hielt er mir entgegen, und das Unbehagen ließ seine Stimme geradezu vibrieren.

Also verbürgt uns der Lärm, dass wir leben? »In den Städten umgeben uns fortwährend Geräusche«, schreibt Christoph Wulf (1997) in dem von ihm herausgegebenen *Handbuch Historische Anthropologie*« und schlussfolgert:

> »Sie vernichten die oft als Leblosigkeit geltende Stille. An ihre Stelle tritt eine Beschallung durch Musik: in Fahrstühlen, auf Untergrundbahnhöfen und in Einkaufszentren. Es scheint, als ängstigten diese Orte ihre flüchtigen Besucher und als sei die musikalische Beschallung ein Versuch, sie von ihrer Angst zu befreien« (Wulf, 1997, S. 1120).

Und, so könnte man ergänzen, als sei die Dauer-Beschallung ein Versuch die Menschen an diesen Orten zu freudigerem Kaufen, zu intensiverer Arbeit zu animieren, Ja selbst die Kühe im Stall, die Hühner in ihren Käfigen müssen heutigen Tages der Stille entraten und sollen durch »Musik« zu gesteigerter Milch- oder Legeleistung angeregt werden.

»Grundlage der Musik ist die Stille« – diesen Satz hat der berühmte Pianist Alfred Brendel (geb. 1931) des Öfteren mahnend ins Publikum gerufen, wenn er die Unruhe im Konzertsaal als störend empfand. »Ohne Musik wäre das Leben ein Irrtum«, hat uns der Philosoph Friedrich Nietzsche schon rund einhundert Jahre vorher gemahnt. Er war übrigens kein schlechter Komponist; eine (beachtliche) CD mit seinen sämtlichen Klavierwerken ist im Jahr 2008 erschienen.

Man mag über diesen Satz denken, wie man will, auf jeden Fall ist die Musik, die bewusste Gestaltung von Geräuschen und Klängen, die abstrakteste aller Künste. Sie entfernt sich weit von jedem »Gegenstand«, kann völlig darauf verzichten, etwas »darstellen« zu wollen, ist nur noch Spiegel der Empfindungen und Affekte. Kehrt sie so zum Ursprung aller Kunst zurück?[20]

Gerade durch diese Ursprungsnähe, diesen direkten Bezug zum Affekt, kann Musik uns in so hohem Maß zur Quelle des Trostes und der Freude werden, mehr als jede andere Kunst. Es ist dies von den Romantikern besonders deutlich benannt worden. Aber auch, wenn uns die romantische Kunstauffassung eines Novalis, Tieck oder Eichendorff (»Schläft ein Lied in allen Dingen ...«) heute nicht mehr geläufig sein mag, ihren Hinweis auf den »therapeutischen Nutzen« der Musik, die ja zu diesen Zwecken schon auf den frühesten Stufen menschlicher Kulturentwicklung genutzt worden zu sein scheint, sollten wir nicht in der Rumpelkammer der Geistesgeschichte verschimmeln lassen sondern gerade heute, in den Tagen eines zuvor nie dagewesenen Zivilisationslärms, einer unerhörten akustischem Umweltverschmutzung, als wichtig und wertvoll beherzigen. Wir sollten uns wieder Zeit nehmen, darüber nachzudenken, was es bedeuten mag, wenn der Dichter und Organistensohn Jean Paul (1763–1825) in seinem Roman *Hesperus* (1795) die Musik als Ausdruck eines »großen, ungeheuren Wunsches« bezeichnet, »dem nichts einen Namen geben kann«. Wir sollten uns genügend Ruhe gönnen, frei von überkommenen Hörerwartungen beispielsweise Beethovens Symphonien »ganz neu« zu hören – und dabei an die Rezension von Beethovens »Fünfter« durch den Juristen und Dichter Ernst Theodor Amadeus Hoffmann (1776–1822) denken, der ja selbst ein veritabler

---

20 Für Ernst Bloch leitet sich der melodische Anteil der Musik – im Unterschied zum rhythmischen – von der Flöte ab. Im Trommeln und Rasseln entstand, seiner Meinung nach, »nirgends ein Ansatz zu fester Tonhöhe, gar Stufenbildung. Diese, also Musik, kam bescheiden, sie gelang erst durch die Erfindung der Hirten- oder Panflöte. Das handliche und überall mitnehmbare Gerät stammt aus einer anderen sozialen Schicht als die geräuscherzeugenden, schreckhaft kultischen Tongeräte [wie Rassel und Trommel, T.B.]. Von Hirten vorzugsweise gebraucht, diente die Panflöte näheren, menschlichen Gefühlen und ihrem Ausdruck« (Bloch, 1985, Bd. 3, S. 1244). Die archäologischen Funde scheinen Blochs Hypothesen zu stützen, so etwa der sensationelle Fund einer rund 35.000 Jahre alten, aus einem Knochen gefertigten Flöte auf der Schwäbischen Alb im Sommer 2009.

Komponist gewesen ist und über das Werk seines berühmten Kollegen unter anderem geschrieben hat:

> »Wenn von der Musik als einer selbständigen Kunst die Rede ist, sollte immer nur die Instrumental-Musik gemeint sein, welche, jede Hülfe, jede Beymischung einer anderen Kunst verschmähend, das eigenthümliche, nur in ihr zu erkennende Wesen der Kunst rein ausspricht. Sie ist die romantischste aller Künste, – fast möchte man sagen, allein romantisch. – Die Musik schließt dem Menschen ein unbekanntes Reich auf; eine Welt, die nichts gemein hat mit der äußeren Sinnenwelt, die ihn umgibt, und in der er alle durch Begriffe bestimmbaren Gefühle zurückläßt, um sich dem Unaussprechlichen hinzugeben. [...] Beethovens Musik bewegt die Hebel des Schauers, der Furcht, des Entsetzens, des Schmerzes, und erweckt jene unendliche Sehnsucht, die das Wesen der Romantik ist« (zit. nach Schaub, 1988, S. 200).

So, wie eine auf den Kopf ausgesetzte, schwingende Stimmgabel die Schädelknochen in Schwingung versetzt und deshalb von uns noch zu *spüren* ist, wenn wir sie bereits nicht mehr *hören*, vermag die Musik das Ensemble unserer Gefühle in Resonanz zu versetzen und uns damit in tiefe Bewegung zu versetzen. Ganz besonders gilt dies für das aktive Musizieren, auch den Gesang. Das aktive Musizieren ist besonders »bewegend«, wenn es in der Gemeinschaft geschieht, im Chor, im Streichquartett, im Blasorchester. Beim aktiven Musizieren kann es zu einer Ausschüttung von körpereigenen »Glückshormonen« (= Endorphinen) kommen, die derjenigen beim Orgasmus durchaus vergleichbar ist.

Stille bietet den Hintergrund, vor dem wir die akustischen Reizkonstellationen als fassbare Figuren unterscheiden lernen – einen Hintergrund, dessen Kontrastwirkung wir dringend benötigen, wenn es zu einer tiefer gehenden emotionalen Resonanz kommen soll. Musik ohne Stille geht im Lärm unter, versinkt in jener Nacht, in der alle Katzen grau sind.

Die so begriffene Stille hat offenbar viel mit der *Muße* gemeinsam – mit einem »bei sich sein«, das etwas anderes ist als schieres Nichtstun oder gar Faulheit. Die Gegenwartsgesellschaft fürchtet nicht nur die Stille, sondern ebenso sehr die derartige Ruhe und Muße. Friedrich Nietzsche, ein Jahr vor dem Beginn von Thoreaus »Walden«-Experiment geboren (1844), glaubte zu wissen, warum. Die Industriegesellschaft habe nämlich herausgefunden, dass Arbeit »die beste Polizei ist, daß sie jeden im Zaume hält und die Entwicklung der Vernunft, der Begehrlichkeit, des Unabhängigkeitsgelüstes kräftig zu hindern versteht« (zit.

nach Gödde, 1989, S. 83). Die Ruhelosigkeit des modernen Menschen ist also die Kehrseite seines hektischen Arbeits- und Gewerbefleißes, und »Ruhelosigkeit« ist hier wortwörtlich zu verstehen – ein Fehlen von Ruhe, also auch von Stille. Nietzsche war sich völlig im Klaren, wie sehr diese Entwicklung die Selbstbestimmung des Individuums hemmt:

> »›Lieber irgend etwas tun als nichts‹ – auch dieser Grundsatz ist eine Schnur, um aller Bildung und allem höheren Geschmack den Garaus zu machen [...]. Die Arbeit bekommt immer mehr alles gute Gewissen auf ihre Seite: der Hang zur Freude nennt sich bereits ›Bedürfnis der Erholung‹ und fängt an, sich vor sich selber zu schämen. Ja es könnte bald so weit kommen, daß man einem Hange zur vita contemplativa (das heißt zum Spazierengehen mit Gedanken und Freunden) nicht ohne Selbstverachtung und schlechtes Gewissen nachgäbe« (ebd., S. 183).

Thoreau – den Nietzsche freilich nie gelesen hat – hatte einige Jahre zuvor, in einem anno 1854 gehaltenen Vortrag mit dem Titel »Leben ohne Prinzipien«, dieser Skepsis angesichts der modernen Betriebsamkeit noch einen uns heute höchst aktuell anmutenden Gesichtspunkt hinzugefügt:

> »Wenn ein Mensch einmal einen halben Tag lang in den Wäldern spazieren geht, weil er sie liebt, dann besteht die Gefahr, daß er als Tagedieb angesehen wird; wenn er dagegen den ganzen Tag als Unternehmer zubringt und diese Wälder abhackt und die Erde vorzeitig kahl werden läßt, so wird er als fleißiger und unternehmungslustiger Bürger betrachtet« (Thoreau, 1967 [1863], S. 39).

Muße ist nichttätige Anwesenheit, Hingabe an die Stille, den gegenwärtigen Augenblick. Das Verstreichen der Zeit wird, für eine Zeit jedenfalls, überwunden. Kontemplation ist immer gegenwartsbezogen.

Gerade diese mangelnde Hingabe an die Gegenwart, der wir in diesem Buch bereits vielfach begegnet sind, scheint eines der größten Probleme des modernen Menschen zu sein. Die Moderne hat das Aufschieben in die Zukunft bis zum Exzess perfektioniert, hat den gegenwärtigen Augenblick, und mit ihm die Stille, entwertet. Es ist bezeichnend dass der englische Philosoph und Höfling Sir Francis Bacon (1561–1626), von dem der Wahlspruch »Wissen ist Macht!« stammt, in Abgrenzung von der Antike meinte, an die Stelle des »Stillen Glücks der Betrachtung« trete jetzt, in einer neuen Zeit, dank Wissenschaft und Technik die »Macht zu allen Werken«. Heute, etliche hundert Jahre später, zeigt sich indes, dass diese Macht die Menschheit nicht nur an den Rand der ökologischen Katastrophe geführt hat, sondern auch unsere innere Natur zu ruinieren droht und unsere seelische Gesundheit untergräbt. Die Fähigkeit zur Muße, zur »stillen Betrachtung« ist offenbar eine unserer wichtigsten »Widerstandsressourcen«, und es bleibt nicht ohne Folgen, wenn wir den für sie verfügbaren Spielraum immer weiter beschneiden.

Wie können wir uns Muße und Stille wieder erobern, wieder zum »stillen Glück der Betrachtung« zurückkehren? Diese Frage verdient zumindest den Versuch einer lebenspraktischen Antwort, bevor wir uns, zum Abschluss dieses Buches, einer allerletzten Frage widmen – nämlich der, ob Glück überhaupt möglich ist.

Theoretische Übersicht

Schon in jenen Tagen, in denen im Mutterleib aus einem scheinbar undifferenzierten Zellhaufen der werdende Mensch entsteht, schwebt dieser in einem »Schallbad«, dem er nicht entfliehen kann, das sein Befinden in vielfacher Weise prägt und aus dem verschiedenartige Reize schon früh in seinem Gedächtnis festgehalten werden.

Akustische Reize können in vielfacher Form akuten und chronischen Stress verursacht werden – an Lärm gewöhnt sich der Organismus nicht. Mag der Bewohner eines Hauses in der Einflugschneise des Flughafens auch behaupten: »Das höre ich gar nicht mehr!« – misst man die Stressparameter in seinem Blut (etwa den Adrenalinspiegel), zeigt sich ein anderes Bild. Die Lärmbelastung wird von Arbeits- und Umweltmedizinern als in unterschiedlicher Gewichtung beteiligter Faktor bei einer Vielzahl organischer Krankheiten gewertet.

Auch die Bedeutung ungestörten, »erquickenden« Schlafes sollte nicht unterschätzt werden. Der »Durchschnittsdeutsche« von heute schläft von 23:04 bis 6:18 Uhr, nachdem er eine Viertelstunde zum Einschlafen benötigt hat. Das sind fast zwei Stunden weniger als noch im Jahr 1900. Gesund ist das nicht. Es ist auch gefährlich.

»Die Katastrophe im Atomreaktor von Tschernobyl wurde vor allem durch Fehler des Wartungspersonals nach stundenlangen Wartungsarbeiten am frühen Morgen verursacht. Das Tankerunglück der ›Exxon Valdez‹ geschah nach langwierigen Bunkerarbeiten in der Nacht durch eine übermüdete Mannschaft. Der gefährliche Störfall des Atomreaktors ›Three Mile Island‹ in Harrisburg wurde nach amtlichen Angaben durch ›menschliches Versagen‹ um vier Uhr morgens ausgelöst. Der

Absturz der Raumfähre ›Challenger‹ wurde mitverursacht durch Entscheidungen der Verantwortlichen am frühen Morgen nach weniger als zwei Stunden Schlaf … Übermüdungsbedingte Unfälle führen allein in Deutschland zu etwa zehn Milliarden Euro Folgekosten pro Jahr« (Zulley, 2008, S. 232).

Auch die seelischen Folgekosten von Lärm, ständiger Unruhe und fehlender Muße sind beträchtlich. Ruhe und Stille sind nötig, um unserem Organismus die nötigen Erholungspausen zu verschaffen. Der seelische Apparat wird wieder synchronisiert, seine Feinabstimmungen justieren sich neu. Diese Regenerationsfähigkeit ist eine wesentliche Widerstandsressource; sie wird nicht ungestraft untergraben.

Aus dem schöpferischen Umgang mit der Stille und der erst vor ihrem Hintergrund als Kontrast wahrnehmbaren Konstellation akustischer Reize resultiert eine der großartigsten Möglichkeiten menschlicher Kreativität – die Musik.

»Unmusikalische« Menschen gibt es nicht – jede und jeder ist in der Lage, sich des musikalischen Formenreichtums zu bedienen, um sich mit seiner Hilfe Wege zu Glück oder zur Hilfe gegen seelisches Leid zu erschließen. Hierzu gilt es freilich, die Fülle an bedrückenden bildungsbürgerlichen Denkschablonen ebenso beiseite zu räumen wie die nachhaltige Verblödung durch das immer seichtere Angebot der Unterhaltungsindustrie. Auch das Hören von Musik bietet Gelegenheit zum aktiven Genuss, also zur *inneren Beteiligung*, die jede Form von »Konsum« hinter sich lässt. Hier wird gewissermaßen der gesamte seelische Apparat zum »Resonanzkörper«, insbesondere das ihm innewohnende Ensemble der Affekte, das die Musik ganz unmittelbar berührt, direkter als jede andere Kunst, ausgenommen vielleicht der von der Musik nicht scharf trennbare Tanz.

Mit der Erwähnung des Tanzes ist ein Stichwort gefallen, das deutlich macht, inwiefern Musik den Weg in ein lebendiges Miteinander eröffnet. Dies deutet auch das Sprichwort an, das uns empfiehlt: »Wo man singt, lass' dich ruhig nieder!« Zwar stimmt es nicht, dass »böse Menschen« keine Lieder hätten – der Nationalsozialismus, aber auch die aktuelle Subkultur des Rechtsradikalismus beweisen schlagend das Gegenteil –, aber meist handelt es sich dabei um eine eingeengte, verzerrte Form von Musik mit Vorwalten des militärischen Rhythmus und beschränkter melodischer Vielfalt. Die Werke eines Johann Sebastian Bachs oder eines Wolfgang Amadé Mozarts haben sich über mehrere Jahrhunderte hinweg als äußert resistent gegen jeden Versuch einer militaristisch-faschistoiden Vereinnahmung erwiesen.

Kurzum, in der Hingabe an die Musik können zwei seelische Qualitäten unmittelbar wirksam werden, die heute schon in ihrer wörtlichen Benennung hoffnungslos antiquiert wirken, auf die wir uns aber eben deshalb wieder häufiger besinnen sollten: die *Sehnsucht* und der *Trost*. Gerade durch die Wieder-Vergegenwärtigung solcher Qualitäten können wir an innerem Reichtum gewinnen.

Praktische Nutzanwendung

Und da gerade vom Trost die Rede war: Hören Sie sich doch einfach mal in ruhiger Atmosphäre die allererste Arie aus Georg Friedrich Händels *Messias* an – »comfort ye, my people«/»Tröste dich, mein Volk (Israel)«. So großartig und ergreifend ist das Gefühl des Getröstet-Werdens kein zweites Mal in die Sprache der Musik übersetzt worden!

In meinem Beruf habe ich es häufig mit erkrankten Lehrerinnen und Lehrern zu tun und aus meiner Erfahrung mit ihnen stammt ein Ratschlag, wie sich unser Schulwesen grundlegend zum Besseren verändern ließe. In kleineren Klassen sollte der Unterricht jeden Tag mit einer gemeinsamen Entspannungsübung begonnen werden und die Schüler sollten jeden Tag eine Stunde Kunst- (Musik oder Gestalten) und eine Stunde Sportunterricht haben. Viele der gegenwärtigen Probleme, ich bin mir völlig sicher, würden so gar nicht erst entstehen. Der Schulalltag sähe völlig anders aus. Meiner Meinung nach würde es hingegen völlig ausreichen, *zwei* Fremdsprachen zu unterrichten – diese aber intensiv und gründlich.

Man mag zu diesem Vorschlag stehen wie man will – unstrittig ist, dass wir alle der Ruhe, der Stille bedürfen. Von den für ein gelingendes Leben so dringend nötigen Pausen und sozialen Interpunktionen ist auf diesen Seiten schon mehrfach die Rede gewesen, auch von den Traditionen und Ritualen, die sie bekräftigen helfen und ebenso vom Fix- und Kontrapunkt, den die der Rechtfertigung nicht bedürftige Natur zur Hektik des menschlichen Treibens bildet.

Ruhe und Stille bekommen wir nicht geschenkt, wir müssen sie uns nehmen. Wir müssen sie uns wieder zu verschaffen wissen – sie jenen Zeitdieben wieder entreißen, die sie sich angeeignet haben. Das mag, durchaus als willkommener Nebeneffekt, zusätzlich unseren Mut zum Eigensinn stärken.

Mit Ruhe und Stille verknüpft ist auch die leib-seelische Regenerationsphase par excellence, der Schlaf. Ausführlich über Wege zu einem besseren Schlaf zu schreiben, fehlt mir hier allerdings der Platz. Immerhin sei so viel gesagt: Oft werden wir am Einschlafen gehindert, weil wir einen Tag in großer geistig-seelischer Anspannung, aber ohne jede ermüdende körperliche Aktivität hinter uns haben. Wir sind dann erschöpft, aber immer noch erregt, wenn wir zu Bett gehen, wälzen uns hin und her, grübeln und finden keine Ruhe. Es mag der Fantasie der Leser überlassen bleiben, hier nach Wegen zur Abhilfe zu suchen.

Musik ist kein »Bildungsgut« (jedenfalls nicht primär!), sondern ein elementarer Teil des natürlichen menschlichen Lebensvollzugs, der sich nur durch die Erfahrung mit Schweigen und Stille heranbilden kann. Musik ist als *soziale Praxis* entstanden und diente von Anbeginn an dazu, sich gegenseitig zu trösten, sich miteinander zu freuen. Der unerschöpfliche Formenreichtum der Musik, der uns heute zur Verfügung steht, bietet uns unendliche Möglichkeiten der Selbsterfahrung und wir leisten gewissermaßen einen seelischen Offenbarungseid, wenn wir darauf verzichten, aus diesem Reichtum Gewinn zu ziehen. Die Ausrede »Ich bin unmusikalisch« gilt nicht. Sicher ist vielen von uns durch schulischen Terror, durch übertriebene Erwartungen ehrgeiziger Eltern etc. die Freude an der Musik verleidet worden. Es untätig dabei zu belassen, hieße, die eine Torheit mit einer anderen, schlimmeren zu beantworten. Die ursprüngliche, kreatürliche Freude an der musikalischen Improvisation lässt sich für alle wieder erschließen, mag sie auch verschüttet sein, wenn die Gelegenheit und das Instrument passend gewählt werden. So macht es nach meiner Beobachtung jedermann Freude, mit einem Monochord – der »Mutter aller Saiteninstrumente« – zu hantieren, wenn er sich dabei nicht irgendeinem Erwartungsdruck unterwirft.

Gewiss – und zum Glück – gibt es immer wieder Menschen, die den Weg zu großer musikalischer Meisterschaft erfolgreich bewältigen. Aber auch wir andere, die wir Zeit unseres Lebens Dilettanten bleiben, steht eine Fülle von Möglichkeiten offen, uns immer tiefer in die Welt der Musik zu vertiefen und daraus unsere Befriedigung zu ziehen. Aber selbstredend gilt auch dafür: Es gibt nichts Gutes, außer man tut es! Und das bedeutet, was das aktive Genießen von Musik als Hörer betrifft, an einem Geschehen teilzunehmen, das der Künstler (hier: der Komponist) zwar in Gang gesetzt hat, das aber erst in mir, dem Rezipienten seiner Kunst bzw. Hörer seiner Musik, ein Ende findet – und zwar bei jedem Hörerlebnis ein wenig anders, da ich ja, als Hörer, niemals der völlig gleiche bin. Für die Musik gilt mit besonderer Intensität, was Arnold Hauser in seiner *Soziologie der Kunst* mit den folgenden Worten bündig und, wie ich meine, auch gültig zusammengefasst hat:

> »Die Genugtuung, die das Erlebnis, der Mitvollzug, das innere Sichaneignen von Kunstwerken bildet, ist keine mühelose, billige, ungemischte Freude, sondern meistens eine schwierige Aufgabe [...]. Die künstlerische Schöpfung ist keine zum

Abbrechen reife Frucht; um sie zu genießen, hat man einen vom Künstler selbst unbeendeten Prozeß weiterzuführen« (Hauser, 1987, S. 471).

Wer bereit ist, sich auf diese Aufgabe – Hauser spricht auch von einer Prüfung – wirklich einzulassen, den wird die Musik, gerade weil sie eine »unendliche Sehnsucht« zu wecken weiß, auch unendlich belohnen!

Auf den Punkt gebracht:
Ein zusammenfassender
Bedienhinweis

In den sieben Kapitel dieses Buches wurde immer wieder darauf hingewiesen, dass der seelische Apparat, zu dessen besserer Bedienung ich anleiten wollte, ein komplexes Ganzes ist – zusammengesetzt aus einer Fülle von Funktionen, die sich miteinander vernetzen. Oft ergänzen und kombinieren sie sich – nicht selten aber stehen sie in Konkurrenz zueinander, liegen miteinander in Konflikt.

Ich möchte abschließend noch einmal betonen, wie wichtig es ist, sich einen Überblick über diese uns oft nicht bewusste, uns, wo sie uns deutlich wird, bisweilen auch verwirrende Vielfalt zu verschaffen. Auf jeden Fall ist von allen Versuchen abzuraten, diese Vielfalt gewaltsam zu vereinfachen, zu »begradigen« oder »zurechtzubiegen«. Unser Seelenleben gibt in den meisten Fällen keine »Eindeutigkeit« her. Es ist mehrdimensional, doppeldeutig und zwiespältig. Wenn wir es und somit uns selbst zu einer solchen Eindeutigkeit zwingen wollen, gleichen wir einem verrückt gewordenen Uhrmacher, der ein Uhrwerk mit dem Vorschlaghammer »reparieren« will und werden damit wohl ähnlich »erfolgreich« sein.

Bessere Erfolgschancen dürften darin liegen, wenn wir versuchen, eine »Metaebene« zu betreten und das uns verwirrende Geschehen quasi »von außen«, aus der Distanz zu betrachten – kurzum: innezuhalten. Der wohlmeinende Ratschlag, etwas »zu überschlafen«, zielt in diese Richtung, und eine Entspannungsübung, eine Meditation, eine Wanderung können ähnlich wirken. Auch Humor, insbesondere der Selbsthumor, eröffnet eine hilfreiche Außenperspektive. Das, worüber ich schmunzeln kann, hat seinen größten Schrecken schon verloren.

Wer sich so, auf welchen Wegen auch immer, aus der Verstricktheit in das eigene Schicksal tendenziell zu lösen weiß – was selbstredend nur für einen umgrenzten Zeitraum möglich ist – der wird immer öfter zu jener heiteren Gelassenheit finden, die so oft der Schlüssel zum Erfolg ist, und dies eben deshalb, weil sie nicht auf den Erfolg ausgerichtet ist.

Noch einmal knapp zusammengefasst:
> Die Vielfalt beachten!
> Keine Eindeutigkeit erzwingen!
> Innehalten und auf Distanz zu sich selber gehen!
> Sich in Gelassenheit üben!

Und bei alledem lohnt es sich, die wunderbaren Sätze des Zen-Meister Gen-Sha zu beherzigen:

> »Wenn du verstehst, sind die Dinge, wie sie sind –
> Wenn du nicht verstehst, sind die Dinge, wie sie sind ...«

Eine abschließende Betrachtung: Kann der Mensch je glücklich leben?

An dieser Stelle hat der aus didaktischen Gründen im bisherigen Text immer wieder bemühte Vergleich zwischen Automobil und menschlicher Seele keinen Sinn mehr. Denn die Frage nach dem Glück stellt sich für ein Automobil nicht – allenfalls für seinen Fahrer. Und dieser täte gut daran, sich darüber klar zu werden, dass Glück mehr ist als ein Zustand reibungslosen Funktionierens.

Um einer Antwort auf jene Frage näher zu kommen, die in der Überschrift zum letzten Kapitel meines Buches aufgeworfen wird, muss ich zunächst noch einmal einige Fakten zusammenfassen, die in diesem Buch bereits erörtert worden sind.

Da ist zunächst die Erkenntnis, dass es zu den größten Nöten des Menschen zählt, dass er anders als alle anderen Lebewesen vom Dilemma des Lebens weiß, nämlich sterben zu müssen, und dass er sich mit ihm auseinandersetzt (beispielsweise, indem er ein Buch schreibt!), ja sich damit auseinandersetzen *muss*. Was den anderen Tieren noch *selbstverständlich* ist, wird uns Menschen *problematisch*: unser eigenes Dasein, unser Woher, Wohin und Wozu.

Eine mögliche Reaktion auf die Nöte des Lebens wäre jener Drang zur Weltflucht, der sich in der Menschheitsgeschichte immer wieder Raum und Gehör zu verschaffen wusste. In einer manichäischen Legende, die ein Gelehrter namens Theodor bar Koni im siebten nachchristlichen Jahrhundert niedergeschrieben hat, spricht der soeben zum Leben erweckte Adam bittere Worte: »Wehe, wehe über den, der meinen Leib gebildet, und den, der meine Seele gefesselt hat.«

In starkem Kontrast zu diesem Klageruf scheint mir die Problematik der menschlichen Existenz ganz im Gegenteil darin zu liegen, dass die Evolution unseren sterblichen Leib in ein Ensemble diverser Abhängigkeiten eingebunden, unseren Geist aber *entfesselt* hat. Sie hat dem Geist die Möglichkeit eingepflanzt, die dem Menschen eigene Sterblichkeit zu erfassen, an ihr zu leiden und gegen sie anzukämpfen. So kann man sich in der Tat des Eindrucks nicht erwehren, jenes Wesen, das sich seit Carl von Linné in prototypischer Hochstapelei als »weiser Mensch« *(Homo sapiens)* bezeichnet, fühle sich in seiner Umgebung unbehaust, in der Welt nicht heimisch. Schon Jahrtausende, bevor *Homo sapiens* begriffen hatte, dass sein Heimatplanet als kleiner, kugelförmiger Wandelstern in einem eher unbedeutenden Sonnensystem am Rande einer Galaxis namens Milchstraße seit Jahrmillionen seine Bahn durch das Weltall zieht wie Milliarden anderer Himmelskörper auch, Jahrtausende also vor der Verfestigung des heute Allgemeingut gewordenen »Weltbildes«, weist alles, was uns aus den zur Schrift befähigten Kulturen überliefert ist, überdeutlich auf ein solches Missbehagen hin. »In der Welt habt ihr Angst«, heißt es kurz und bündig im Evangelium des Apostel Johannes, und rund 2000 Jahre später schreibt der Philosoph Martin Heidegger (1889–1976) einen nicht minder bündigen Satz nieder: »Das Wovor der Angst ist das In-der-Welt-Sein als solches«. Angst, so scheint es, ist in unser Leben eingebaut, ist die Mitgift jener Heimatlosigkeit, die ihrerseits in der Schrankenlosigkeit des antizipierenden Denkens begründet ist.

Angesichts solch widriger Umstände ein »gelingendes Leben« zu führen – ist das überhaupt je möglich, menschenmöglich? Ist »Glück« – ein Wort, das vom mittelhochdeutschen »Gelücke« abstammt, das wiederum mit »gelingen« verwandt ist – überhaupt ein realisierbares Ziel? Oder behält am Ende der alternde Kulturpessimist Sigmund Freud Recht, der, wenige Jahre vor dem eigenen Tod, in seinem berühmten Aufsatz über *Das Unbehagen in der Kultur* schon in auf der ersten Seite mit lakonischer Kürze festgehalten hat: »Man möchte sagen: Die Absicht, dass der Mensch ›glücklich‹ sei, ist im Plan der ›Schöpfung‹ nicht enthalten« (Freud, 1930, S. 75).

Aus evolutionstheoretischer Perspektive liegt Freud mit dieser skeptischen Einschätzung ohne Zweifel richtig. Die Evolution der Lebewesen »belohnt« letzten Endes nichts anderes als einzig die erfolgreiche Weiterverbreitung des Gen-Pools, ob nun bei *Homo sapiens* oder *Drosophila melanogaster*. Wie sich das Individuum dabei subjektiv fühlen mag, stellt kein Merkmal dar, an dem ihre zukunftsblinden Wirkmöglichkeiten, die sich auf das Wechselspiel von Mutation und Selektion beschränken, jemals den Hebel ansetzen könnten: »Die natürliche Selektion schert sich keinen Deut um Glück, und Gesundheit fördert sie nur, wenn diese im Interesse unserer Gene liegt« (Nesse & Williams, 1997, S. 29).

Aber ebenso trifft zu, dass die Menschen von ihrer Suche nach dem Glück nicht lassen wollen und meist auch danach streben, ihrer Nachkommenschaft eine glückliche Zukunft zu sichern. Als Spezies, deren Individuen sich in großer

Zahl so unglücklich und weltverloren fühlten, dass sie deshalb freiwillig auf ihre Fortpflanzung verzichten wollten, wäre die Menschheit binnen absehbarer Zeit vom Aussterben bedroht. Doch diese Gefahr scheint fürs Erste gebannt. Wie der polnische Autor und Zukunftsforscher Stanislaw Lem (1921–1984) in einem seiner Aufsätze errechnet hat, fließen jede Stunde 43 Tonnen Sperma von der einen Hälfte der Menschheit in die andere: »Man weiß nicht, wie man sich mit diesem Bild einer Menschheit abfinden soll, die so unerschütterlich kopuliert – inmitten aller Kataklysmen, die ihr begegnen und die sie sich selbst bereitet« (Lem, 1990, S. 32).[21]

Dass die Natur ihn lehren könne, was er zu tun habe, um glücklich zu werden – darauf scheint der Mensch nicht hoffen zu dürfen. Dass jedoch überirdische Wesen, dem antiken *deus ex machina* ähnlich, sich – warum auch immer – dazu bequemen könnten, ihm in seiner misslichen Lage Beistand und Hilfe zu leisten, in dieser hoffnungsfrohen Vorstellung scheinen nicht wenige Mitmenschen Trost und Zuversicht finden zu können. »In der Welt habt ihr Angst, aber seid getrost, ich habe die Welt überwunden«, heißt der vollständige Satz bei Johannes 16,33. Der Glaube an das Heil, so hoffen viele, überwindet die Nöte des Lebens.

Andere Menschen indes lehnen es ab, zu einer derartigen Selbst-Beruhigung Zuflucht zu nehmen zu wollen. Dies gilt auch für den Autor der vorliegenden Zeilen, der es zumindest in *dieser* Hinsicht mit dem Philosophen Artur Schopenhauer hält:

> »Die ephemeren Geschlechter der Menschen entstehn und vergehen in rascher Succession, während die Individuen unter Angst, Noth und Schmerz dem Tode in die Arme tanzen. Dabei fragen sie unermüdlich, was es mit ihnen sei, und was die ganze tragikomische Posse zu bedeuten habe, und rufen den Himmel an, um Antwort. Aber der Himmel bleibt stumm« (Schopenhauer, 1977 [1853], S. 398).

Der Frankfurter Weltverächter Schopenhauer, dessen Sätze mich stark an das oben zitierte Heinrich-Heine-Gedicht erinnern (siehe S. 36) hat sich außerdem äußerst erbost geäußert über diejenigen unter seinen Mitmenschen, die vorgäben,

---

21 Eine Leserin, Frau A.B. aus Dresden, hat Lems Angaben aus dem Jahr 1990 auf das Jahr 2015 umgerechnet: »Bei einer Bevölkerung von ca. 7,3 Milliarden Menschen auf der Erde im Jahr 2015 müssten wir inzwischen von ca. 62 Tonnen Elixir ausgehen – pro Tag!« (E-Mail vom 10. November 2014)

unter dem Titel der Offenbarung »Spezialnachrichten« über die Absichten des Himmels zu besitzen. Sein Bewunderer Friedrich Nietzsche wies überdies darauf hin, dass es geradezu lästerlich sei, zu glauben, eine übergeordnete Instanz könne und wolle in die Geschicke des Einzelnen eingreifen: »Mit einem noch so kleinen Maße von Frömmigkeit im Leibe sollte uns ein Gott, der zur rechten Zeit vom Schnupfen kuriert [...], ein so absurder Gott sein, dass man ihn abschaffen müsste, selbst wenn er existierte« (Nietzsche, 1980a [1889–1899], S. 1219).

Der Himmel bleibt also stumm, und auch dort oben scheint sich niemand um uns zu kümmern, ebenso wenig wie draußen ringsum, in der nichtmenschlichen Natur. Angesichts dieser ungemütlichen Perspektive wird uns wohl nichts anderes übrig bleiben, als uns ohne fremde, soll heißen: unmenschliche Hilfe darauf zu besinnen, was das sogenannte Glück eigentlich ist – und weiter, ob wir es erreichen können und, gegebenenfalls, wie. Dies bedeutet nun ein »Selbstdenken« ganz im Sinne der Aufklärung und ihres Stichwortgebers Immanuel Kant, der bekanntlich als Motto des aufgeklärten Menschen den Leitspruch »Habe Mut, dich deines eigenen Verstandes zu bedienen!« gewählt hatte und der darüber hinaus, zum Thema dieses Kapitels trefflich passend, auch die Ansicht niederschrieb, dass der Mensch den Begriff des Glückes nicht »von seinen Instinkten abstrahiert und so aus der Tierheit in ihm selbst hernimmt; sondern er ist eine bloße *Idee* eines Zustandes« (Kant, 1790 [1974a], S. 388, Kursivierung von mir). Man könnte das Problem auch so formulieren: Eben deshalb, weil es für die biologische Evolution kein Wirkkriterium darstellt, ob die Individuen einer Spezies glücklich leben, hat der Mensch, der als einziges Lebewesen unter dieser Tatsache leidet und ihretwegen sogar am Sinn seines Lebens zweifelt, im Verlauf der von ihm selbst ins Werk gesetzten kulturellen Evolution auch originelle Glücksvorstellungen entwickelt, die freilich von Kultur zu Kultur sehr stark variieren. Überdies haben diese Ideen eines Glückszustandes im Verlauf der jüngsten Geschichte insbesondere in den pluralistischen Gesellschaften auf der Nordhalbkugel des Planeten sehr stark an Verbindlichkeit verloren. Mit dieser historisch neuen Pluralität der Wert- und Zielvorstellungen (»Es gibt nur einen Konsens: dass es keinen Konsens mehr gibt« – so der Philosoph Walter Christian Zimmerli) haben die einst allgemein anerkannten »Sinnstiftungsreservoirs« ihre frühere Fähigkeit eingebüßt, allgemeinverbindliche und selbstverständliche Gewissheiten zu stiften. Auch mit der Frage, was Sinn und Ziel des Leben sei, muss der Mensch von heute sich alleine herumplagen, muss versuchen, eine ganz persönliche Antwort zu finden. Wie wir bereits gesehen haben, ist in der Moderne der Versuch weit verbreitet, in immer kleinere Zeiteinheiten immer mehr Verhaltensalternativen hineinzupacken und dabei möglichst viel erleben zu wollen, also so viele Optionen wie es nur irgend geht, in kürzester Zeit zu realisieren (die »Multioptionsgesellschaft«, Peter Gross, 1994): die bereits mehrfach erwähnte Gefahr, »das Beste zu versäumen«, ist heute allgegenwärtig und produziert ein solches Maß an Hektik, dass nur noch wenige darüber nachsinnen, was dieses »Beste« eigentlich ist. Doch all diese schier atemlosen Bestrebungen scheinen eher Unlust als Glück nach sich zu ziehen. Der kritische Beobachter kann sich des Eindrucks nicht erwehren, dass die Menschen der Gegenwart sich inmitten der Fülle ihrer Möglichkeiten alles andere als glücklich fühlen. Weit eher geht es ihnen so, wie es in einem Lied von Franz Schubert heißt: »Wo du nicht bist, da ist das Glück« – die Jagd nach dem Glück gemahnt an die Fabel vom Hasen und vom Igel, an deren Ende der atemlose Nager erschöpft zusammenbricht.

Lässt sich daran etwas ändern? Und wenn ja, wie? Diese Fragen sind keineswegs leicht zu beantworten. So viel scheint immerhin sicher: Was Glück ist, werden wir weder auf den Schrifttafeln der Offenbarung lesen, noch aus der Beobachtung von Affenrudeln ableiten können. Wir müssen uns mit dieser Frage ganz alleine und mit Blick auf unseren eigenen, höchst persönlichen Lebensweg herumschlagen. Eben dies mag uns bisweilen mutlos werden lassen. Was hilft uns noch, wenn keiner hilft? Vielleicht nützt uns am Ende doch – ganz im Sinne Kants – nichts anderes als der Mut, »sich des eigenen Verstandes zu bedienen«.

In vielen Mythen und Märchen beginnen Menschen, enttäuscht von ihrem alltäglichen Leben, mit einer weit ausgreifenden, beschwerlichen Suche nach dem Glück – oder nach einem Ort, möglicherweise auch nach einem Gegenstand, der als Metapher für das erstrebte »höchste Gut« dienen soll: das Wasser des Lebens, der Stein der Weisen, der heilige Gral, die blaue Blume und so weiter. Es war ein genialer Einfall des öffentlichkeitsscheuen J. R. R. Tolkien (1892–1973), diese Metapher sozusagen herumzudrehen und zu beschrieben, wie man etwas loswerden muss, um das Leben in Ordnung zu bringen (nämlich den verhängnisvollen Ring, der dazu dient, »sie alle zu knechten und ewig zu binden«). Denn was dann geschieht, wenn das Ziel erreicht worden ist – darüber schweigen sich die Fabeln und Legenden aus. Man darf vermuten, dass es sich ähnlich verhalten würde wie in Kurt Tucholskys Gedicht *Danach*:

> »Und darum wird beim happy end
> im Film jewöhnlich abjeblendt.«

Vielleicht kommen wir auf diesem schwierigen Gelände aber doch einige wenige Schritte voran, wenn wir das Glück mit etwas vergleichen, das ebenfalls erstrebenswert und vielen Mitmenschen zumindest als eine der wichtigsten Voraussetzungen dafür gilt, glücklich werden zu können – mit der Gesundheit.

Ein gesunder Mensch, so hatten wir oben gesagt, ist ein Mensch, der in der Lage ist und bleibt, sich selbst trotz dieser Gefährdung *gesund zu erhalten*. Es handelt sich um einen *aktiven Vorgang*. Wie immer wir »Gesundheit« definieren mögen, sie ist kein Zustand, sondern ein Prozess. Vielleicht verhält es sich ja mit dem Glück – was immer dieses Wort bedeuten mag – ganz ähnlich wie mit dem »Gesund-Sein«, das wir besser als ein aktives »das Krank-Sein aus dem eigenen Leben fernhalten« begreifen sollten. Vielleicht sollten wir versuchen, auch das Glück sozusagen von seinem Antipoden her zu definieren. Nun gibt es gewiss kein »Nullsummenspiel« Glück versus Unglück. Wer viel Glück hat, dem wäre nach diesen Modell nämlich schlicht und einfach wenig Unglück widerfahren.

Glück könnte eher so etwas wie der Folgezustand eines ständigen Bemühens sein, Begleitmusik einer vita activa, die sich durch das fortdauernde In-Gang-Halten aller Lebensvorgänge auszeichnet. Äußerster Gegensatz des Glücks wäre aus dieser Perspektive nicht das Unglück, also das misslungene Glück, sondern der *Tod*.

Sein intravitaler Widersacher ist die *Melancholie*: das Leiden an der eigenen Vergänglichkeit, die man insgeheim recht gerne aus dem Leben herauswerfen würde. Dieser melancholische Sog ist für den sensiblen, die eigene Endlichkeit weder verleugnenden noch verdrängenden Menschen ein ständiges Risiko. Eben deshalb übt er sich stets aufs Neue darin dieses Risiko produktiv ins eigene Dasein zu integrieren, damit sie ihm nicht als feindliche, fremde Macht drohend entgegentritt. Dem Glücklichen »schlägt keine Stunde«, und zwar eben deshalb, weil er niemals das Mahnwort des unerbittlichen John Donne (1572–1631) vergisst: »Frage nie, wem die Stunde schlägt. Sie schlägt für dich!«

Ich werde auf dieses Problem, auf das »Todesloch« des Lebens, am Ende des Kapitels noch einmal zurückkommen. Fürs erste ist aus dem hier grob umrissenen Blickwinkel deutlich zu erkennen, dass das Glück nicht irgendwo »draußen«, in einem exotischen Anderswo, ähnlich dem seligen Arkadien der Spätromantiker, zu finden wäre, von dem alle träumen und worin noch keiner war, sondern nur mitten im Leben selbst, soll heißen, in dessen lebendigen Vollzug; und je weniger dieser von äußeren Störeinflüssen oder »Noxen« beeinträchtigt wird, desto besser. Denn – um noch einmal Sigmund Freud zu zitieren – unser Leben mag nicht viel wert sein, aber es ist das einzige, was wir haben.

Nun erlebt der Mensch im Verlauf seines Lebens verschiedene Strebungen und Bestrebungen an sich selbst. Manchmal wird es ihm schwer, wenn nicht unmöglich, sie willentlich zu steuern. Diese drangvollen Strebungen heften sich oft an Gegenstände, »Objekte«, die außerhalb unseres Körpers liegen. Trinkwasser und Nahrungsmittel, aber auch vieles andere mehr. Unser Handeln ist, wie bereits erörtert wurde, *motiviert*, also zielgerichtet, was uns indes nicht immer bewusst zu sein braucht. Zwischen dem Motiv und dem von ihm erstrebten Ziel liegt die Fähigkeit, das Ziel auch zu erreichen, an der es oft genug mangelt. Komme ich aber doch ans Ziel, so erlebe ich mich als *kompetent*. Ein solches Kompetenzerlebnis kann sich in der Reaktion meiner Mitwelt widerspiegeln oder aber »Privatsache« bleiben. Die Kongruenz von Motiv, Ziel, Kompetenz und gegebenenfalls auch des Echos der Mitwelt wird so oder so fast immer als befriedigend – wenn man so will: als beglückend – erlebt.

Beispiele sind leicht zu finden. Ich habe mir, so könnte man sich beispielsweise vorstellen, das Ziel gesetzt, eine wissenschaftliche Arbeit über ein bestimmtes Thema zu verfassen – etwa über das Glück. Maßgebliches Motiv dafür mag meine »Neugiermotivation« (mein »Explorationsdrang«) sein, vielleicht auch mein Geltungsstreben oder beides in Kombination. Wenn es mir gelingt, diese Arbeit abzuschließen und ich selbst sie als gelungen erlebe spüre ich das von den Motivationsforschern gerne zitierte »Kompetenzgefühl«. Folgt ein positives Echo der Öffentlichkeit, so wächst dieses Kompetenzgefühl meist noch einmal an.

Dass es zwischen den einzelnen Komponenten des hier skizzierten Ensembles Friktionen und Widersprüche geben kann, ist so offensichtlich, dass es nicht weiter erläutert werden muss. Aber eben deshalb folgt auf das Gefühl, diese Probleme gemeistert und alles »unter einen Hut« gebracht zu haben, meist eine tiefe Befriedigung.

Andererseits scheint es sinnvoll, sich von den Wertmaßstäben und Beifallsbekundungen der Außenwelt weitgehend abzukoppeln. Mit Schiller'schem Pathos gesprochen: »In deiner Brust sind deines Schicksals Sterne«! Dies zu begreifen, bedeutet freilich auch, nicht mehr nach den Sternen am Firmament greifen zu wollen. In der Tat haben »Glücksforscher« – oder sagen wir es pragmatischer: jene Wissenschaftler, die untersuchen, was »Lebensqualität« bedeutet – viele Belege dafür zusammengetragen, dass es der Lebensfreude förderlich ist, nicht das besitzen zu wollen, was uns zufrieden machen könnte, sondern umgekehrt mit dem zufrieden zu sein, was man hat (ein englisches Scherzwort formuliert das so: »If you're not with the one you love, love the one you're with!«). Vorfreude ist insbesondere dann, wenn sie weit hinaus in die Zukunft greift, gefährlich, weil sie das Risiko der Enttäuschung vervielfacht. Sicher dürfen wir uns allenfalls der Naherwartung sein. Das antizipierte Glück ist gleichsam ein Wechsel in die Zukunft, der sich des Öfteren als ungedeckt erweist. Zudem bedeutet die Fixierung auf die Zukunft eine Abwertung der Gegenwart (siehe hierzu die Zitate der Philosophen Epikur und Blaise Pascal, vgl. S. 56). Das künftige Glück erweist sich allzu oft als Chimäre, der Möhre ähnlich, die dem Esel an einer Schnur vor die Nase gehalten wird, damit er schneller laufe, um das unerreichbare Futter ergattern zu können.

»Die Lösung des Problems des Lebens merkt man am Verschwinden dieses Problems«, meinte der wortgewaltige, doch Zeit seines Lebens unglückliche Philosoph Ludwig Wittgenstein (2003 [1922], S. 111). Diese These kann überleiten zu einer Betrachtungsweise des Lebens, wie sie vor allem im Buddhismus explizit vertreten wird. Im Reich der Theorie mögen Aufgabenstellungen existieren, die aufgrund ihrer inneren Widersprüchlichkeiten unlösbar sind, etwa das berühmtberüchtigte Problem der »Quadratur des Kreises« – für das reale menschliche Leben hingegen gibt es *keine* unlösbaren Probleme.

Eine solche Behauptung mag auf den ersten Blick schockierend wirken. Bei genauerer Betrachtung indes erweist sie sich als durchaus hieb- und stichfest. Um dies zu verdeutlichen, möchte ich eine Situation ins Auge fassen, die uns aus dem Alltagleben geläufig ist und großes seelisches Unglück nach sich ziehen kann:

A und B gehen eine Partnerschaft ein und leben miteinander. Nun will A Kinder, B aber nicht. Dieses Problem ist deshalb vertrackt, weil es nicht durch Kompromissbildung bewältigt werden kann: »ein bisschen schwanger« gibt es ebenso wenig, wie es möglich wäre, sich auf die Geburt eines halben Kindes zu einigen. Ist das Problem also unlösbar? Keineswegs. Die Lösung liegt schlicht und einfach darin, dass entweder A oder B nachgibt. Aber warum erscheint uns dieser Ausweg unakzeptabel? Weil wir etwas *ganz anderes* meinen, wenn wir von einem »unlösbaren Problem« sprechen! Wir wollen nämlich sagen, dass die *Folgen* einer Lösung nach der Art, dass B sich durchsetzt, für A schwer auszuhalten oder gar unerträglich sind. Aber das ist, wie sich kaum bestreiten lässt, etwas ganz anderes! Offensichtlich neigen wir dazu, ein Verhalten als »unmöglich« zu bezeichnen, wenn wir seine seelischen Folgen nicht akzeptieren wollen oder können. Aber hier liegt eine *Vertauschung* vor, die intellektuell unredlich ist: Aus der Schwere eines inneren Konfliktes wird auf die Möglichkeiten praktischen Handelns geschlossen! Das zentrale Problem liegt indessen darin, ob wir uns diesem Konflikt gewachsen fühlen. Könnten wir über die von den stoischen Philosophen erstrebte Unerschütterlichkeit (»ataraxia«) verfügen, wäre dies völlig anders. Das Problem würde, ganz im Sinne Wittgensteins, weitgehend oder gänzlich »verschwinden«. Dies gilt sogar für das bereits erwähnte Kernproblem des Lebens, die Sterblichkeit, die uns – anders als alle anderen Tiere – ängstigt und quält und uns immer wieder nötigt, den Himmel anzurufen um Antwort. Aber der Himmel bleibt stumm, weshalb wir uns oft genug in das Heilversprechen einer Religion flüchten. Doch auch hier behält Arthur Schopenhauer Recht, wenn er an bereits zitierten Stelle anmerkt, die Religionen schienen ihm nicht die Befriedigung des uns eingepflanzten »metaphysischen Bedürfnisses«, sondern vielmehr dessen Missbrauch zu sein.

Dass wir wirklich wissen *müssen*, was der Tod bedeute, ob es »danach« weitergehe und so fort, hat schon Epikur in seinem berühmten Brief an den Freund Menoikos bezweifelt. Der Tod geht uns nichts an, meinte der so oft verkannte und vor allem von den Christen verleumdete Grieche, in dessen Garten auch Frauen und Sklaven Eingang fanden. Wenn wir sind, ist der Tod nicht, und wenn der Tod ist, sind wir nicht mehr. Somit ist auch der Tod kein unlösbares Lebensproblem. Oder sagen wir es, an Wittgenstein anknüpfend, mit anderen Worten: Die Lösung des Problems des Lebens können wir am *Verschwinden des Lebens* erkennen. Und da uns allen dieses Los irgendwann zuteil werden wird, ist auch das Leben selbst kein unlösbares Problem, jedenfalls nicht auf Dauer.

»Wohin gehen wir denn? Immer nach Hause!« hat der Nobelpreisträger Max Delbrück (1906–1981) in seinem Tagebuch notiert, kurz, bevor er selber seinen letzten Weg, eben diesen Heimweg, angetreten hatte. Bei Licht betrachtet ist es wohl doch eine tröstliche Vorstellung, dass das Leben endet und dass wir dorthin zurückkehren, woher wir kommen: ins Nicht-Sein.

Freilich werden die meisten Leserinnen und Leser mit den Thesen des letzten Abschnitts nicht recht zufrieden sein. Es mag ja stimmen, dass der Tod uns nichts angeht und dass die Probleme des Lebens verschwinden, wenn das Leben selber schwindet. Dennoch werden wir uns fragen, ob es »ein Leben *vor* dem Tod« gibt und wie uns dieses Leben »gelingen« könnte. Damit sind wir, wie es scheint, zum Anfang unserer Betrachtungen zurückgekehrt.

Aber vielleicht – so steht jedenfalls zu hoffen – haben wir uns nicht bloß im Kreise gedreht, sondern uns sozusagen spiralig dem Ziel näher geschraubt. »Das Leben« wird uns wohl nie zur Gänze »gelingen«, weil es uns nämlich unter den Händen zerrinnt und zerrinnen muss. Aber es ist möglich, so viele Glücksmomente, wie irgend möglich, in dieses Leben »einzubauen«. Ich erinnere an das berühmte Gedicht *Wenn ich mein Leben noch einmal leben könnte* von Jorge Luis Borges (1899–1986):

> »Ich war einer dieser klugen Menschen,
> die jede Minute ihres Lebens fruchtbar verbrachten;

freilich hatte ich auch Momente der Freude,
aber wenn ich noch einmal anfangen könnte,
würde ich versuchen, nur noch gute Augenblicke zu haben.
Falls du es noch nicht weißt, aus diesen
besteht nämlich das Leben, nur aus Augenblicken;
vergiss nicht den jetzigen ...«

Worin besteht nun das Geheimnis des glücklichen Augenblicks, über den einst Dr. Heinrich Faust zum Teufel sagte, dieser könne ihn in Stücke schlagen, falls er diesen Moment (»Verweile doch, du bist so schön!«) nur ein einziges Mal erleben sollte?

Ich glaube, es liegt in einer aktiven Fähigkeit, die dem im Kapitel über die Kohärenz beschriebenen Sich-Gesund-Erhalten sehr ähnlich ist: im Vermögen, Harmonie oder, neutraler ausgedrückt, eine »Passung« herzustellen – Übereinstimmung zwischen den eigenen Motiven, den eigenen Fähigkeiten und dem dadurch bewirkten Ergebnis, das zudem vom sozialen Hintergrund meines Tuns »getragen« wird. Dies setzt voraus, dass ich meine Möglichkeiten realistisch einschätze, nicht erwarte, dass mein Erfolg garantiert ist, sondern anerkenne, dass letzten Endes alles Bemühen vergeblich ist, weil zu guter Letzt ja doch jene vier »apokalyptischen Reiter des Verfalls« triumphieren, die laut Hans Magnus Enzensberger (geb. 1929) »Gelächter, Schlamperei, Zufall und Entropie« heißen.

Gegen diese unwiderstehliche Tendenz zum Zerfall lässt sich wohl immer nur ein befristetes und begrenztes Maß an Glück durchsetzen – denn wie alles andere auf der Welt ist auch der Glücksmoment, wenn er denn je entstehen mag, auch wert, dass er zugrunde geht und wir sollten, statt mit der Vergänglichkeit zu hadern, uns darein schicken, dass wir nur auf Flüchtiges hoffen dürfen. In einem der schönsten Songs von Leonard Cohen (geb. 1934) heißt es:

»And I know from your eyes
And I know from your smile
That tonight will be fine
Will be fine, will be fine
For a while ...«

Das »ermäßigte Glück«, wie es Sigmund Freud genannt hat, beruht in meinen Augen auf einem tätigen Leben, das um seine Begrenztheit weiß und eben deshalb immer wieder Momente der Ruhe und Besinnlichkeit in das eigene Tagewerk einschließt. Eine solche Haltung vermeidet vor allem das, was schon von den

Griechen des Altertums als Wurzel so vieler Übel empfunden worden ist: die *Hybris*, den Größenwahn, und die *Pleonexia*, das »Immer mehr haben wollen«. In der Tat scheint mir der altgriechische Zentralbegriff des Maßes für ein gelingendes Leben besser geeignet zu sein als der christliche der Sünde, der uns in ständige Zweifel stürzt, weil wir Menschen gemäß der Lehre des Kirchenvaters Aurelius Augustinus eine durch die Erbsünde der Verdammnis anheimgefallene Masse (*»massa damnata«*) sind, für die es unmöglich ist, nicht zu sündigen (*»non posse non peccari«*) – ein unauflösbarer Zirkel, aus dem nur ein Gnadenakt des Herrn erlösen kann.[22] Sich dieses Maßes bewusst zu bleiben und die Kluft zwischen Sehnsucht und Realität – oder, mehr technisch gesprochen, zwischen Ich-Leistungen und Über-Ich – so gering wie möglich zu halten und ohne zu

---

22 Die kritische Haltung, die wohl jeder skeptische Geist gegenüber diesem Dogma wird einnehmen müssen, hat mit sprachlicher Meisterschaft ebenfalls Arthur Schopenhauer formuliert:»Ein Beispiel und Beleg zu der oben erwähnten, aus der Verbindung des Alten und Neuen Testaments entspringenden Quelle des Absurden, liefert uns, unter Anderm, die Christliche, von Augustinus, diesem Leitsterne Luthers, ausgebildete Lehre von der Prädestination und Gnade, der zufolge Einer vor dem Andern die Gnade eben voraus hat, welche sonach auf ein, bei der Geburt erhaltenes und fertig auf die Welt gebrachtes Privilegium, und zwar in der allerwichtigsten Angelegenheit, hinausläuft ... An jenes Dogma des Augustinus schließt sich nun aber gar noch dieses, daß aus der verderbten und daher der ewigen Verdammnis anheimgefallenen Masse des Menschengeschlechts nur höchst Wenige, und zwar in Folge der Gnadenwahl und Prädestination, gerecht befunden und demnach sälig werden, die Uebrigen aber das verdiente Verderben, also ewige Hölenquaal, trifft. – Sensu proprio genommen wird hier das Dogma empörend. Denn nicht nur läßt es, vermöge seiner ewigen Höllenstrafen, die Fehltritte oder sogar den Unglauben eines oft kaum zwanzigjährigen Lebens durch endlose Quaalen büßen; sondern es kommt hinzu, daß diese fast allgemeine Verdammnis eigentlich Wirkung der Erbsünde und also nothwendige Folge des ersten Sündenfalls ist. Diesen nun aber hätte jedenfalls Der vorhersehn müssen, welcher die Menschen erstlich nicht besser, als sie sind, geschaffen, dann aber ihnen eine Falle gestellt hatte, in die er wissen mußte, daß sie gehn würden, da Alles mit einander sein Werk war und ihm nichts verborgen bleibt. Demnach hätte er ein schwaches, der Sünde unterworfenes Geschlecht aus dem Nichts ins Daseyn gerufen, um es sodann endloser Quaal zu übergeben. Endlich kommt noch hinzu, daß der Gott, welcher Nachsicht und Vergebung jeder Schuld, bis zur Feindesliebe, vorschreibt, keine übt, sondern vielmehr in das Gegentheil verfällt; da eine Strafe, welche am Ende der Dinge eintritt, wann Alles vorüber und auf immer zu Ende ist, weder Besserung, noch Abschreckung bezwecken kann, also bloße Rache ist. Sogar aber erscheint, so betrachtet, in der That das ganze Geschlecht als zur ewigen Quaal und Verdammniß geradezu bestimmt und ausdrücklich geschaffen, – bis auf jene wenigen Ausnahmen, welche, durch die Gnadenwahl, man weiß nicht, warum, gerettet werden. Dies aber bei Seite gesetzt, kommt es heraus, als hätte der liebe Gott die Welt geschaffen, damit der Teufel sie holen solle; wonach er denn sehr viel besser gethan haben würde, es zu unterlassen« (Schopenhauer, 1977 [1853], S. 402f.).

leugnen, dass sie stets unüberbrückbar bleibt: Das scheint eine der wichtigsten Wurzeln des Glücks zu sein. Überhaupt ist das gelingende Leben sehr darum bemüht, die vielfältigen Gegensätze des Daseins zu integrieren ohne sie zu übertünchen: es strebt durchaus, aber mit Augenmaß, Erfolge an, ist sich aber der Notwendigkeit des ständigen Scheiterns als einer *conditio humana* stets bewusst. Das skeptische Denken, in dem dieses Streben ebenfalls wurzelt, reicht in der Tat »von der Meditation zum Kampf«, es setzt weder auf rückhaltloses Engagement noch auf totale Weltflucht, sondern hält es mit jenen Worten, die Hermann Hesse seinem »Glasperlenspielmeister« Josef Knecht in den Mund gelegt hat: »Wir sollen nicht aus der Vita activa in die Vita contemplativa fliehen, noch umgekehrt, sondern zwischen beiden wechselnd unterwegs sein, in beiden zuhause sein, an beiden teilhaben« (Hesse, 1977a [1943], S. 257). Dieses Fühlen, dieses Denken, diese Haltung leugnet die Schrecken unserer weithin unmenschlichen Welt nicht: »Was schrecklich ist, will ich als schrecklich sehen, und nicht als Teil eines mildtätigen Ganzen«, schrieb, nahezu simultan, Hesses Zeitgenosse Bertrand Russell (Russell, 1971b [1944], S. 204) – wie Hesse entschiedener Antifaschist, wie dieser in einem langen Leben rastlos tätig, und, wie Hesse, Verfasser eines Essays über den Müßiggang. Und Russell, der im Jahr 1930 sein Buch *Conquest of Happiness* veröffentlicht hat, hätte gewiss auch Hesses Mahnung von 1899 zugestimmt: »Überseht doch die kleinen Freuden nicht!« Denn diese Freuden können und dürfen neben dem großen Schrecken bestehen und werden durch diesen nicht entwertet, ebenso wenig, wie sie ihn neutralisieren oder vergessen machen können. Es ist nicht statthaft, Schrecken und Glück miteinander zu verrechnen wie auf einem Kontokorrent-Konto. Es kommt darauf an, beide Seinsmöglichkeiten nebeneinander bestehen zu lassen – etwa so, wie auch sympathisches und parasympathisches Nervensystem nebeneinander bestehen können, ohne dass wir das eine gegen das andere ausspielen wollen.

So oder so, der glücklichste Platz auf dieser Welt ist wohl jener zwischen allen Stühlen und ganz gewiss auch der einzige, wo es sich zumindest für eine Weile behaglich hausen lässt. Damit werden wir uns zufrieden geben müssen – und nur dann werden wir halbwegs zufrieden sein.

Literatur

Akashe-Böhme, F. & Böhme, G. (2005). *Mit Krankheit leben. Von der Kunst, mit Schmerz und Leid umzugehen.* München: C.H. Beck.

Amiri, S. (2008). *Narzissmus im Zivilisationsprozess. Zum gesellschaftlichen Wandel der Affektivität.* Bielefeld: transcript Verlag.

Antonovsky, A. (1979). *Health, stress, and coping: New perspectives on mental and physical wellbeing.* San Francisco: Jossey-Bass.

Antonovsky, A. (1997) [1987]. *Salutogenese – Zur Entmystifizierung der Gesundheit.* Tübingen: dgvt-Verlag.

Asimov, I. (1981) [1978]. *Außerirdische Zivilisationen.* Köln: Kipenheuer & Witsch.

Bacon, F. (1962) [1620]. *Das neue Organon.* Berlin: Akademie-Verlag.

Bandura, A. (1977). Self-efficacy: Toward a unifying theory of behavioural change. *Psychological Review, 84,* 191–215.

Bastian, T. (1995). *Furchtbare Ärzte. Medizinische Verbrechen im Dritten Reich.* München: C.H. Beck.

Bastian, T. (2004). *Lebenskünstler leben länger. Gesundheit durch Eigensinn.* Leipzig: Militzke-Verlag.

Bateman, A.W. & Fonagy, P. (2014). *Psychotherapie der Borderline-Persönlichkeitsstörung. Ein mentalisierungsgestütztes Behandlungskonzept* (2. Aufl). Gießen: Psychosozial-Verlag.

Bauer, J. (2005). *Warum ich fühle, was du fühlst. Intuitive Kommunikation und das Geheimnis der Spiegelneuronen.* Hamburg: Hoffmann und Campe.

Benedict, R. (1977) [1949]: *The Chrysanthemum and the Sword. Patterns of Japanese Culture.* London: Routledge.

Bengel, J., Strittmacher, R. & Willmann, H. (1989). *Was erhält Menschen gesund? Antonovskys Modell der Salutogenese – Diskussionsstand und Stellenwert.* Forschung und Praxis der Gesundheitsförderung, Band 6. Köln: Bundeszentrale für gesundheitliche Aufklärung.

Bertalanffy, L.v. (1949). *Das biologische Weltbild.* Bern: Hans Huber.

Bischof, N. (1989) [1985]. *Das Rätsel Ödipus. Die biologischen Wurzeln des Urkonfliktes von Autonomie und Intimität.* München: Piper.

Bischof, N. (1996). *Das Kraftfeld der Mythen. Signale aus der Zeit, in der wir die Welt erschaffen haben.* München: Piper.

Bloch, E. (1985). *Das Prinzip Hoffnung. 3 Bde.* Frankfurt am Main: Suhrkamp.

Bowlby, J. (1975). *Bindung. Eine Analyse der Mutter-Kind-Beziehung.* München. Basel: Ernst Reinhardt-Verlag.

Breuer, J. & Freud, S. (1895). *Studien über Hysterie*. Leipzig: Deuticke.

Cramer, F. (1993) *Der Zeitbaum. Grundlegung einer allgemeinen Zeittheorie*. Frankfurt am Main: Insel-Verlag.

Damasio, A. R. (2002) [2000]. *Ich fühle, also bin ich. Die Entschlüsselung des Bewusstseins*. München: List-Verlag.

Dodds, E. R. (1970) [1951]. *Die Griechen und das Irrationale*. Darmstadt: Wissenschaftliche Buchgesellschaft.

Dornes, M. (1993). *Der kompetente Säugling. Die präverbale Entwicklung des Menschen*. Frankfurt am Main: S. Fischer.

Dornes, M. (1997). Risiko- und Schutzfaktoren für die Neurosenentstehung. *Forum der Psychoanalyse 13*(2), 19–138.

Dornes, M. (2004). Über Mentalisierung, Affektregulierung und die Entwicklung des Selbst. *Forum der Psychoanalyse, 20*(2), 175–199.

Ehrenberg, A. (2004) [1998]. *Das erschöpfte Selbst. Depression und Gesellschaft in der Gegenwart*. Frankfurt am Main, New York: Campus Verlag.

Elias, N. (1987). *Die Gesellschaft der Individuen*. Frankfurt am Main: Suhrkamp.

Epikur (1983). *Von der Überwindung der Furcht*. Eingeleitet und übersetzt von O. Gigon. Zürich: Artemis-Verlag.

Fonagy, P., Gergely, G., Jurist, E. L. & Target, M. (2004) [2002]. *Affektregulierung, Mentalisierung und die Entwicklung des Selbst*. Stuttgart: Klett-Cotta.

Fonagy, P., Gergely, G. & Target, M. (2004) [2002]. *Affektregulierung, Mentalisierung und die Entwicklung des Selbst*. Stuttgart: Klett-Cotta.

Fiedler, P. (2008). Jung, attraktiv – asexuell. In *Gehirn & Geist, Heft 4/2008*, 12–16.

Freud, S. (1972) [1930]. *Das Unbehagen in der Kultur*. Frankfurt am Main: S. Fischer.

Frick, E. (2009). *Psychosomatische Anthropologie. Ein Lehr- und Arbeitsbuch für Unterricht und Studium*. Stuttgart: W. Kohlhammer.

Gellner, E. (1993) [1988]: *Pflug, Schwert und Buch. Grundlinien der Menschheitsgeschichte*. München: dtv.

Geißler, K. (2005). Erfolgsprinzip Gleichzeitigkeit. *UNIVERSITAS, März 2005*, 225–233.

Gödde, G. (1989). *»Das beschauliche Element in großem Maße verstärken«. Zu einer Theorie der Muße bei Friedrich Nietzsche*. In: Tewes, J. (Hrsg). Nichts Besseres zu tun – Über Muße und Müßiggang. Oelde: Verlagsbuchhandlung Tewes.

Gopnik, A., Kuhl, P. & Meltzoff, A. (2000) [1999]. *Forschergeist in Windeln. Wie Ihr Kind die Welt begreift*. Kreuzlingen, München: Ariston.

Göppel, R. (1997). *Ursprünge seelischer Gesundheit. Risiko- und Schutzfaktoren in der kindlichen Entwicklung*. Würzburg: Königshausen & Neumann.

Gronemeyer, M. (1993). *Das Leben als letzte Gelegenheit. Sicherheitsbedürfnisse und Zeitknappheit*. Darmstadt: Wissenschaftliche Buchgesellschaft.

Gross, P. (1994). *Die Multioptionsgesellschaft*. Frankfurt am Main: Suhrkamp.

Haeckel, E. (1866). *Generelle Morphologie der Organismen*. Berlin: Deuticke.

Hauser, A. (1987). *Soziologie der Kunst*. München: C. H. Beck.

Hesse, H. (1972) [1904]. *Peter Camenzind*. Frankfurt am Main: Suhrkamp.

Hesse, H. (1973). *Die Kunst des Müßiggangs. Kurze Prosa aus dem Nachlass*. Frankfurt am Main: Suhrkamp.

Hesse, H. (1977a) [1943]. *Das Glasperlenspiel*. Frankfurt am Main: Suhrkamp.

Hesse, H. (1977b). *Kleine Freuden. Kurze Prosa aus dem Nachlass*, Frankfurt am Main: Suhrkamp.

Hofmann, S. O. & Hochapfel, G. (1979). *Einführung in die Neurosenlehre und Psychosomatische Medizin*. Stuttgart, New York: Schattauer-Verlag.

Jaspers, K. (1949). *Vom Ursprung und Ziel der Geschichte*. München: Piper.

Kant, I. (1974a) [1790]. Die Kritik der Urteilskraft. In *Studienausgabe in 12 Bänden, Bd. 10* (S. 71–456). Frankfurt am Main: Suhrkamp.

Kant, I. (1974b) [1796]. Anthropologie in pragmatischer Hinsicht. In *Studienausgabe in 12 Bänden, Bd. 12* (S. 395–690). Frankfurt am Main: Suhrkamp.

Keupp, H. (1999). Psychologie und Gesundheit – Kindergesundheit und Umwelt. *Medizin – Umwelt – Gesellschaft 1/1999*, 15–28.

König, W. (2000). *Geschichte der Konsumgesellschaft*. Stuttgart: Franz Steiner-Verlag.

Kopp, S. B. (1978). *Triffst du Buddha unterwegs … Psychotherapie und Selbsterfahrung* (1972). Frankfurt am Main: S. Fischer.

Kreisman, J. J. & Straus, H. (1992) [1989]. *Ich hasse dich – verlass mich nicht*. München: Kösel.

Lasch, C. (1983) [1979]. *Das Zeitalter des Narzissmus*: München: C. Bertelsmann.

Lem, S. (1990). *Provokationen*. Frankfurt am Main: Suhrkamp.

Lessing, D. (1981) [1974]. *Die Memoiren einer Überlebenden*. Frankfurt a. M.: Fischer Taschenbuch Verlag.

Linke, D. (2002). *Einsteins Doppelgänger. Das Ich und sein Gehirn*. München: C. H. Beck.

Luhmann, N. (1984). *Soziale Systeme. Grundriß einer allgemeinen Theorie*. Frankfurt a. M.: Suhrkamp.

Musil, R. (2013) [1930/1933]. *Der Mann ohne Eigenschaften*. Köln: Anaconda-Verlag.

Nesse, R. & Williams, G. (1997) [1994]. *Warum wir krank werden. Die Antworten der Evolutionsmedizin*. München: C. H. Beck.

Nietzsche, F. (1980a) [1889–99]. Der Antichrist. In *Gesammelte Werke, Band IV* (S. 1161–1235). München: Carl-Hanser-Verlag.

Nietzsche, F. (1980b) [1882/87]. Die fröhliche Wissenschaft. In *Gesammelte Werke Band III* (S. 7–274). München: Carl-Hanser-Verlag.

Noack, H., Bachmann, N., Oliveri, M., Kopp, H. G. & Udris, I. (1991). *Fragebogen zum Kohärenzgefühl. Autorisierte Übersetzung des »Sense of Coherence Questionnaire« von Antonovsky* (1987). Bern: Institut für Sozial- und Präventivmedizin der Universität Bern.

Ottmüller, U. (2000). *Kinder lernen gesundsein. Lebensgeschichtliche Grundlagen von Gesundheit*. Vortrag auf dem Gesundheitstag 2000. Verfügbar unter: http://www.kinderakademie.de (Stand: 12.12.2008).

Pascal, B. (2011) [1669]. *Gedanken*. Köln: Anaconda-Verlag.

Pauen, M. (2005). *Grundprobleme der Philosophie des Geistes. Eine Einführung*. Frankfurt am Main: S. Fischer.

Premack, D. & Woodruff, G. (1978). Does the Chimpanzee Have a Theory of Mind? *The Behavioral an Brain Sciences, 1*, 515–526.

Reinhard, W. (2004). *Lebensformen Europas. Eine historische Kulturanthropologie*. München: C. H. Beck.

Riesman, D. (1956) [1950]: *Die einsame Masse. Eine Untersuchung der Wandlungen des amerikanischen Charakters*. Darmstadt u. a.: Luchterhand.

Russell, B. (1971a) [1935]. Lob des Müßiggangs. In ders., *Philosophische und politische Aufsätze* (S. 166–182). Stuttgart: Reclam.

Russell, B. (1971b) [1944]. Über die Verbindlichkeit ethischer Urteile. In *Philosophische und politische Aufsätze* (S. 197–204). Stuttgart: Reclam.

Schaub, St. (1988). *Ewig fernes Paradies. Einführung in klassische Musik*. Zürich: Schweizer Verlagshaus.

Schmidbauer, W. (1985). *Die Angst vor Nähe*. Reinbek: Rowohlt.

Schopenhauer, A. (1977) [1853]. Ueber Religion. In *Werkausgabe in zehn Bänden, Bd. X* (S. 359–434). Zürich: Diogenes-Verlag.

Schopenhauer, A. (1988) [1840]. Preisschrift über die Freiheit des Willens. In ders., *Kleinere Schriften* (S. 361–461). Zürich: Haffmanns.

Schulze, G. (1992). *Die Erlebnisgesellschaft. Kultursoziologie der Gegenwart.* Frankfurt am Main, New York: Campus Verlag.

Schweitzer, A. (1923). *Kultur und Ethik.* München: C.H. Beck.

Schweitzer, A. (1984). Zum Totengedächtnis (1907). In H. Steffahn (Hrsg.): *Albert-Schweitzer-Lesebuch.* München: C.H. Beck.

Sommer, V. (1994). *Lob der Lüge. Täuschung und Selbstbetrug bei Tier und Mensch.* München: dtv.

Sozialreferat der Stadt München (2001). *Mir geht's doch gut – Jugend, Kultur und Salutogenese.* München: Eigenverlag.

Sperber, M. (1983). *Alfred Adler oder das Elend der Psychologie.* Frankfurt am Main, Berlin, Wien: Ernst-Molden-Verlag.

Spranger, E. (1949). *Psychologie des Jugendalters.* Tübingen: Mohr.

Stern, D. (1991). *Tagebuch eines Babys. Was ein Kind sieht, spürt, fühlt und denkt.* München: Piper.

Stern, D. (1993) [1985]. *Die Lebenserfahrung des Säuglings.* Stuttgart: Klett-Cotta.

Strenger, C. (2016) [2011]. *Die Angst vor der Bedeutungslosigkeit. Das Leben in der globalisierten Welt sinnvoll gestalten.* Gießen: Psychosozial-Verlag.

Strohm, H. (2003). *Über den Ursprung der Religion, oder: Warum Indra mit dem Dreirad zur Hochzeit fuhr.* München: Wilhelm-Fink-Verlag.

Strohm, H. (2008). *Mithra, oder: Warum ›Gott Vertrag‹ beim Aufgang der Sonne in Wehmut zurückblickte.* München: Wilhelm-Fink-Verlag.

Taubner, S. (2015). *Konzept Mentalisieren. Eine Einführung in Forschung und Praxis.* Gießen: Psychosozial-Verlag.

Thoreau, H.D. (1967) [1863]. *Über die Pflicht zum Ungehorsam gegen den Staat und andere Essays.* Zürich: Diogenes.

Thoreau, H.D. (1972) [1854]. *Walden oder Hüttenleben im Walde.* Zürich: Manesse.

Türcke, C. (2012). *Hyperaktiv! Zur Kritik der Aufmerksamkeits-Defizit-Kultur.* München: C.H. Beck.

Vollmer, G. (1986a). *Was können wir wissen?* Band 1: Die Natur der Erkenntnis. Stuttgart: Salomon Hirzel.

Vollmer, G. (1986b). *Was können wir wissen?* Band 2: Die Erkenntnis der Natur. Stuttgart: Salomon Hirzel.

Watzlawick, P., Beavin, J.H. & Jackson, D.D. (1969) [1967]. *Menschliche Kommunikation, Formen, Störungen, Paradoxien.* Bern: Hans Huber.

Weeks, D. & James, J. (1996) [1994]. *Exzentriker. Über das Vergnügen, anders zu sein.* Reinbek: Rowohlt.

Wiener N. (1963) [1948/1961]. *Kybernetik. Regelung und Nachrichtenübertragung im Lebewesen und in der Maschine.* Düsseldorf, Wien: Econ-Verlag.

Wittgenstein, L. (2003) [1922]. *Tractatus logo-philosophicus.* Frankfurt am Main: Suhrkamp.

Wulf, C. (1997). Schweigen. In: C. Wulf (Hrsg.), *Vom Menschen. Handbuch Historische Anthropologie.* Weinheim. Basel: Beltz-Verlag.

Zulley, J. Ohne Schlaf können wir nicht wach sein. *UNIVERSITAS, März 2008,* S. 224–233.

Günter Heisterkamp
Vom Glück der Großeltern-Enkel-Beziehung
Wie die Generationen sich wechselseitig fördern

Juni 2015 · 281 Seiten · Broschur
ISBN 978-3-8379-2492-3

Günter Heisterkamp nimmt uns mit auf eine persönliche Expedition durch sechs Generationen.

In der Beziehung zwischen Großeltern und ihren Enkelkindern liegt ein großes Entwicklungspotenzial: Während vielfältiger Gelegenheiten können sich die Generationen wechselseitig bei der Bewältigung ihrer jeweiligen Entwicklungs- und Strukturierungsaufgaben unterstützen und das Miteinander genießen. So profitieren alle von den gemeinsamen Erfahrungen.

Im vorliegenden Buch werden die Freude und das Glück, das Großeltern und Enkelkinder miteinander erleben können, in den Fokus einer psychologischen Analyse gestellt. Ausgehend von persönlichen Erlebnissen mit seinen Enkelkindern kommt der Autor zu allgemeinen Schlussfolgerungen, die er mit Analysen verschiedener Kunstwerke aus Film, Literatur und Malerei untermauert. Großeltern, ihre Kinder und Enkelkinder erhalten durch die Lektüre zahlreiche Anregungen zur Reflexion und Belebung ihrer bisherigen Beziehungen.

Walltorstr. 10 · 35390 Gießen · Tel. 0641-969978-18 · Fax 0641-969978-19
bestellung@psychosozial-verlag.de · www.psychosozial-verlag.de

🔲 Psychosozial-Verlag

Carlo Strenger

Die Angst vor der Bedeutungslosigkeit
Das Leben in der globalisierten Welt sinnvoll gestalten

323 Seiten · Hardcover
ISBN 978-3-8379-2499-2

»**Ein überaus ambitioniertes Buch, das zu erkunden versucht, was es bedeutet, in der modernen Welt ein wertvolles Leben zu führen.**«
Irvin Yalom

Das Individuum ist heute mit der gesellschaftlichen Leitidee konfrontiert, alles sei möglich und jedes Ziel erreichbar. Das führt zu einer weit verbreiteten Angst, die eigenen Potenziale nicht voll auszuschöpfen und ein unbedeutendes, erfolgloses Leben zu führen. Die Entwicklung eines stabilen Selbstwertgefühls wird so erschwert. Die Vorherrschaft einer kommerzialisierten Selbsthilfekultur der Selbstoptimierung verhindert eine intensive Beschäftigung mit grundlegenden existenziellen Fragen.

Mithilfe philosophischer, psychologischer, soziologischer und ökonomischer Theorien analysiert und kritisiert Carlo Strenger in einzigartiger Weise diese Entwicklung und zeigt, wie durch eine aktive Anerkennung des eigenen Selbst und durch eine ernsthafte intellektuelle Auseinandersetzung mit dem eigenen Weltbild eine bedeutungsvolle Lebensführung gelingen kann. Dabei greift er nicht nur auf die Erkenntnisse vieler bedeutender Denker, sondern auch auf seine Erfahrungen als Psychotherapeut zurück.

Walltorstr. 10 · 35390 Gießen · Tel. 0641-969978-18 · Fax 0641-969978-19
bestellung@psychosozial-verlag.de · www.psychosozial-verlag.de